Dieter Kroll/Horst Neumann (Hrsg.)

Neue Wege der Organisation

Dieter Kroll/Horst Neumann (Hrsg.)

Neue Wege der Organisation

Teamorientierte Unternehmensführung bei der
Rasselstein Hoesch GmbH/Rasselstein GmbH

Bibliografische Information Der Deutschen Bibliothek
Die Deutsche Bibliothek verzeichnet diese Publikation in der Deutschen Nationalbibliografie; Detaillierte bibliografische Daten sind im Internet über <http://dnb.dnb.de> abrufbar.

1. Auflage Mai 2004

Alle Rechte vorbehalten
© Rasselstein Hoesch GmbH, Andernach 2004

Dieses Werk einschließlich aller seiner Teile ist urheberrechtlich geschützt. Jede Verwertung außerhalb der engen Grenzen des Urheberrechtsgesetzes ist ohne Zustimmung des Rechteinhabers unzulässig und strafbar. Das gilt insbesondere für Vervielfältigungen, Übersetzungen, Mikroverfilmungen und die Einspeicherung und Verarbeitung in elektronischen Systemen.

Die Wiedergabe von Gebrauchsnamen, Handelsnamen, Warenbezeichnungen usw. in diesem Werk berechtigt auch ohne besondere Kennzeichnung nicht zu der Annahme, dass solche Namen im Sinne der Warenzeichen- und Markenschutz-Gesetzgebung als frei zu betrachten wären und daher von jedermann benutzt werden dürften.

Herausgeber: Dieter Kroll/Horst Neumann
Redaktion: Dr. Rudolf Carl Meiler
Lektorat: Barbara Jaster
Verlag: Gabler Verlag/GWV Fachverlage GmbH, Wiesbaden.
Der Gabler Verlag ist ein Unternehmen von Springer Science+Business Media.
Gestaltung des Umschlags und der Zwischenblätter: Agentur WAHLE & WOLF, Elsoff
Satz und Layout: dtpservice Lars Decker, Vechelde
Druck und buchbinderische Verarbeitung: Wilhelm & Adam, Heusenstamm
Gedruckt auf säurefreiem und chlorfrei gebleichtem Papier
Printed in Germany

ISBN 3-409-12657-0

Stimmen zum Buch

„Es ist der Kerngedanke unseres Konzernprojektes „ThyssenKrupp best", alles zu tun, um Veränderungsnotwendigkeiten aufzuspüren und Verbesserungen dann auch rasch umzusetzen. Insofern sind die bei Rasselstein auf den Weg gebrachten Organisationsveränderungen gute Beispiele für zukunftsorientiertes Handeln. Sie machen Rasselstein fit für den Wettbewerb von morgen. Mit der Publikation dieses Buches werden Idee, Umsetzung und Erfahrungen auch im Konzern bekannt gemacht. Damit erhalten die „Neuen Wege der Organisation" von Rasselstein mit ihrer stark teamorientierten Ausrichtung den Charakter eines zentralen Best-Practice-Beispiels, von dem andere in unserem Konzernverbund profitieren können. Zudem ist der Rasselsteiner Ansatz ein Beispiel für Personalarbeit, die sich als wirklicher Business Partner im Unternehmen versteht. Neben meiner Anerkennung für solch mutige Ansätze wünsche ich dem Unternehmen, dass Bereitschaft zum steten Wandel von allen als ein entscheidender Erfolgsparameter verinnerlicht wird."

PROF. DR. EKKEHARD SCHULZ,
Vorsitzender des Vorstands der ThyssenKrupp AG

„Die Publikation zeigt in eindrucksvoller Weise am Beispiel Rasselstein, dass Veränderungen von Prozessen und Abläufen in Unternehmen nur durch das überzeugte Zusammenwirken aller an diesen Prozessen Beteiligten erfolgreich realisiert werden können. Nur dies gewährleistet nachhaltige Ertragskraft als Basis für sichere Arbeitsplätze und hohe Investitionsfähigkeit. Das Buch ist ein Gewinn für Praktiker und Studenten, die einen realitätsnahen Berufsabschluss anstreben."

PROF. H.C. (CHN) DR. ULRICH MIDDELMANN,
Stellvertretender Vorsitzender des Vorstands der ThyssenKrupp AG,
Vorsitzender des Vorstands der ThyssenKrupp Steel AG

„Dieses Buch sollten alle lesen, die immer behaupten, die Industrie in diesem Land gehe Veränderungen nicht mit hinreichender Zielstrebigkeit an. Bei Rasselstein ist es durch die kooperative Zusammenarbeit aller Beteiligten gelungen, aus einem Unternehmen in der Krise ein zukunftsfähiges und zur Nachahmung empfohlenes Modell zu gestalten."

DR. KARL-ULRICH KÖHLER,
Stellvertretender Vorsitzender des Vorstands der ThyssenKrupp Steel AG,
Vorsitzender des Vorstands der ThyssenKrupp Stahl AG

„Das vorliegende Buch dokumentiert ein Vorgehen, das für deutsche Unternehmen beispielhaft ist: das gemeinsame stimmige Handeln der Ressorts Technik und Personal als Voraussetzung für einen erfolgreichen Verbesserungsprozess. Man spürt, dass hier der Mitarbeiter im Zentrum des Geschehens stand."

RALPH LABONTE,
Mitglied des Vorstands und Arbeitsdirektor der ThyssenKrupp AG und der ThyssenKrupp Steel AG

„Das Buch zeigt ein gelebtes und nachhaltiges Konzept von Arbeits- und Betriebsorganisation, Personalpolitik und Mitbestimmungskultur. Es ist ein wertvoller Wegweiser für betriebliche Interessenvertreter wie das Management – weit über vergleichbare Unternehmen und die Branche hinaus. Zugleich wird überzeugend vorgeführt, dass verbesserte Wettbewerbsfähigkeit und humanere Arbeitsbedingungen vereinbar sind."

Dr. Karin Benz-Overhage,
Geschäftsführendes Vorstandsmitglied der IG Metall

„Wer hat es gewagt, sich an den Mast binden zu lassen, um die Sirenen des Geborgenseins im Jetzt zu hören und ihnen zu trotzen? Und wem mussten die Ohren verstopft werden, damit die Sehnsucht nach dem Jetzt nicht die Überhand bekommt? Es gibt nichts Einfacheres als die Veränderung. Sie lebt in der Natur Tag für Tag und in den vier Jahreszeiten. Bei Rasselstein ist sie gestaltet worden – und das ist das eigentliche Kunststück."

Peter Gasse,
Bezirksleiter der IG Metall Nordrhein-Westfalen

„Eine hervorragende Dokumentation des nachhaltigen Unternehmenserfolgs von Rasselstein Hoesch – geprägt von einer besonderen „Unternehmenskultur". Hierin zeigt sich deutlich, dass nur im „Mannschaftsspiel" aller Handlungsträger auf Unternehmens- und Mitbestimmungsseite Spitzenleistungen erzielt werden können. Dieses Buch ist der beeindruckende Beweis dafür, dass *gelebte Mitbestimmung* einem Wirtschaftsstandort nicht schadet, sondern ihn aufwertet und kontinuierlich verbessert."

Thomas Schlenz,
Vorsitzender des Konzernbetriebsrats der ThyssenKrupp AG

„Dieses Buch eröffnet die Chance, nicht nur in der Stahlindustrie – trotz aller betriebswirtschaftlichen Notwendigkeiten – den Menschen in den Mittelpunkt des Betriebes zu rücken. Nachhaltiger wirtschaftlicher Erfolg ist in Zukunft nur noch zu erreichen, wenn die soziale und fachliche Kompetenz der Mitarbeiter/innen und deren Kreativität stärker in den Arbeits- und Managementorganisationen Berücksichtigung finden. Dazu kann dieses Werk beitragen."

Wilhelm Segerath,
Gesamtbetriebsratsvorsitzender der ThyssenKrupp Stahl AG

Grußwort

Nach Jahrzehnten guter Geschäfte, hoher Gewinne und Investitionen sowie stabiler Beschäftigung war Rasselstein Anfang der neunziger Jahre in eine Krise geraten. Dafür gab es mehrere Gründe: Konzentration auf der Kundenseite, einige wenige Anbieter, Verkleinerung des Kundenstammes, Absatzrückgänge und die immer stärkere Annäherung von Ertrag und Kosten. Erstmals in der langen Firmengeschichte schrieb man rote Zahlen. Diese Unternehmenskrise sowie ein kompletter, altersbedingter Wechsel im Vorstand boten aber gleichzeitig die Chance für eine gründliche Neuorganisation des Unternehmens, und die gesamte Belegschaft nutzte sie mit außerordentlich großem Engagement.

Ansatzpunkt war eine neue Betriebsorganisation nach dem Muster der Teamorganisation. Die alten Werksstrukturen waren hierarchisch orientiert, mit stark begrenzter Verantwortung und engen Handlungsspielräumen der Mitarbeiter in den Kernbereichen der Wertschöpfung.

Die Neuorganisation zielte auf Aufgabenintegration ab, z. B. die Integration der Instandhaltung und Qualitätskontrolle in die Produktionsteams, größere Eigenverantwortung und Abbau von Kommunikationsbarrieren, kurz: Qualifikation, Beteiligung, Zusammenarbeit. Viele Widerstände waren zu überwinden, Bequemlichkeit, lieb gewordene Gewohnheiten und ein traditioneller Führungsstil. Rund einhundert Führungskräfte verließen das Unternehmen. Aufgaben und Selbstverständnis der Vorgesetzten vor Ort, insbesondere der Meister und der mittleren und oberen Führungsebene, veränderten sich in Richtung Förderung und Unterstützung der Mitarbeiter, Information und Kommunikation, Motivation und Koordination, fachliche Beratung, klare Zielvorgaben und Zielkontrollen.

Bereits eineinhalb Jahre nach Beginn der Reorganisation waren Verbesserungen bei Qualität, Produktivität und Kosten zu vermerken: Zahl der Reklamationen, Durchlaufzeiten, Ausbringung und Produktivität hatten sich deutlich verbessert.

Diese Erfahrung teilt Rasselstein mit anderen Unternehmen der deutschen Industrie, in denen ein erfolgreiches Change-Management, Re-Engineering und/oder der Kontinuierliche Verbesserungsprozess (KVP) realisiert wurden. Das Bemerkenswerte an der Reorganisation von Rasselstein ist die Dauerhaftigkeit und die Nachhaltigkeit. Wie in diesem Buch beschrieben wird, erlebt das Unternehmen tatsächlich einen Kontinuierlichen Verbesserungsprozess von mittlerweile rund zehn Jahren, durch den Rasselstein in der Weißblechindustrie globaler Spitzenreiter bei Qualität, Produktivität und Kostensenkung wurde und in der deutschen Stahlindustrie zum Branchenführer bei der Verringerung von Fehlzeiten, bei Verbesserungsvorschlägen und bei der Vermeidung von Arbeitsunfällen aufstieg.

Wesentlich und vielleicht auch für andere Unternehmen interessant ist bei Rasselstein zweierlei: der kontinuierliche, stetige und stufenweise Verbesserungsprozess mit langem Atem und die Orientierung an einfachen, aber ganzheitlichen Ansätzen der praktischen Vernunft und Lebenserfahrung – nicht an Modekreationen und Wunderinstrumenten der Beraterszenerie. Das „Rasselstein-Coil" mit einer Darstellung der verschiedenen Felder der Neuorganisation verdeutlicht diesen Gedanken umfassend.

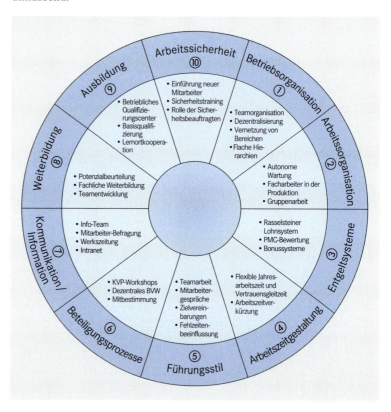

Das Rasselstein-Coil

Das Coil verweist auf den notwendigen Gesamtzusammenhang, auf die Interdependenzen von Zielen und Instrumenten der Arbeits- und Betriebsorganisation, der Personalpolitik und des Führungsstils. Sie müssen aufeinander abgestimmt sein und in einer stimmigen und gut überlegten Reihenfolge modernisiert werden.

Die Bedingung innerer Stimmigkeit gilt auch für die drei Hauptakteure der Reorganisation: die betrieblichen Führungskräfte, die Personalverantwortlichen und die betrieblichen und gewerkschaftlichen Interessenvertreter. Führungsstil, Personalpolitik und Mitbestimmung setzen nur Energien frei, wenn diese drei Gruppen konstruktiv und eng zusammenarbeiten.

Es gehört zu den besten Erfahrungen unserer Arbeit bei Rasselstein, dass diese Zusammenarbeit manchmal kontrovers, aber fast immer konstruktiv und von einem gutem Teamgeist geprägt war. Dafür bedanken wir uns als „Ehemalige" bei allen Kollegen, Mitarbeitern und Freunden – auch den ehemaligen *Hoeschianern*, mit denen zusammen der schöne Erfolg des Rasselstein erarbeitet und erkämpft wurde.

Allen Interessierten wünschen wir eine lehrreiche Lektüre.

Man muss den Menschen Ziele setzen, ihr Selbstbewusstsein und Vertrauen in die eigene Kraft stärken, bei ihnen Eigenverantwortung und Initiative fördern – dann sind Humanisierung der Arbeit und Verbesserung der Wettbewerbsfähigkeit gleichzeitig möglich.

Den Rasselsteinern weiterhin Erfolg beim KVP!

Glückauf!

Gerd Lohscheidt
Technischer Vorstand
1992 bis 2001

Horst Neumann
Personalvorstand und
Arbeitsdirektor 1994 bis 2001

Inhalt

Die Organisation des Ressorts Personal — 1
Heinz Leo Becker, Rudolf Carl Meiler

Betriebsorganisation und Betriebsführung — 2
Ute Götzen, Konrad Nörtersheuser

Die Reorganisation der Instandhaltung — 3
Karl Bartz, Thomas Rosenbauer

Die Einführung der Gruppenarbeit — 4
Heinz Leo Becker

Das Rasselsteiner Lohnsystem — 5
Klaus Duchêne

Arbeitszeitflexibilität und Bündnis für Arbeit — 6
Claus Gördes, Klaus Höfer, Rudolf Carl Meiler

Fehlzeitenmanagement — 7
Robert Brand

Betriebsräte — 8
Ute Götzen, Gerhard Hilger, Waldemar Höhn

Betriebliches Vorschlagswesen — 9
Jürgen Hoss

Kommunikation und Information bei Rasselstein — 10
Heinz Leo Becker, Rudolf Carl Meiler

Aus- und Weiterbildung bei Rasselstein — 11
Rudolf Carl Meiler, Gert Stötzel

Arbeitssicherheit — 12
Jürgen Hoss, Konrad Einig

Anhang

Inhalt

Stimmen zum Buch 5
Grußwort von Gerd Lohscheidt und Horst Neumann 7
Die Geschäftsleitung im Gespräch 14

1. Die Organisation des Ressorts Personal
Heinz Leo Becker, Rudolf Carl Meiler 19

Die dezentrale Personalorganisation 21
Von der Abteilungs- zur Teamorganisation 26

2. Betriebsorganisation und Betriebsführung
Ute Götzen, Konrad Nörtersheuser 31

Teamorganisation und „Führen mit Zielen" 33
Die Umgestaltung der Betriebsorganisation 39

3. Die Reorganisation der Instandhaltung
Karl Bartz, Thomas Rosenbauer 45

Die Organisation der Instandhaltung 47
Arten der Instandhaltung 48
Autonome Wartung 50
Die ehemalige Organisation der Instandhaltung 53

4. Die Einführung der Gruppenarbeit
Heinz Leo Becker 57

Das Gruppenarbeitskonzept bei Rasselstein 59
Entwicklung 63

5. Das Rasselsteiner Lohnsystem
Klaus Duchêne 71

Das Rasselsteiner Lohnsystem 73
Idee, Entwicklung und Umsetzung 80

6. Arbeitszeitflexibilität und Bündnis für Arbeit
Claus Gördes, Klaus Höfer, Rudolf Carl Meiler 87

Das neue Arbeitszeitkonzept bei Rasselstein 89
Entwicklung des Arbeitszeitkonzeptes 97
Mehr Arbeit statt Mehrarbeit 106

7. Fehlzeitenmanagement
Robert Brand 113

Das Fehlzeitenmanagement bei Rasselstein 115
Ausgangssituation und Entwicklung 123

8. Betriebsräte
Ute Götzen, Gerhard Hilger, Waldemar Höhn 129

Der Betriebsrat als Prozessbegleiter 131
Veränderungen der Betriebsratsarbeit 137

9. Betriebliches Vorschlagswesen
Jürgen Hoss 141

Das Betriebliche Vorschlagswesen (BVW) bei Rasselstein 143
Entwicklung des BVW und Erfahrungen 150

10. Kommunikation und Information bei Rasselstein
Heinz Leo Becker, Rudolf Carl Meiler 155

Integrierte Unternehmenskommunikation 157
Die Mitarbeiterzeitschrift Rasselstein Hoesch INFO 158
Das Info-Team 160
Die Mitarbeiterbefragung 162
Das Mitarbeitergespräch – Gepflegte Gesprächskultur 165
Der Prozess der Einführung und Akzeptanzgewinnung 170

11. Aus- und Weiterbildung bei Rasselstein
Rudolf Carl Meiler, Gert Stötzel 177

Berufs- und Ausbildung bei Rasselstein 179
Entwicklung des Ausbildungskonzepts 188
Weiterbildung als Wettbewerbsfaktor 190
Wege der Weiterbildung 200

12. Arbeitssicherheit
Jürgen Hoss, Konrad Einig 203

Arbeitssicherheit als Unternehmensziel 205
Das sichere Arbeitsumfeld 206
Sicherheit durch Kommunikation und Schulung 210
Der Kontinuierliche Verbesserungsprozess in der
Arbeitssicherheit 215

Anhang 219

Die Autoren 273

Jede Reklamation ist eine Unternehmenskrise im Kleinen.

Konrad Nörtersheuser,
Vorsitzender der Geschäftsführung
der Rasselstein Hoesch GmbH

Dieter Kroll,
Arbeitsdirektor
der Rasselstein Hoesch GmbH

Die Geschäftsleitung im Gespräch

Die Rasselstein Hoesch GmbH (RHG) entstand am 1. Juli 1995 durch die Zusammenlegung der Weißblechbetriebe der Rasselstein AG und der Krupp Hoesch Stahl AG. Sie ist ein Tochterunternehmen der Thyssen Krupp AG, Unternehmensbereich Steel. Die Belegschaft des Unternehmens mit Sitz in Andernach, Rheinland-Pfalz, umfasst derzeit 2.380 Mitarbeiter (Stand 30.09.2003).

Anfang der neunziger Jahre, als die angespannte Marktlage eine betriebliche Reorganisation erforderte, machte man aus der Not eine Tugend: Mit einer beispielhaften Pionierleistung rettete man den Betrieb nicht nur vor der Schließung. Man brachte ihn sogar wieder zurück an die Weltspitze. Heute besitzt die Rasselsteiner Betriebsstruktur Modell- und Beispielfunktion über die eigene Branche hinaus. Die Innovationsfreude der „Rasselsteiner" wird dies auch in Zukunft sichern.

Das Gespräch mit Konrad Nörtersheuser, Vorsitzender der Geschäftsführung, und Dieter Kroll, Arbeitsdirektor, vermittelt einen internen Blick auf die Hintergründe und die Auswirkungen der Rasselsteiner Reorganisation.

Wie steht die RHG heute im globalen Markt da?

Nörtersheuser: Mit rund 820 Millionen Euro (GJ 2002/03) Umsatz stehen wir an dritter Stelle der Weißblechhersteller in Europa und unter den Top-Five der Welt. Und noch wichtiger ist, das hat kürzlich eine Befragung erbracht, dass wir einen extrem guten Ruf bei unseren Kunden genießen, was unsere Produkte betrifft, den Service, die Liefertreue, Beratung und einiges mehr. Das führen wir – da sind wir uns in der Geschäftsleitung absolut einig – darauf zurück, dass wir eine super Mannschaft haben.

Kroll: Ja, die Belegschaft hat viel dazu beigetragen, dass der Betrieb heute noch existiert und die Arbeitsplätze gesichert wurden. Sie waren bereit, den Weg der Reorganisation und der Veränderungen mitzugehen und sich in den Prozess einzubringen. Unsere „Rasselsteiner" zeichnen sich durch sehr hohes Engagement aus. Dass wir im Markt heute sehr gut positioniert sind, ist ein Verdienst aller. Ob Technik, Verkauf, Personal- oder Controlling-Bereich – jeder trägt seinen Teil zum Erfolg bei.

Herr Nörtersheuser, wie entwickelte sich das Unternehmen bis zu dem Zeitpunkt, als erste Probleme auftauchten?

Nörtersheuser: Rasselstein erlebte nach dem Zweiten Weltkrieg einen enormen Aufschwung mit bedeutenden Investitionen am Standort Andernach. Der Bedarf an Weißblech stieg gleichzeitig mit dem Wohlstand der Menschen. Die Verpackungsindustrie war großer Abnehmer der Rasselsteiner Produkte: Konserven- und Getränkedosen, Flaschenverschlüsse usw. Schnell waren wir in der Lage, ein zweites Werk zu eröffnen. Schließlich waren wir uneingeschränkt Weltmarkt- und -qualitätsführer in der Weißblechfertigung. Mit all den angenehmen Begleiterscheinungen: Wir konnten – man kann sich das heute kaum noch vorstellen – sowohl die Preise als auch die Qualität bestimmen. Mehr noch, sogar die Liefermengen pro Abnehmer konnten wir zuteilen.

Kroll: Die Gewinne waren hoch in dieser Zeit. Aber es war ein trügerischer Erfolg. Die Menschen änderten nach und nach ihr Konsumverhalten. Alternativen zum Werkstoff Weißblech wurden gesucht. Konservierungsmethoden änderten sich. Schließlich wurde der Druck des Marktes immer größer. Konkurrenz kam auf, auch international, die zwar nicht unsere Qualität liefern konnte, aber dafür die gewünschten Mengen, noch dazu zu einem günstigeren Preis – was letztlich den Ausschlag für manche Auftragsvergabe gab.

Nörtersheuser: Als es uns gut ging, hatten wir versäumt, sensibel auf die Entwicklung des Marktes zu reagieren. Rückläufige Umsätze und steigende Kosten, das waren plötzlich ganz neue, unerwartete Herausforderungen, auf die wir mit unserer starren Organisation nicht entsprechend reagieren konnten. Ende der Achtziger schrieben wir zum ersten Mal rote Zahlen. Wir wussten, so würden wir nicht allzu lange Zeit überleben können. Also suchten wir nun endlich nach Wegen, die drohende Schließung des Betriebes und damit den Verlust von vielen Arbeitsplätzen zu verhindern.

Hatten Sie Vorbilder oder eine Vorlage für die neue Organisation des Unternehmens?

Nörtersheuser: Wenn man unseren Organisationsumbau anschaut, erkennt man, dass wir nicht nach einem Lehrbuch vorgegangen sind. Wir haben auch nicht das System eines anderen Betriebs abgeschaut, sondern wir haben zunächst analysiert, was uns daran hindert, eine lernfähige und schnell auf die Zeichen des Marktes reagierende Organisation zu schaffen. Wir fanden heraus, dass wir erstens alle Mitarbeiter mit einbeziehen und zweitens die über Jahrzehnte gewachsenen Hierarchien verflachen müssen. Uns wurde klar, dass wir mit den Menschen an der Basis kommunizieren und deren Potenzial nutzen mussten, was aber mit Führungsstäben nach dem Harzburger Modell nicht möglich war.

Inwiefern ist es eine Richtung weisende Umstrukturierung geworden? Welches sind die wichtigsten Aspekte?

Nörtersheuser: Das Moderne an unserer Reorganisation ist, dass wir Teams geschaffen haben, die eigenverantwortlich arbeiten, ihre Anlagen warten und untereinander in einem Kunden-Lieferanten-Verhältnis stehen. Jedes Teammitglied hat außerdem die Möglichkeit, sich entsprechend seiner Fähigkeiten weiterzuentwickeln. Ein Produktionsarbeiter zum Beispiel, der seine Qualitäten als Schlosser entdeckt, soll sich auch dahin entwickeln können und wir bilden ihn aus. So verändern und optimieren sich die Menschen und ihre Fähigkeiten im Verlauf der Teamentwicklung. Konsequent verfolgen wir das Prinzip „Rückbau von Arbeitsteilung". Mitarbeiter sind nicht mehr „maßgeschneidert" und dem Endprodukt ihrer Arbeit entfremdet, sondern sie arbeiten interdisziplinär und besitzen unterschiedliche zusammengeführte Tugenden und Fähigkeiten. Sie schauen über den eigenen Tellerrand.

Haben sich die Mitarbeiter und Mitarbeiterinnen verändert, seit es Teams und Gruppen gibt? Ist das Betriebsklima ein anderes?

Kroll: Ja zu beidem. Während früher die Mitarbeiter lediglich ihre Funktion an der Anlage ausübten, so wissen heute alle, welche Ziele wir verfolgen. Diese Ziele sind heruntergebrochen auf die Teams und auf jeden Einzelnen. Jeder Mitarbeiter weiß um die Bedeutung seines persönlichen Beitrags zur Erreichung des gesamten Ziels. Das ist ein ganz wichtiger Punkt. Jeder ist über die Gruppenarbeit eingebunden in die Problemlösung für das ganze Unternehmen. Und das stärkt nicht nur den Zusammenhalt, sondern auch die Zufriedenheit. 78 Prozent der Mitarbeiter arbeiten gerne bei uns. Das hat eine interne, anonyme Befragung ergeben.

Zur Zufriedenheit trägt noch ein weiterer Faktor bei: die Kommunikation, ein ganz wichtiger Teil unserer Unternehmenskultur. Nur wer ausreichend und aktuell informiert ist, kann verstehen. Kann Verständnis entwickeln für die Belange der Vorgesetzten, der Kollegen der Nachbarteams, des Personalwesens, der Technik, des Verkaufs und der Geschäftsleitung. Kommunikation durchzieht das ganze Unternehmen von „ganz oben" bis an die Produktionsanlagen.

Wenn man sich mit Zielen in einem Unternehmen identifiziert, muss man sie intensiv leben. Dazu bedarf es auf beiden Seiten, bei Arbeitnehmern und Geschäftsleitung, insbesondere der Bereitschaft, und das ist eine Frage der Unternehmenskultur im Allgemeinen. Der entscheidende Punkt ist, dass wir in Würde miteinander umgehen. Wir sagen niemandem, was er wollen soll, sondern wir kommunizieren auf einer Ebene und führen durch Überzeugen, nicht durch Befehlen.

Sie haben erfahren, dass Produktions- und Qualitätssteigerungen bei gleichbleibender Belegschaftsstärke möglich sind. Sehen Sie irgendwo das Ende des Kontinuierlichen Verbesserungsprozesses?

Nörtersheuser: Unsere Umstrukturierung ist längst nicht am Ende angelangt. Täglich kommen neue Anforderungen. Ständig muss optimiert und umgebaut werden. Mittlerweile haben wir den Personalbereich schon zwei Mal umstrukturiert und stehen kurz davor, ihn erneut umzustellen, weil wir die Belange unserer Teams, unserer Mitarbeiter berücksichtigen. Ein weiterer Schritt ist die Optimierung der Teamgrößen. Kleinere Teams sind flexibler und kommunizieren intern besser.

Welches sind die nächsten Projekte innerhalb der Reorganisation?

Kroll: Für die Zukunft sind weitere Projekte im Rahmen des Kontinuierlichen Verbesserungsprozesses geplant. Hervorzuheben sind die Projekte „Der innovative Betrieb", der eine Reformierung des Betrieblichen Vorschlagswesens beinhaltet, sowie „Der gesund erhaltende Betrieb". Damit möchten wir der Frage der körperlichen und mentalen Belastungen der Mitarbeiter und Mitarbeiterinnen gerecht werden. Wir werden eine „Stresslandkarte" des Betriebs erstellen und uns gezielt den neuralgischen Punkten widmen. Geschätzte Dauer der Aktion: rund zwei bis drei Jahre. Auch an der Einführung von Gruppenarbeit im Angestelltenbereich arbeiten wir.

Dieses Buch beschreibt sehr detailliert, wie Sie das Unternehmen nicht nur vor der Schließung bewahrt, sondern zudem auch wieder an die Weltspitze gebracht haben. Ist es somit eine Art Bedienungsanleitung mit Erfolgsgarantie?

Kroll: Nein, sicher nicht. Es genügt nicht, unsere Betriebsvereinbarungen eins zu eins in einem anderen Unternehmen zu installieren. Das wird nicht gelingen. Die Arbeitsabläufe sind in der Regel zu unterschiedlich, als dass man die Struktur einfach übernehmen könnte. Vielmehr kommt es auf die gelebte Unternehmenskultur an, die auf mehreren Säulen steht und authentisch vermittelt werden muss. Dazu gehören ein würdevoller Umgang miteinander, umfassende Kommunikation, soziale Kompetenz und Eigenverantwortlichkeit. Diese Dinge sind nicht in jedem

Unternehmen gleich stark ausgeprägt. Darum sollte jeder bei der Reorganisation seinen eigenen Weg gehen unter Berücksichtigung der individuellen Historie. Aber was dieses Buch kann: Es liefert darüber hinaus sicher wertvolle Anregungen, um das Wichtige im eigenen Unternehmen zu erkennen und das Richtige zu tun.

Die **Organisation** des **Ressorts Personal**

Kapitel 1

Die Organisation des Ressorts Personal

Heinz Leo Becker, Rudolf Carl Meiler

1.	**Die dezentrale Personalorganisation**	21
1.1	Die Fachgebiete	21
1.2	Die Personalteams	22
1.3	Klassische Aufgaben im Personalwesen	23
1.4	Neue Aufgaben der Personalteams	25
2.	**Von der Abteilungs- zur Teamorganisation**	26
2.1	Entwicklung und Reorganisation	27
2.2	Vorteile für die Beteiligten	28
2.3	Fazit und Ausblick	29

▶ **Querverweise auf die Kapitel:**
- 4 Gruppenarbeit bei Rasselstein
- 5 Das Rasselsteiner Lohnsystem
- 7 Fehlzeitenmanagement
- 10 Kommunikation, Information und Mitarbeitergespräche

Vom Verwalter zum Gestalter – unsere Form der Personalarbeit hat uns zu einem anerkannten Partner im Kontinuierlichen Verbesserungsprozess werden lassen.

1. Die dezentrale Personalorganisation

Man kann das Ressort Personal bei Rasselstein als einen Dienstleister für die anderen Unternehmensbereiche sehen – mit dem Attribut, in Personalangelegenheiten die letzte Entscheidungsbefugnis zu besitzen. Zudem ist es Ideengeber für den Kontinuierlichen Verbesserungsprozess (KVP) im Unternehmen. Will die Personalarbeit wirklich jeden Mitarbeiter aktiv erreichen und sich nicht auf Bewerberauswahl und Lohnbuchhaltung beschränken, bedarf es dazu einer dezentralen Organisation wie im übrigen Unternehmen auch. Die Fachgebiete und die Personalteams ergänzen sich in ihrer Tätigkeit. Der Teamgedanke bringt auch im Personalbereich die Menschen zueinander. Und gerade darum geht es.

1.1 Die Fachgebiete

Zum Personalwesen gehören vier dem Vorstand Personal und Soziales direkt zugeordnete Fachgebiete, die jeweils als Team organisiert sind und bestimmte Aufgabenbereiche abdecken:

a) Grundsatzfragen/Personal

Arbeitsrecht, Tarifvertragsgestaltung, Betriebsrente (Kombi-Pakt), Ausgabe von Belegschaftsaktien, Zusammenarbeit mit dem Betriebsrat und Vorbereitung der jährlichen Klausurtagung

b) Allgemeine Personalfachgebiete

Arbeitszeitpläne, Zeitkonten, Personalplanung und statistische Auswertungen (z. B. Fehlzeiten), Rasselsteiner Lohnsystem, Tariffragen

c) Personalfachgebiete Wissen

Berufsbildung, Personalentwicklungskonzepte, Planung der Weiterbildungsmaßnahmen, Assessment Center, Teamentwicklung, Betriebliches Ideenmanagement, Interne Kommunikation

d) Zentrale Personaldienste

Gesundheit, Ernährung, Arbeits- und Werkssicherheit

Die Fachbereiche befassen sich dabei eher mit den Inhalten und den konzeptionellen Aspekten der Personalarbeit.

1.2 Die Personalteams

Fünf Personalteams arbeiten eng mit den Fachbereichen zusammen. Sie kümmern sich operativ und projektbezogen direkt um die Mitarbeiter. Jedes Personalteam betreut zwischen 220 und 500 Mitarbeiter und besteht aus einem Personalteamleiter mit zwei Assistenzkräften.

Im Gegensatz zu früher gibt es heute keine Trennung mehr zwischen Personalverwaltung und Entgeltabrechnung. Wo früher unter Umständen drei verschiedene Ansprechpartner angelaufen werden mussten, sind heute alle Funktionen in einem Team integriert – die Mitarbeiter und Führungskräfte haben dadurch nur wenige Ansprechpartner, was die Wege verkürzt und Entscheidungen beschleunigt.

Um einzelnen Teams in der Produktion einen noch besseren Service bieten zu können, arbeiten bei Rasselstein die Leiter der zwei Walzwerk-Teams, Entfetten/Glühen sowie Veredlung und Adjustage, mit den jeweiligen Personalteamleitern in Bürogemeinschaften zusammen. Seit Januar 2002 sind sechs Technikteams mit dem jeweiligen Personalteam vernetzt. Diese Art der Verknüpfung zwischen Personal- und Technikteam ermöglicht eine effizientere Zusammenarbeit mit kurzen Informations- und Entscheidungswegen. Sie stellt damit einen weiteren Baustein konsequenter Kundenorientierung dar.

Die Personalteams bewältigen zusammen mit den beschriebenen Fachgebieten unterschiedliche Projekte bis hin zu deren praktischer Umset-

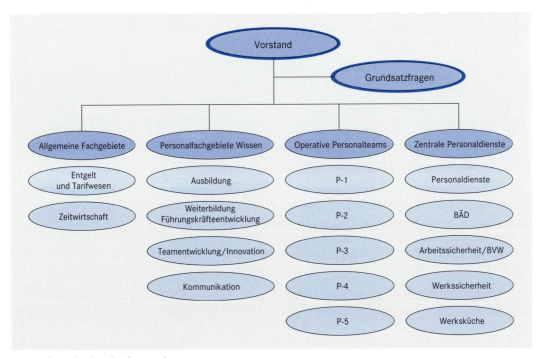

Abb. 1: Organisation des Personalwesens

zung. In Abbildung 1 wird die Rasselstein'sche Personalorganisation nochmals verdeutlicht.

1.3 Klassische Aufgaben im Personalwesen

Die Personalteams bei Rasselstein übernehmen so genannte klassische und neue Aufgaben. Das klassische Aufgabengebiet ist unabhängig von der Organisationsform. Es umfasst:

a) Personalplanung

Ermittelt alle zukünftigen Erfordernisse bei Rasselstein und fixiert die daraus resultierenden Maßnahmen. Diese Arbeit betrifft insbesondere vier Aufgabenfelder:

Die Personalbestandsplanung ermittelt laufend die Anzahl der Beschäftigten. Das Fachgebiet Zeitwirtschaft erstellt dazu monatlich eine werksweite Übersicht. Die Personalteams melden jede Veränderung aktuell an das Fachgebiet.

Die quantitative Personalplanung legt mit Hilfe der geplanten Produktionsmenge den mittelfristigen Personalbedarf fest. Auch hier arbeiten die Personalteams eng mit dem Fachgebiet Zeitwirtschaft zusammen.

Die qualitative Personalplanung beschäftigt sich mit der Qualifikation und Weiterbildung der Mitarbeiter und stimmt sich dabei mit dem jeweils zu betreuenden Team ab.

Die zeitliche Personalplanung legt fest, bis zu welchem Zeitpunkt Neueinstellungen, Qualifizierungsmaßnahmen etc. vorgenommen werden müssen. Auch die zeitliche Personalplanung erfolgt in Abstimmung mit dem entsprechenden Team.

b) Personalbeschaffung und -auswahl

In der Regel erhält das Personalteam eine Bedarfsmeldung von der jeweiligen Fachabteilung, wenn beispielsweise ein Arbeitnehmer ausscheidet oder die Auftragslage den Aufbau von neuen Stellen erfordert.

Das Personalteam legt mit dem jeweiligen Vorgesetzten das Anforderungsprofil der zu besetzenden Stelle und den Beschaffungsweg fest. Erst wenn ausgeschlossen ist, dass es geeignete interne Bewerber gibt, erfolgt die Suche über Arbeitsamt oder Stellenanzeige. Aufgabe der Personalteams ist es in diesem Zusammenhang, den Markt zu beobachten und Kontakte zum Arbeitsamt, zu Schulen und Hochschulen zu halten.

Unter den Bewerbungen trifft das Personalteam eine Vorauswahl, führt gemeinsam mit dem jeweiligen Vorgesetzten Gespräche mit den verbleibenden Bewerbern, organisiert gegebenenfalls ein Assessment Center und schließt den Arbeitsvertrag mit dem künftigen Mitarbeiter.

c) Personaleinsatz

Führungskräfte bestimmen den Personaleinsatz sowie Aufgaben, Befugnisse und Verantwortung. Damit sie die vorhandenen Mitarbeiter optimal einsetzen und koordinieren können, leisten die Personalteams dort Hilfestellung, wo offene Stellen durch interne Bewerber besetzt werden können. Das Personalteam bietet aber auch Hilfe an, wenn persönliche Probleme von Mitarbeitern eine Versetzung notwendig machen oder wenn jemand krankheitsbedingt einen anderen Arbeitsplatz benötigt. Diese Maßnahmen erfolgen in enger Abstimmung mit Vorgesetzten und Betriebsrat.

d) Entgeltgestaltung

Unterschiedliche Aufgaben mit unterschiedlichen Anforderungen werden auch unterschiedlich bezahlt. Damit es dabei gerecht zugeht, bildet der Tarifvertrag den Rahmen, innerhalb dessen sich gewisse Gestaltungsmöglichkeiten bieten. Die klassischen Aufgaben des Personalwesens umfassen zum Beispiel auch die Festlegung überbetrieblicher Entgeltbestandteile in einer Betriebsvereinbarung. So zahlt Rasselstein höhere Schichtzuschläge, eine übertarifliche Zulage und hat ein Bonussystem auf Basis einer geringen Fehlzeitenquote vereinbart. Mehr dazu finden Sie in den Kapiteln über das Rasselsteiner Lohnsystem (Kap. 5), das Fehlzeitenmanagement (Kap. 7) und im Kapitel „Kommunikation und Information bei Rasselstein" (Kap. 10).

Die Personalteams haben einen wesentlichen Anteil an der Erarbeitung von Entgelt- und Zulagensystemen. Dies geschieht in enger Zusammenarbeit mit dem Fachgebiet Entgeltgestaltung, denn dieses gibt die Rahmenbedingungen für das Rasselsteiner Lohnsystem und die Einstufung der Angestellten nach einheitlichen Kriterien vor. Mitarbeiter und Führungskräfte werden am Ende von den Personalteamleitern über Neuerungen oder Änderungen informiert und bei Bedarf geschult. Gemeinsam mit den Führungskräften legen sie die individuellen Entgelte und Zulagen fest. Darüber hinaus überwacht das Personalteam die einheitliche Anwendung der Vorgaben und die gerechte Zulagenverteilung. Zu den klassischen Aufgaben gehören auch die Entgeltabrechnung und die Zeitwirtschaft.

d) Personalentwicklung

Personalentwicklung dient der Vermittlung jener Qualifikationen, die es ermöglichen, dass alle Mitarbeiter ihre Aufgaben im Betrieb optimal verrichten können. Die Personalteams entwickeln zusammen mit dem Fachgebiet Weiterbildung/Führungskräfteentwicklung ein Konzept zur Qualifizierung von Mitarbeitern, sie schulen und beraten deren Führungskräfte, leisten Hilfestellung bei praktischen Fragen wie zum Beispiel der Formulierung von Zielen oder zum Führen eines Mitarbeitergespräches. Die Kapitel „Kommunikation und Information bei Rasselstein"

(Kap. 10) und „Aus- und Weiterbildung bei Rasselstein" (Kap. 11) bieten hierzu einen detaillierten Einblick. Die Personalteams analysieren neben der Personalentwicklung auch den Bildungsbedarf und initiieren entsprechende Maßnahmen – natürlich immer in enger Abstimmung mit dem zuständigen Fachgebiet.

f) Disziplinarische Aufgaben/Arbeits- und Tarifrecht

Diese Aufgaben umfassen die ständige Beobachtung der Rechtslage und Tarifentwicklung, Beratung der Führungskräfte und das Führen von Mitarbeitergesprächen. Wenn nötig spricht das Personalteam Ermahnungen, Abmahnungen oder sogar Kündigungen aus. Bei Um- oder Neuorganisationen ist das Personalteam an Versetzungen oder Änderungskündigungen beteiligt, wobei es gegebenenfalls Verdienstsicherungen errechnet und mit den Mitarbeitern bespricht.

1.4 Neue Aufgaben der Personalteams

Mit der dezentralen Organisation des Personalwesens haben wir neue Voraussetzungen geschaffen. Endlich konnten Aufgabenbereiche wahrgenommen werden, die vorher durch eine zentrale Organisationsform sogar behindert worden wären wie Projektarbeit, Moderation und Prozessbegleitung. Die neuen Aufgaben bringen das Personalteam ganz nahe zu den Mitarbeitern.

Als federführender Prozessbegleiter betreut der jeweilige Personalteamleiter beispielsweise die Einführung der Gruppenarbeit in der Produktion. Wenn es um die Verbesserung der Zusammenarbeit im Team oder um teamübergreifende Probleme geht, übernimmt er, sofern er die entsprechende Qualifikation besitzt, auch die Rolle des Moderators. Ein Beispiel: Ein Workshop, an dem Beschäftigte aus verschiedenen Teams teilnahmen, hatte folgende Zielsetzungen:

- Zusammenarbeit verbessern,
- Bereitschaft fördern, bei Veränderungen gemeinsam zu handeln,
- sich bei Problemfällen unterstützen,
- Konsens bei der täglichen Vorgehensweise erreichen,
- überlegen, wie man Arbeitsmittel und -methoden verbessern kann,
- Hilfsmittel einheitlich verwenden und dies miteinander abstimmen.

Um diese Ziele zu erreichen, vereinbaren die Vorgesetzten mit dem Personalteamleiter eine gemeinsame Vorgehensweise:

- Gruppenweise werden Ziele erarbeitet.
- Die gemeinsamen Ziele werden festgelegt.
- Die Probleme in der Zusammenarbeit werden dargestellt.
- Ideen zur Problemlösung werden gesammelt.
- Ein Maßnahmenkatalog wird erarbeitet.

Nach sechs Monaten fand eine Nachfolgeveranstaltung statt, um festzustellen, ob die vereinbarten Maßnahmen umgesetzt wurden, ob sie ausreichen und ob weitere Verbesserungen möglich sind.

> Der große Vorteil gegenüber externen Moderatoren ist, dass die Personalteamleiter heute die involvierten Personen, deren Aufgabenstellung, Probleme und die Teamstruktur genau kennen. Und auch umgekehrt ist der Personalteamleiter in der Belegschaft als vertrauenswerter Ansprechpartner bekannt. Überdies baut er durch Veranstaltungen wie oben geschildert das Vertrauensverhältnis zu seinem Betreuungsbereich aus, was ihm die tägliche Arbeit erleichtert. Im Gegensatz zu früher, als man Kontakt zur Personalabteilung meist nur aus unangenehmen Gründen hatte, sprechen heute die Mitarbeiter das Personalteam von sich aus an, z. B. wenn sie Hilfe benötigen.

Dadurch erfährt der Personalteamleiter auch von Missständen, zum Beispiel wenn es Probleme mit Vorgesetzten gibt. Früher hätte man entweder gar nicht reagiert oder einen externen Trainer beauftragt. Jedenfalls hätte der Personalbereich das Thema nicht auf den Tisch bekommen.

Weitere neue Aufgaben der Personalteams sind:

- Schulung von Schichtkoordinatoren, damit sie im Rahmen des neuen Lohnsystems die Mitarbeitergespräche führen können. (Wie bereitet man sich auf ein solches Gespräch organisatorisch, mental, inhaltlich vor? Danach wird in Rollenspielen der Ablauf geübt.)
- Schulung der Schichtkoordinatoren zur Weiterentwicklung ihrer Führungskompetenz. (Tagesveranstaltungen in Zusammenarbeit mit dem Team Weiterbildung. Ein aktuelles Thema ist z. B. Zielerreichung – welchen Beitrag müssen die Schichtkoordinatoren leisten.)
- Operative Personalteamleiter sind in der Weiterbildung als Trainer in mehrtägigen Seminaren tätig. (Themen sind Moderationstechnik, effektive Teamarbeit, Beurteilerschulung usw.)
- Vor-Ort-Begleitung von Projekten wie neues Lohnsystem, neue Schichtmodelle, Optimierung der Zeitkontenregelung, denn nicht das Fachgebiet übernimmt die Umsetzung, sondern eben das Personalteam.

2. Von der Abteilungs- zur Teamorganisation

Die vertikale Organisation nach Abteilungen und hierarchischen Zuständigkeiten ist der Klassiker betrieblicher Organisationsformen. Ihr zweifelhafter Vorteil ist, dass jeder genau um die Grenzen seines Arbeitsgebietes weiß und Routinen die Arbeit des Einzelnen erleichtern. Der Nachteil: Eine ganze Reihe von Hierarchiestufen muss auf dem Weg zu Entscheidungen durchlaufen werden – mit allen bekannten Hindernissen – manche sogar mehrfach. Das ist nicht effizient. Team- und projektorganisierte Strukturen kennt man jedoch in diesem Bereich noch nicht sehr lange.

2.1 Entwicklung und Reorganisation

Noch bis 1995 war das Personalwesen traditionell organisiert. Es gab je eine Abteilung für Gehalts- und Lohnempfänger. Sie arbeiteten getrennt voneinander und entwickelten ihre Aufgaben eigenständig ab. Dies hatte zur Folge, dass Mitarbeiter eines Teams von unterschiedlichen Personalmitarbeitern betreut wurden und der Vorgesetzte zwei verschiedene Ansprechpartner hatte. Es gab keine Zuordnung der Personalbereiche zu den Tätigkeitsbereichen der Belegschaft. Hinzu kam auch noch eine dritte Abteilung: die Entgeltabrechnung, was die Zahl der Ansprechpartner zusätzlich erhöhte. Insgesamt war der bürokratische Aufwand enorm.

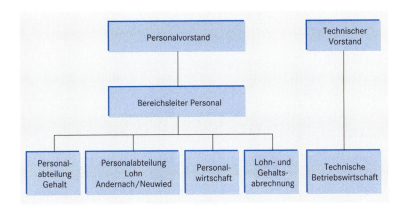

Abb. 2:
Die alte Organisation des Personalwesens

Die arbeitswirtschaftlichen Aufgaben der technischen Betriebswirtschaft (Tarifwesen, Entgelt usw.) wurden zu diesem Zeitpunkt vom technischen Bereich, also eigentlich der Produktion, mit erledigt. Mit der Reorganisation kam auch der erste Schritt zur Dezentralisierung und Integration der Arbeitswirtschaft ins Personalwesen.

Zunächst gründeten wir drei Personalteams, die auch die Personalverwaltung und Entgeltabrechnung übernahmen. Jedes Team betreute 600 bis 800 Mitarbeiter. Viel zu viele, stellte sich schnell heraus. Weitere Personalteams wurden eingerichtet und auch räumlich verlagert – möglichst hin zu den Produktionsteams.

Im Frühjahr 1999 startete die Vernetzung der Personal- und der Produktionsteams. In den Teams Walzwerk und Entfetten/Glühen wurden die ersten Bürogemeinschaften eingerichtet.

2.2 Vorteile für die Beteiligten

Diese Vernetzung und Neuorganisation bietet aus Sicht der Technik nur Vorteile:

- Die Zusammenarbeit zwischen Personal- und Produktionsteam wandelt sich von einer Schnittstelle zu einer echten Kunden-Lieferanten-Beziehung. Frühere Schnittstellenverluste treten nicht mehr auf, beide verfolgen gemeinsame Ziele.
- Das Einbeziehen des Personalteams in das Teamgeschehen fokussiert den Blick auf verbesserungsfähige Punkte.
- Die Schicht- oder Tageskoordinatoren wickeln Angelegenheiten direkt mit dem Personalteam ab. Vorstellungsgespräche beispielsweise werden zusammen mit Teamleiter und Schichtkoordinator geführt.
- Die umfassendere Information aller Beteiligten führt zu schnelleren und punktgenaueren Entscheidungen.

Unser Erfolgsrezept:

✔ Nähe schafft Vertrauen.

✔ Personalarbeit ist Dienstleistung.

✔ Personal- und Produktionsteam entwickeln eine Kunden-Lieferanten-Beziehung.

Für die vernetzten Teams **Personal und Produktion** bieten sich weitere Vorteile:

- Durch die Bürogemeinschaft findet ein täglicher Austausch zwischen den Experten (Ingenieuren, Technikern) des Produktionsteams und den Personalmitarbeitern statt. Das fördert das gegenseitige Verständnis und erleichtert die Zusammenarbeit.
- Der Personalteamleiter hat einen größeren Ermessensspielraum als früher. Er wickelt z. B. Versetzungen oder disziplinarische Angelegenheiten direkt mit dem Schichtkoordinator ab.
- Eine Doppelpflege von Personalunterlagen entfällt.
- Der Teamleiter Technik wird von Personalangelegenheiten entlastet und hat mehr Zeit für Produktionsfragen.

Für die **Mitarbeiter** bietet diese Form der Organisation folgende Vorteile:

- Alle Fragen zur Personalverwaltung, Entgeltabrechnung oder Zeitwirtschaft können vom Personalteam abgewickelt werden. Damit hat der Mitarbeiter lediglich einen einzigen Ansprechpartner.

- Probleme können schneller gelöst werden, da direktes Nachfragen durch die räumliche Nähe zum Technik-Teamleiter möglich ist.
- Die Ansprechpartner sind bekannt.
- Die Hemmschwelle der Mitarbeiter, sich bei Personalfragen direkt an das Personalteam zu wenden, sinkt.

Der **Betriebsrat** begrüßt im Einzelnen folgende Punkte:

- Die Informationswege sind kurz und Entscheidungen können schnell getroffen werden.
- Es gibt klare Zuständigkeiten und weniger Ansprechpartner.
- Persönliche Probleme der Mitarbeiter sind leichter zu lösen.
- Gemeinsam durchgeführte Projekte wie Gruppenarbeit oder Informationsveranstaltungen fördern die Zusammenarbeit und den „Team-Spirit".

2.3 Fazit und Ausblick

Einerseits ist der Koordinationsaufwand gestiegen. Die Ursache dafür liegt in der Anzahl der Personalteams. Einer der Personalteamleiter muss darum die Rolle eines Koordinators übernehmen und in wöchentlichen Zusammenkünften die teamübergreifenden Themen besprechen und Maßnahmen vereinbaren.

Jedoch bringt die dezentrale Organisation mehr Vor- als Nachteile. Die betreuten Bereiche beurteilen die neue Organisation durchweg positiv, keiner der Beteiligten möchte zur alten Form zurück. Die Zusammenarbeit zwischen Personalbereich und Technik läuft intensiver und reibungsloser. Projekte werden gemeinsam geplant und durchgeführt. Die Qualität der Zusammenarbeit hat sich insgesamt verbessert.

Die Rasselstein Hoesch GmbH hat hier sicherlich eine Organisationsform gefunden, die zeitgemäß und flexibel auf Veränderungen im Unternehmen reagieren kann.

Betriebsorganisation und Betriebsführung

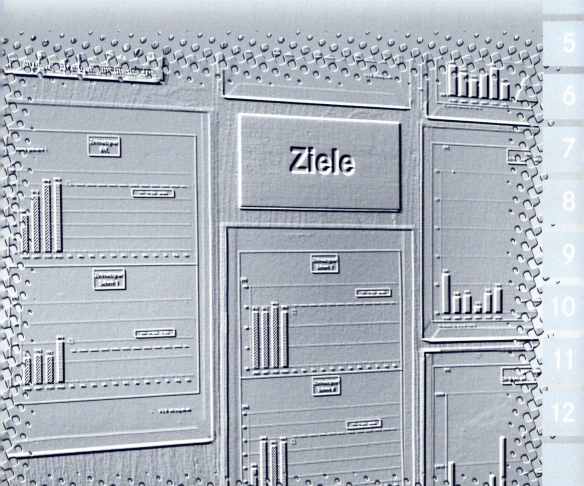

Kapitel 2

Betriebsorganisation und Betriebsführung

Ute Götzen, Konrad Nörtersheuser

1. **Teamorganisation und „Führen mit Zielen"** — 33

   1.1 Produktions- und Serviceteams — 33
   1.2 Personalteams und Technikressort — 36
   1.3 Ziele und Zielvereinbarung — 36

2. **Die Umgestaltung der Betriebsorganisation** — 39

   2.1 Von der hierarchischen Struktur zur Teamorganisation — 39
   2.2 Veränderung der Zielgrößen — 40
   2.3 Entwicklung der Kennzahlen und Zielerreichung — 41
   2.4 Weitere Entwicklung des Kontinuierlichen Verbesserungsprozesses — 42

▶ Querverweise auf die Kapitel:

   4 Die Einführung der Gruppenarbeit
   5 Das Rasselsteiner Lohnsystem
   6 Arbeitszeitflexibilität und Bündnis für Arbeit
   8 Betriebsräte

Da die Ziele im Werk und in den Teams nur gemeinsam erreicht werden können, erfordert die Einbeziehung aller Arbeitnehmer ... bei den Mitarbeitern selbst eine Veränderung der Arbeitseinstellung.

In funktional gegliederten Werken entstehen üblicherweise hoher Koordinationsaufwand und lange Entscheidungswege. Zuständigkeiten sind genauestens definiert und werden in Grabenkämpfen verteidigt. Der „erfolgreichen" Immobilisierung des Unternehmens Rasselstein dienten bis Anfang der neunziger Jahre die Existenz zweier gleichrangiger konkurrierender Werke, Abteilungen mit sich gegenseitig ausschließenden Zielvereinbarungen sowie sechs hierarchische Ebenen.

1. Teamorganisation und „Führen mit Zielen"

Uns war klar: In einer von Tempo, Qualität und Flexibilität geprägten Marktlandschaft überleben solche Dinosaurier nicht. Daher bestand die Konsequenz darin, unsere Belegschaft in Teams zu organisieren, die nicht nur gemeinsame Ziele erreichen, sondern überdies einen Kontinuierlichen Verbesserungsprozess (KVP) lebendig halten.

Das Technische Ressort der Rasselstein Hoesch GmbH besteht heute aus einer Teamorganisation mit sieben Produktionsteams entlang der Wertschöpfungskette und vier Serviceteams.

Jährlich werden Qualitäts-, Kosten- und Mitarbeiterziele für das Werk vereinbart und anschließend auf die einzelnen Teams heruntergebrochen, um die gesamte Organisation auf die Wünsche der Kunden hin zu orientieren und zu optimieren. Alle Mitarbeiter sind darin eingebunden, die Ziele zu erreichen und am Kontinuierlichen Verbesserungsprozess mitzuarbeiten. Das Ergebnis: Qualität, Durchlaufzeiten, Produktivität und Kosten haben sich seit Mitte der neunziger Jahre positiv entwickelt.

1.1 Produktions- und Serviceteams

Die Produktionsteams sind entlang der Wertschöpfungskette gestaffelt und entsprechen den Fertigungsstufen im Betrieb von der Beize am Anfang bis zum Fertiglager. Sie stehen untereinander in einem Kunden-Lieferanten-Verhältnis. Jedes Team erhält Material von Voranlagen, verarbeitet es weiter und „liefert" es dann an die Folgeanlagen. Somit sind die einzelnen Teams nur ihren Kunden verpflichtet. Zum reibungslosen Ablauf gehört, vor Ort auftretende Probleme auch vor Ort zu lösen. Denn alle Fehler, Ausfälle, Reklamationen und angefallene Nacharbeit können seit der Reorganisation direkt den verursachenden Teams zugeordnet werden.

Für die Ergebnisse der jeweiligen Anlage ist jedes Team selbst verantwortlich. Teamleiter, Produktionsmitarbeiter, Koordinatoren und Experten arbeiten gemeinsam an diesen Teamaufgaben. Dazu gehören im Einzelnen:

- Qualität
- Produktion
    - Verfahren
    - Auftragsabwicklung
    - Kosten
- Personalführung
- Pflege des inneren Kunden-Lieferanten-Verhältnisses
- Informationsaustausch
- Zustand der Produktionseinrichtungen/Instandhaltung
- Arbeitssicherheit
- Umwelt
- Ordnung und Sauberkeit

Fachlich unterstützt werden die Produktionsteams bei ihrer Arbeit von den Serviceteams Qualitätssicherung/Technischer Kundendienst, Logistik, Anlagentechnik und Information. Da das Team Beize beispielsweise über keinen eigenen Disponenten verfügt, wird die Aufgabe vom Serviceteam Logistik übernommen.

Um die Teamziele eigenständig zu erreichen, sind den Produktionsteams Mitarbeiter zugeordnet, welche die Planung, Organisation und Durchführung der Produktion, die Qualität des Produktes sowie die Verfügbarkeit

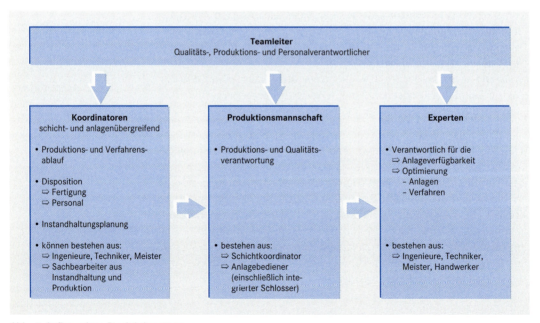

Abb. 1: Aufbau eines Produktionsteams

und Instandhaltung der Anlagen gewährleisten. Das heißt, Produktionsmitarbeiter, Techniker, Handwerker und Ingenieure arbeiten gemeinsam an den gleichen Teamaufgaben.

Ein großer Vorteil der flachen Hierarchie in den Produktionsteams besteht in kurzen Informations- und Kommunikationswegen. Der direkte Austausch wird besonders deutlich im direkten Verhältnis zwischen dem Teamleiter als dem Qualitäts-, Produktions- und Personalverantwortlichen und den in fünf Schichten arbeitenden Produktionsmitarbeitern und Schichtkoordinatoren. In der Regel handelt es sich bei letzteren um „mitarbeitende" Vorgesetzte, d. h. sie übernehmen zusätzlich zu ihren Führungsaufgaben in einem Teil ihrer Arbeitszeit die Bedienung der Anlagen. Im Kapitel 4 „Die Einführung der Gruppenarbeit", Abschnitt 1.5 „Der Rollenwechsel des Schichtkoordinators" beschäftigen wir uns mit dieser Thematik. In die Schichtmannschaften sind Schlosser integriert, die bei Störungen der Maschinen schnell eingesetzt werden können. Kleinere Störungen beseitigen die Mitarbeiter im Rahmen der ebenfalls neu eingeführten Autonomen Wartung selbst (siehe auch Kapitel 3 „Die Reorganisation der Instandhaltung").

Produktionsmitarbeiter und Schichtkoordinatoren werden unterstützt von Koordinatoren und Experten. Nicht direkt eingebunden in den Fertigungsprozess haben sie die Freiräume, Voraussetzungen für die Produktion zu schaffen und an Problemlösungen zu arbeiten. Damit werden die Produktionsmitarbeiter und Schichtkoordinatoren von Aufgaben entlastet, die sie aus zeitlichen Gründen nicht erfüllen können.

Die schicht- und anlagenübergreifend tätigen **Koordinatoren** sind für die Disposition der Fertigung und des Personals, die Instandhaltungsplanung und den Ablauf der Produktion im jeweiligen Team verantwortlich. Die **Experten** sorgen für die Anlagenverfügbarkeit und die Optimierung der Anlagen und Verfahren. Kleinere Teams werden durch Experten größerer Teams oder der Serviceteams unterstützt. So arbeiten die Teamhandwerker in den Teams Veredelung zugleich für das Team Adjustage.

Die Anforderungen an die **Teamleiter** gehen über fachliches Können hinaus. Eine hohe soziale Kompetenz ist für die Erfüllung der Koordinationsaufgaben, für die vielfältige Kommunikation sowie die Integration der ehemals getrennten Produktions- und Instandhaltungsmitarbeitern erforderlich. Daher ist die Ausbildung zum Ingenieur für die Ausübung der Teamleiterfunktion keine Bedingung; besetzt werden können die Positionen bei entsprechender Eignung auch mit anderen qualifizierten Mitarbeitern. Derzeit führen drei ehemalige Meister Teams, in denen Ingenieure aber als Experten tätig sind. Welche Möglichkeiten unsere innerbetriebliche Weiterbildung bietet, erfahren Sie im Kapitel 11 „Aus- und Weiterbildung bei Rasselstein".

1.2 Personalteams und Technikressort

Nicht nur in der Produktion, auch im Personalressort ist die Teamorganisation eingeführt. Früher getrennte Bereiche wie Personalverwaltung und Abrechnung sind zu kleineren Einheiten zusammengefasst, die sich zu ihrem Kunden, dem Mitarbeiter, ausrichten und ihm in direkter Nähe zur Verfügung stehen.

Zur besseren Betreuung vor Ort haben drei Personalteams ihre Büros räumlich in den Produktionsbetrieb verlegt. Darüber hinaus sind die Teamleiter des technischen Ressorts und die des Personalwesens stärker miteinander vernetzt. Durch räumliche Nähe und gemeinsame Mitarbeiter sind der Austausch von Personal und Technik intensiviert und Schnittstellen abgebaut worden. Die Personalteams werden verstärkt in das Geschehen in der Produktion involviert, darüber hinaus werden die Teamleiter und Schichtkoordinatoren in die Abstimmung der Personalfragen einbezogen.

Seit 1999 bilden beispielsweise zwei weitere Personalteams mit dem entsprechenden Technik-Teamleiter und einer Mitarbeiterin eine Bürogemeinschaft

1.3 Ziele und Zielvereinbarung

Kommunikation über die Teamgrenzen hinweg, verbindliche Absprachen, Festlegen von Verantwortlichkeiten, Maßnahmen und Terminen sowie regelmäßiges Feedback sind für das Funktionieren einer Teamorganisation unerlässlich. Regelmäßig finden daher Gespräche mit unterschiedlicher personeller Zusammensetzung statt. Fragen der Qualität, Termine, Produktionsmengen, Anlagenzustände, Instandhaltung und der festgelegten Ziele werden hierbei geklärt oder zumindest angesprochen.

Um die gesamte Organisation und nicht nur einzelne Einheiten auf die Wünsche der Kunden hin zu orientieren und daraufhin zu optimieren, werden die Werksziele jährlich neu vereinbart. Diese werden zu Beginn eines neuen Geschäftsjahres festgelegt und auf die einzelnen Teams heruntergebrochen. Zu den regelmäßig aufgestellten Zielen gehören Qualitäts-, Kosten- und Mitarbeiterziele. Damit werden diejenigen Größen identifiziert, die Einfluss auf die Weiterentwicklung des Werks haben.

Um den Kontinuierlichen Verbesserungsprozess in Gang zu halten, reicht es nicht aus, jährlich Ziele in gleicher Höhe festzulegen. Schließlich soll eine Verbesserung der Kennzahlen erreicht werden. Dazu gehört eben auch, dass Jahr für Jahr höhere Maßstäbe angelegt werden.

Zusätzlich zu den Werkszielen wird in Projekten, teilweise in Zusammenarbeit mit dem Bereich Entwicklung und Qualitätswesen, auf Pro-

Abb. 2:
Qualitäts-, Kosten- und Mitarbeiterziele

Abb. 3:
Zusätzliche Teamziele

blemschwerpunkte und besondere Teamaufgaben eingegangen, wie das Beispiel in Abbildung 3 zeigt.

Bei der Definition der Werks- und Teamziele wenden wir ein einheitliches und systematisches Verfahren an, um die Basis für die Zielerreichung zu legen:

▎ Vereinbarung von Maßnahmen, Projekten und Terminen zur Zielerreichung
▎ Benennung von Verantwortlichen
▎ Dokumentation

Beispielsweise wurde bei dem Ziel, die Nacharbeit werksweit um 20 Prozent in einem Geschäftsjahr zu senken, zuerst ermittelt, welchen Anteil an der Nacharbeit die einzelnen Teams produzieren. Daraufhin wurden Fehlerschwerpunkte in den Teams identifiziert, für deren Behebung die jeweiligen Teams Maßnahmen beschließen mussten. Zur Problemlösung wurden Projektgruppen gebildet, zum Beispiel ein Arbeitskreis, der bei der Veredelung für die Reduzierung von Kratzern und Eindrücken verantwortlich ist.

Die schriftliche Fixierung der Ziele in quantitativer Hinsicht ist obligatorisch. Darüber hinaus werden Zieldefinitionen, Vereinbarungen, Aufgaben, Projekte, Prioritäten und die Verantwortung der Teams in einer Broschüre für die Teamleiter und Experten festgehalten. Damit jeder Mitarbeiter nach seinen Möglichkeiten zur Zielerreichung beitragen kann, werden Ziele und Grad ihrer Erreichung jeden Monat neu von den Teamleitern anschaulich veröffentlicht.

Eine wichtige Arbeit leistet dabei das Info-Team, das die Informationen für das gesamte Werk und die einzelnen Teams regelmäßig aufbereitet und in einer ansprechenden Form darstellt. Regelmäßige Aushänge, Darstellungen im Intranet, Gespräche mit den Teammitgliedern und Artikel in der Mitarbeiterzeitschrift helfen, dass die Mitarbeiter die Ziele kennen, verstehen und akzeptieren. Dieses kontinuierliche Monitoring ermöglicht es, frühzeitig Maßnahmen zu ergreifen, wenn die Zielerreichung gefährdet ist.

Da die Ziele im Werk und in den Teams nur gemeinsam erreicht werden können, erfordert die Einbeziehung aller Arbeitnehmer neben der Information über die Zielerreichung auch eine ausreichende Schulung – und bei den Mitarbeitern selbst eine Veränderung der Arbeitseinstellung. Denn Problemlösungen und Verbesserungsmöglichkeiten, die ihre Aufgaben betreffen, gehören mit der Teamorganisation zu ihrem Verantwortungsbereich und werden von ihnen eigenständig im Rahmen der Gruppenarbeit erarbeitet. Dazu zählen sowohl die Übernahme kleinerer Reparaturen als auch die Sicherstellung und Verbesserung der Qualität.

Kommunikation der Ziele an die Mitarbeiter und deren Einbeziehung in den KVP-Prozess erfordern einen modernen Führungsstil und eine Ausweitung der Führungsaufgaben. Die Führungskräfte – Teamleiter und Schichtkoordinatoren – haben starken Anteil an der Erreichung der oben erwähnten Mitarbeiterziele: Die Beeinflussung von Unfallzahlen, Fehlzeiten und Verbesserungsvorschlägen ist ihnen weitgehend übertragen. Unterstützung erhalten sie vom entsprechenden Personalteam.

2. Die Umgestaltung der Betriebsorganisation

Steigende Kosten und Produktionsrückgänge führten im Geschäftsjahr 1992/93 zu einem negativen Betriebsergebnis – zum ersten Mal in der Firmengeschichte von Rasselstein. Aus heutiger Sicht ein heilsamer Schock, der uns damals zum Nachdenken und Handeln veranlasst hat. Leider fielen der Rationalisierung fast 1.000 der 3.500 Arbeitsplätze zum Opfer, darunter auch die von etwa hundert Leitenden Angestellten. Die Stabsbereiche, allesamt Strukturen der siebziger Jahre, wurden dagegen drastisch verkleinert. Das reichte jedoch nicht aus, um auf Dauer flexibel, hoch qualitativ und profitabel arbeiten zu können.

2.1 Von der hierarchischen Struktur zur Teamorganisation

Auf Grund der verringerten Mitarbeiterzahl war es zwingend notwendig, den organisatorischen Ablauf zu verändern.

Die Ausgangssituation: zwei funktional gegliederte Werke in Andernach, daneben die Instandhaltung und Versorgung, die Neubauabteilung, die Technische Betriebswirtschaft und Produktionsplanung sowie das Entwicklungs- und Qualitätswesen.

Abb. 4:
Funktionale Gliederung im Vorstandsbereich Technik 1992

Stufe eins der Reorganisation brachte im Jahre 1992 die Zusammenlegung der beiden Werke und die funktionale Anbindung des Bereichs Instandhaltung an den Produktionsbetrieb. Entsprechend dem Produktionsfluss bildeten wir im Mai 1994 sieben Produktionsteams. Für viele Mitarbeiter ergaben sich dadurch gravierende Veränderungen: Fachleute für Mechanik und Elektrik – Ingenieure, Techniker und Handwerker – wurden in die Produktionsteams eingegliedert, um Schnittstellen abzubauen und kurze Entscheidungswege zu ermöglichen. Dabei übernahmen einige Handwerker auch Produktionsarbeitsplätze. Produktionsmannschaften konnten somit einfache Reparaturarbeiten eigenständig durchführen. Als Folge kam das Instandhaltungsteam mit weniger Mitarbeitern aus: Es verstärkte bei größeren Reparaturen die Reparaturmannschaft der Produktionsteams. Später wurde die zentrale Instandhaltung ganz aufgelöst und die Mitarbeiter wurden den einzelnen Produktionsteams zugeordnet.

In einem zweiten Schritt im selben Jahr wurde die Qualitätssicherung in die Produktion integriert. Die Produktionsmitarbeiter sollten selbst auf die Qualität achten, ihre eigenen Fehler erkennen und beheben.

In einer dritten Stufe im Jahr 1995 wurden die Disponenten der Fertigungssteuerung in die Teams Entfetten/Glühen, Veredelung und Adjustage integriert.

Die Umbenennung des Betriebsleiters in „Teamleiter" dokumentierte die neue Führungsaufgabe, die durch Fachwissen, aber auch durch Fähigkeit zum Teammanagement und zum kooperativen Umgang mit den Mitarbeitern geprägt ist. Meister wurden abgelöst und durch „Tageskoordinatoren" ersetzt, die einzelnen Schichtmannschaften werden seitdem von – teilweise mitarbeitenden – „Schichtkoordinatoren" geführt. Die betrieblichen Vorgesetzten wurden nach den Kriterien fachliche und soziale Fähigkeiten ausgewählt.

Für viele Mitarbeiter, Handwerker ebenso wie Vorgesetzte, bedeutete die Umorganisation einen Statusverlust. Einige Führungskräfte verließen das Unternehmen sogar, da sie die neue Arbeitsweise nicht mittragen wollten. Vielen erleichterte der nahende Ruhestand die Entscheidung zum Rückzug aus dem Unternehmen.

2.2 Veränderung der Zielgrößen

Mit Einführung der Teamorganisation wurden als ein Bestandteil des Kontinuierlichen Verbesserungsprozesses messbare Qualitäts- und Kostenziele (z. B. Nacharbeit, Reklamationen, Produktivität, Durchlaufzeiten) für den gesamten Produktionsbetrieb und heruntergebrochen auf die einzelnen Teams erarbeitet. Zusätzlich nahmen wir ein Jahr später mitarbeiterbezogene Ziele (Arbeitssicherheit, Fehlzeiten, Verbesserungsvorschläge, Mehrarbeit) in den Katalog auf. Damit war gewährleistet, dass sich alle Teams an den gleichen übergeordneten Zielen orientieren.

Im Laufe der vergangenen Jahre veränderten sich die Ziele: **Reduzierung der Mehrarbeit**, während der letzten Jahre regelmäßig angestrebt, wurde beispielsweise zu Beginn des Geschäftsjahres 2000/01 aus der Zielbetrachtung herausgenommen. Durch die Vollkonti-Beschäftigung (vgl. Kap. 6 „Arbeitszeitflexibilität und Bündnis für Arbeit") entsteht Mehrarbeit kaum noch. Andererseits wurde der **Zeitnutzgrad**, das heißt der Anteil an effektiver Arbeitszeit gegenüber der reinen Anwesenheitszeit, als Zielgröße neu aufgenommen. Um die **Qualität der Verbesse-**

rungsvorschläge zu erhöhen und auch die Relevanz des Betrieblichen Vorschlagswesens (BVW) den Mitarbeitern zu verdeutlichen, wurde 1998/99 eine neue Zielgröße festgelegt: Die bisherige Kennzahl „eingereichte Verbesserungsvorschläge pro Mitarbeiter und Jahr" wurde abgelöst durch „prämierte Verbesserungsvorschläge pro Mitarbeiter und Jahr".

2.3 Entwicklung der Kennzahlen und Zielerreichung

Seit 1992/93 verbesserten sich fast alle Kennzahlen des Werkes deutlich. In diesem Zeitraum entwickelte sich die Produktivität positiv: von 3,4 Lohnstunden pro Tonne Fertigerzeugung auf 2,1. Gleichzeitig verringerte sich die Durchlaufzeit von 26 Tagen auf knapp 12 Tage.

Mit der um 30 Prozent gestiegenen Mengenleistung Tonnen konnte auch die Qualität verbessert werden. Die Nacharbeit sank von 40,9 Prozent auf 9,3 Prozent, die Abbindungen verringerten sich von 1,9 Prozent auf 0,4 Prozent, und die Reklamationen sanken von 1,5 auf 0,3 pro 1000 Tonnen Fertigerzeugung.

Interessant ist die Entwicklung des Ausbringens, also des Anteils der 1a-Fertigerzeugung am Warmbandeinsatz. Dieser Wert verringerte sich zugunsten einer besseren Qualität von 88,5 Prozent bis zum Geschäftsjahr 1997/98 auf 84,8 Prozent und stieg seitdem bei gleichzeitig steigender Qualität wieder auf 86,4 Prozent an.

Nach deutlichen Anfangserfolgen wurde es im Laufe der Zeit immer schwieriger, das Ausmaß der Verbesserungen beizubehalten. Gleichzeitig erfordert es mehr Anstrengung, die Zahl der Reklamationen weiter zu senken. Anfangs genügte höhere Aufmerksamkeit der Mitarbeiter. 1996/97 wurden Qualitätstrainer in den Teams etabliert. Und im dritten

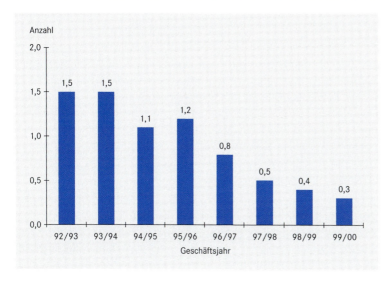

Abb. 5: Reklamationen von 1992/93 bis 1999/00

Schritt bildeten wir vernetzte Arbeitsgruppen mit Mitarbeitern aus den Produktionsteams, dem Serviceteam Qualitätssicherung/Technische Kundenberatung und dem Bereich Entwicklung und Qualitätswesen.

Was Abbildung 5 allerdings nicht darstellt, ist, ob die Ziele nicht, nur knapp oder gar übererreicht wurden. Auch wenn die Reklamationen 1999/2000 gegenüber dem Vorjahr abnahmen, wurde die Zielgröße nicht ganz erreicht. Die Vorgaben bei Abbindungen, Produktivität, Durchlaufzeiten, Fehlzeiten und Mehrarbeit wurden deutlich übertroffen oder erfüllt, bei den anderen wurde das Ziel knapp verfehlt. Bei der Nacharbeit lag die Ist-Größe sogar deutlich unter der Soll-Größe.

2.4 Weitere Entwicklung des Kontinuierlichen Verbesserungsprozesses

Nach der Einführung der Teamorganisation und der Vereinbarung von Zielen wurden weitere Bausteine zur kontinuierlichen Verbesserung entwickelt: die Autonome Instandhaltung, das Rasselstein'sche Lohnsystem, die flexible Arbeitszeit und die Gruppenarbeit. Die einzelnen Komponenten zeigten Erfolge. Dennoch wurde mit der Zeit allen bewusst, dass es immer schwieriger wird, weitere nachhaltige Verbesserungen zu erzielen.

Es zeigte sich auch, dass die Kommunikation im Unternehmen wesentliche Bedeutung für den KVP hat. Nur wenn die Zielerreichung sowie die Entwicklung und Einhaltung von Maßnahmen regelmäßig thematisiert werden, erfolgt eine Eigenkontrolle der involvierten Mitarbeiter. Daraus folgt auch, dass die Organisation noch kein Selbstläufer geworden ist.

Bei der weiteren Entwicklung der Hochleistungsorganisation bei Rasselstein Hoesch – das heißt Produktion an der oberen Kapazitätsgrenze verbunden mit hohen Qualitätsanforderungen – hat das Einfordern hoher Aufmerksamkeit von den Mitarbeitern durch einen durch Konsequenz und Disziplin geprägten Führungsstil höchste Priorität.

Ein weiterer Ansatzpunkt zur Verbesserung liegt in der Veränderung der Teamgröße. Große Teams wie Veredelung oder Walzwerk zielgerichtet zu führen, bringt Probleme in der Kommunikation mit sich. Unbewusst bildeten sich vereinzelt wieder informelle Hierarchien mit Koordinatoren und Experten als Nadelöhre. Informationen wurden langsamer und auch selektiert verbreitet. Da unser Betrieb von der Schnelligkeit und Effizienz der organisatorischen Einheiten lebt, werden derzeit große Teams aufgeteilt.

Darüber hinaus werden weitere Methoden eingeführt, um kontinuierlich an der Qualität zu arbeiten: Teamübergreifende Arbeitsgruppen, enge Zusammenarbeit mit dem Bereich „Entwicklung und Qualität" und eine Kooperation mit Hochschulen in Verbindung mit einem systematischen Wissensmanagement sollen die Verbesserungen gewährleisten.

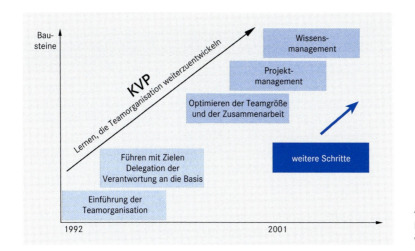

Abb. 6:
Der Kontinuierliche Verbesserungsprozess

Unser Erfolgsrezept:

✔ Eigenverantwortung ist nicht grenzenlose Freiheit.

✔ Hohe Aufmerksamkeit durch konsequenten und disziplinierten Führungsstil.

✔ Ständige Kommunikation verinnerlicht Unternehmensziele.

Die **Reorganisation der Instandhaltung**

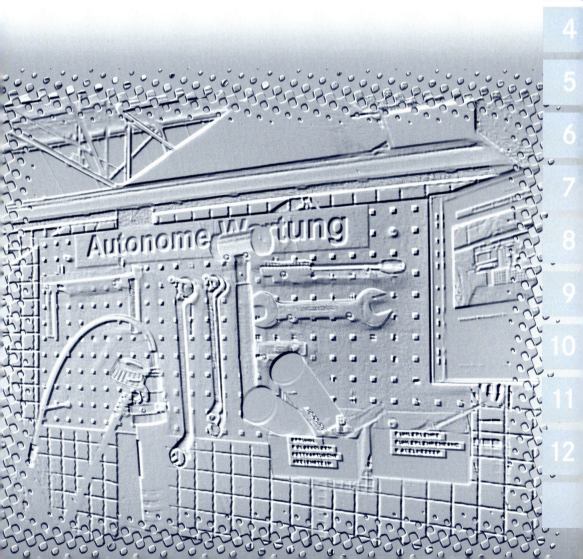

Kapitel 3

Die Reorganisation der Instandhaltung

Karl Bartz, Thomas Rosenbauer

1.	Die Organisation der Instandhaltung	47
2.	Arten der Instandhaltung	48
2.1	Ausfall- und störungsbedingte Instandhaltung	48
2.2	Zustandsbedingte Instandhaltung	49
2.3	Qualifikation	49
3.	Autonome Wartung	50
3.1	Grundschulung	51
3.2	Info-Wände	51
3.3	Vorteile der Autonomen Wartung	52
4.	Die ehemalige Organisation der Instandhaltung	53
4.1	Operative Instandhaltung	54
4.2	Zentrale Instandhaltung	54
4.3	Vorbeugende Instandhaltung	54
4.4	Vom Schubladendenken zum integrierten Konzept	55
4.5	Fazit und Ausblick	56

▶ Querverweise auf die Kapitel:

    1 Die Organisation des Ressorts Personal
  11 Aus- und Weiterbildung bei Rasselstein

Internes Zuständigkeitsgerangel stärkt nur die Position der Mitbewerber. Die Umstrukturierung der Instandhaltung war also ein wichtiger Baustein zur Standortsicherung.

Anfang der neunziger Jahre veränderte sich das Konsum- und Bevorratungsverhalten der Kunden sowie die Struktur des Absatzmarktes im Allgemeinen. Der dadurch hervorgerufene enorme Kostendruck initiierte einen ganzheitlichen Umdenkprozess – weg von der streng hierarchischen und funktionalen Gliederung in Bereiche. Ziel war es, den Einsatz monetärer und humaner Ressourcen nachhaltig zu optimieren und den Kunden noch mehr in den Mittelpunkt des Handelns zu rücken. Die Einführung der Teamorganisation im Technikressort reformierte die traditionelle Instandhaltung grundlegend.

Zunächst wurde der Bereich Instandhaltung und Versorgung (I+V) schrittweise aufgelöst. Die Instandhalter wurden in die Produktionsteams eingegliedert, der Versorgungsbereich organisatorisch neu angebunden. Infolgedessen wurde die Instandhaltung von den Teams weitgehend autark geplant und durchgeführt.

Ein weiterer Schritt war die Einführung der Autonomen Wartung. Die Anlagenmannschaften sollten nun Instandhaltungsaufgaben selbstständig durchführen.

1. Die Organisation der Instandhaltung

Viele Schritte waren nötig, bis aus den verschiedenen hierarchisch gegliederten Instandhaltungs- und Produktionseinheiten die heutige Teamstruktur entstanden war. Verantwortung und Kompetenz zu bündeln war das Ziel. Das heißt ausdrücklich, dass es kein „Instandhaltungsteam" mehr gibt, sondern dass alle Mitarbeiter – auch die Lohnempfänger – im Problemlösungsprozess eingebunden sind.

Die sieben Rasselsteiner Produktionsteams sind heute für ihre Produktionseinrichtungen, die Produktqualität, Termine, den Personaleinsatz, die Kosten und eben die Instandhaltung selbst verantwortlich. Abbildung 1 zeigt den Aufbau eines großen Produktionsteams mit seinen Verantwortungsbereichen. Er ist grundsätzlich auf andere Teams übertragbar, sofern dort alle fachlichen Qualifikationen vorhanden sind. Darum sind kleinere Teams in der Instandhaltung nicht autark; sie werden von einem größeren mit betreut.

Durch die vollständige Integration der Handwerker können die Produktionsmitarbeiter Reparaturen und Wartungsarbeiten weitgehend selbstständig planen und ausführen. Allein die Produktionserfordernisse und Personalverfügbarkeit müssen beachtet werden. Mit der Vor-Ort-Verfüg-

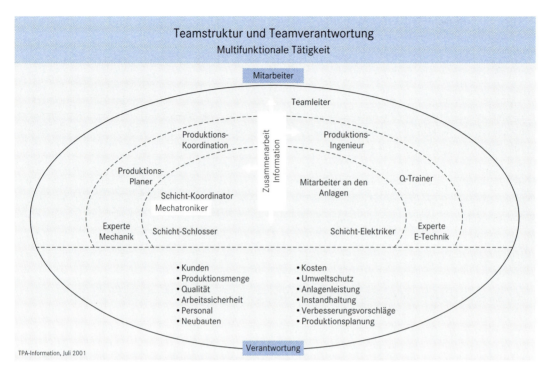

Abb. 1:
Aufbau der Produktionsteams

barkeit der **Teamhandwerker** (z. B. ausgebildete Schlosser und Elektriker, die zum jeweiligen Team gehören) wurde auch die Beseitigung von akuten Störungen einfacher. Sie sind zum Teil produktionsbegleitend im Schichteinsatz und werden von den so genannten **integrierten Handwerkern** unterstützt – handwerklich ausgebildete Mitarbeiter, die normalerweise eine Anlage bedienen.

Ein großer Teil der integrierten Handwerker ist im Zuge der Reorganisation der Instandhaltung auf die Produktionsarbeitsplätze versetzt worden. Der Anstoß dafür kam aus dem technischen Ressort selbst. Die damals versetzten Handwerker ersetzen „reine" Produktionsmitarbeiter, die über einen Sozialplan in den Vorruhestand gingen.

2. Arten der Instandhaltung

Abhängig von den Produktionsanlagen selbst, aber auch von Produktionsablauf, Instandhaltungsbedarf und Wartungszyklen unterscheiden wir verschiedene Instandhaltungsarten.

2.1 Ausfall- und störungsbedingte Instandhaltung

Bedingt durch einen in aller Regel plötzlich auftretenden technischen Defekt kommt es zum kompletten oder teilweisen Ausfall von Produktionsanlagen. Jedes Produktionsteam ist nun in der Lage, mit den oben erwähnten integrierten Handwerkern oder Teamhandwerkern das Problem zu lösen. Als großer Vorteil erweist sich, dass die integrierten Handwerker direkt am Platz verfügbar sind. Bei entsprechender Erfahrung kennen sie die Anlage und Örtlichkeiten sehr genau. Auch gehören sie zum betroffenen Team, somit entfallen Fragen nach Zuständigkeiten und Kompetenz.

Je nach Umfang der Anlagenstörung werden die integrierten Handwerker durch die Teamhandwerker ergänzt. Sie arbeiten Hand in Hand nicht nur bei Störungen, sondern auch bei geplanten Reparaturen.

2.2 Zustandsbedingte Instandhaltung

Reparaturen werden anhand von Erfahrungs- und Messwerten geplant. So wie man bei einem PKW weiß, dass nach 100.000 gefahrenen Kilometern der Zahnriemen gewechselt werden sollte, damit es nicht zu größeren Schäden kommt, kennt man auch bei den Produktionsanlagen die Verschleißzyklen. Bei kleineren Reparaturen ist normalerweise eine Frühschicht ausreichend, eine so genannte I+R-Schicht (I+R = Instandhaltung und Reparatur). Eine Großreparatur ist zumeist mehrtägig, bringt den Produktionsablauf oft gehörig durcheinander und muss darum bestens geplant werden. Zum Termin müssen alle Arbeitsgeräte, Ersatzteile, Hilfs- und Betriebsstoffe am Platz sein. Alle I+R- bzw. Frühschicht-Handwerker des eigenen sowie der Nachbarteams (es gibt hierzu klare Absprachen zur gegenseitigen Unterstützung) müssen sich bereit halten. Das gilt ebenso für Handwerker von Fremdfirmen, die die Aktion begleiten. Solche Vorbereitungen werden durch „Computer Aided Maintenance And Scheduling" (CAMAS) und SAP-PM unterstützt.

Unser Erfolgsrezept:

✔ Nur die Einbindung aller Beschäftigten garantiert das Funktionieren der Autonomen Instandhaltung.

✔ Produktionsmitarbeiter übernehmen handwerkliche Tätigkeiten.

✔ Instandhaltung beginnt schon bei der Ordnung am Arbeitsplatz.

2.3 Qualifikation

Neben den integrierten Handwerkern und den Teamhandwerkern verstärken bei uns ausgebildete Junghandwerker das Team in Sachen Instandhaltung. Den universellen Anforderungen (Produktion, Elektrik und Mechanik) wird mit der Einführung der Ausbildung zum Mechatroniker Rechnung getragen. Lesen Sie hierzu das Kapitel 11 „Aus- und Weiterbildung bei Rasselstein".

In den Stützpunkten der Teamhandwerker, das sind kleine Werkstätten in den jeweiligen Teams, erfolgt eine kontinuierliche Ausbildung in definierten Zeitabschnitten. In den dafür vorgesehenen Ausbildungsplänen ist die Dauer der Ausbildung für jeden integrierten Handwerker vermerkt. Durch ständige Nachschulung bleiben die handwerklichen Fähigkeiten immer präsent. Um für die Dauer der Ausbildung nicht unterbesetzt zu sein, wurden in den großen Produktionsteams einige Planstellen mehr geschaffen, als eigentlich nötig wären.

Für die Dauer der Qualifikationsmaßnahme werden die Mitarbeiter zunächst von der Produktion freigestellt. Danach arbeiten sie entweder mit den Teamschlossern oder -elektrikern zusammen. Auf diese Weise erhalten sie anlagenübergreifende und -spezifische Kenntnisse. Ziel ist es, dass ein Mitarbeiter pro Schicht 80 bis 90 Prozent der schlosserischen Arbeiten weitgehend beherrscht.

3. Autonome Wartung

Wie eingangs bereits erwähnt, erreicht man die Eigenverantwortung für die Produktionsanlagen nur über die Einbindung aller Mitarbeiter des Teams. Somit war eine der tragenden Säulen bei der Neuorganisation der Instandhaltung die Einführung der Autonomen Wartung im Jahre 1997. Beim Einführungsprozess war es sehr hilfreich, den Betriebsrat von Anfang an mit einzubeziehen. Noch heute ist einer der Trainer für Autonome Wartung auch gleichzeitig Betriebsratsmitglied.

Unter Autonomer Wartung verstehen wir Folgendes: „... umfassende Maßnahmen von der Wartung und Pflege des Arbeitsplatzes bis hin zur Prozessüberwachung und die Durchführung von Instandhaltungsarbeiten durch den Mitarbeiter vor Ort."

Der Begriff „autonom" bedeutet in diesem Zusammenhang, dass die Arbeiten selbstständig durchzuführen sind und jeder somit selbst verantwortlich ist für den Anlagenzustand in seinem Bereich.

Anschaulich vergleichbar ist der Begriff mit den Tätigkeiten, die man am eigenen Fahrzeug selbst durchführen kann, z. B. Ölstand oder Luftdruck kontrollieren, Tanken, Kühlwasser und Scheibenreiniger prüfen und ggf. nachfüllen sowie die Werkstatt mit nötigen Reparaturen beauftragen.

Autonome Wartung beginnt bereits bei Ordnung und Sauberkeit am Arbeitsplatz, geht über einfache Reparaturen bis hin zur Wartung und Inspektion anhand einer Liste. Dazu bedarf es natürlich der entsprechenden Qualifikation. Wie Abbildung 2 zeigt, werden die Inspektions- und

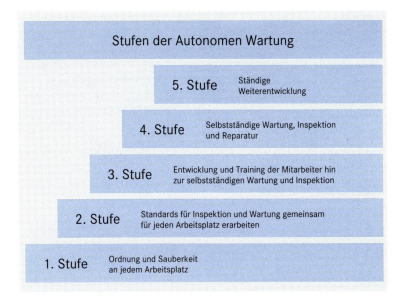

Abb. 2:
Stufen der
Autonomen Wartung

Wartungspläne für jeden Arbeitsplatz gemeinsam mit den Experten der Teams erarbeitet. In Stufe 3 werden die Mitarbeiter geschult und sofort in erste Wartungsarbeiten eingebunden. Der Idealzustand ist erreicht, wenn (in Stufe 5) die Mitarbeiter sich selbst fachlich und das System ohne fremde Hilfe weiterentwickeln.

3.1 Grundschulung

Die eintägige Grundschulung wurde durch zwei Trainer für Autonome Wartung durchgeführt – ehemalige Instandhalter, die teamübergreifende Anlagenkenntnisse besaßen. Diese Schulung sollte die Mitarbeiter zunächst für den Sinn und Zweck der Autonomen Wartung sensibilisieren. Anschließend erhielten sie Grundwissen über Kupplungen, Lager, Schmierungen sowie den Umgang mit Ölen und Fetten in ihren jeweiligen Arbeitsbereichen. Später wurden die Aufgaben der hauptamtlichen Trainer in die Teams verlagert, wo heute noch bei Bedarf Schulungen von erfahrenen Handwerkern durchgeführt werden.

3.2 Info-Wände

Die Autonome Wartung läuft streng nach Plan. Auf Info-Wänden, die sich in unmittelbarer Nähe der zu wartenden Anlage befinden, finden die Mitarbeiter jegliche Information über die anstehenden Arbeiten (Abb. 3).

Dieses Info-Wand enthält alle für die Wartung relevanten Informationen wie Abschmierpläne, Inspektionspläne, Schadensmeldezettel sowie Hinweise zu verantwortlichen Mitarbeitern, Materialentnahmescheine und Arbeitsanweisungen. Ähnlich wie in einer KFZ-Werkstatt sind die Ab-

Abb. 3:
Info-Wand zur
Autonomen Wartung

1 Standort
2 Verantwortliche Mitarbeiter
3 Abschmierpläne
4 Inspektionspläne
5 Schadensmeldungen Arbeitssicherheit
6 Arbeitsanweisungen, Hilfsmittel usw.
7 Fächer für ausgefüllte Schadensmeldezettel
8 Materialentnahmescheine
9 Neue Schadensmeldezettel
10 Ordner für abgearbeitete Schadensmeldezettel

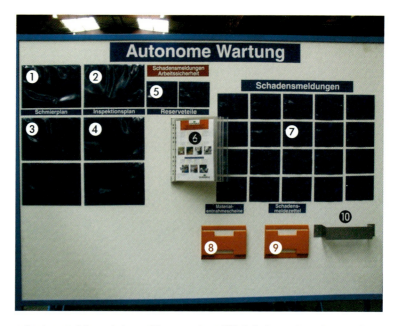

schmier- und Inspektionspläne angelegt. Wichtig ist, neben der sorgfältigen Ausführung der Arbeiten, das korrekte Ausfüllen der Pläne inklusive Name des Mitarbeiters und Wartungsdatum. So kann auf einen Blick überprüft werden, wann, wie und vom wem die Anlage gewartet wurde.

Schäden müssen grundsätzlich sofort behoben werden. Ist das nicht möglich, weil beispielsweise niemand mit der erforderlichen Qualifikation verfügbar ist, muss ein Schadensmeldezettel ausgefüllt werden. Täglich werden diese Meldungen von den Experten bearbeitet, die dann entscheiden, wann und durch wen die Schadensbehebung erfolgen wird. Bis zur Erledigung verbleibt ein farbiger Meldezettel an der Info-Wand. Er dient als Information dafür, dass sich jemand um die Angelegenheit kümmert. Schadensmeldungen, welche die Arbeitssicherheit betreffen, werden separat aufgehängt und haben höchste Priorität.

3.3 Vorteile der Autonomen Wartung

Die Einführung der Autonomen Wartung war eine notwendige Konsequenz der sehr schlank gewordenen Instandhaltung – eine Konsequenz mit jeder Menge Vorteilen.

Autonome Wartung fördert bei Produktionsmitarbeitern und Instandhaltern mehr Verständnis für die Belange des anderen. Man arbeitet Hand in Hand, die Instandhalter werden von einfachen Routinearbeiten entlastet und können sich intensiver um Spezialaufgaben kümmern. Reibungsverluste werden abgebaut. Die Produktionsmitarbeiter hingegen profitieren von besserer Anlagenkenntnis, wodurch nicht zuletzt die Arbeitssicherheit erhöht wird, und von interessanteren Arbeitsinhalten. Neben ihrer regulären Tätigkeit erwerben sie handwerkliche Fertigkeiten und lernen von erfahrenen Teamhandwerkern, die auch die Schulungen durchführen, den Umgang mit Werkzeugen, Fettpressen usw. Auf diese Weise gewinnt die persönliche berufliche Qualifikation an Wert. Deutliches Zeichen hierfür ist das ständig wachsende interne Schulungsprogramm im Bereich Instandhaltung.

Schließlich wirken sich all die Details insgesamt auf das Unternehmensergebnis in Sachen Qualität, Produktivität und im Endeffekt auf die Kosten aus.

4. Die ehemalige Organisation der Instandhaltung

Früher war die Instandhaltung funktional strukturiert und streng hierarchisch aufgebaut. Zu Beginn des Geschäftsjahres 1992/93 waren bei Rasselstein 467 Mitarbeiter mit den betreffenden Aufgaben beschäftigt. Das folgende Organigramm zeigt die Aufteilung in eine operative und eine zentrale Instandhaltung.

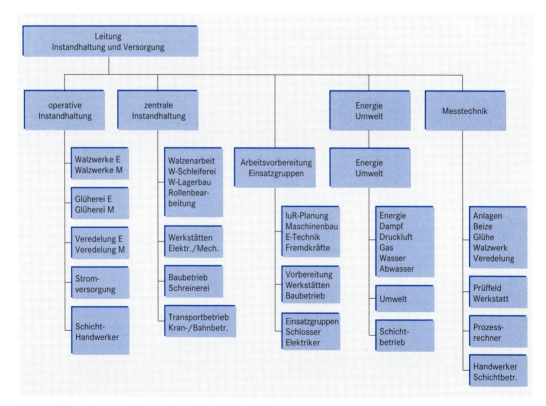

Abb. 4: Aufbau der operativen und zentralen Instandhaltung

4.1 Operative Instandhaltung

Die operativen Instandhaltungsabteilungen waren vor Ort und mit ihren Aufgaben bestimmten Produktionsabteilungen fest zugeordnet. Ihre Aufgabe war es, Störungen zu beheben und Wartungsarbeiten möglichst bei laufender Produktion durchzuführen. Hier machte sich sehr deutlich die strenge Trennung zwischen Produktion und Instandhaltung bemerkbar: Bei Störungen und Wartungen waren die Produktionsmitarbeiter zur Untätigkeit verurteilt, da dies ausschließlich Aufgabe der Instandhalter war. Es bestand auch keinerlei Weisungsbefugnis zwischen Produktion und Instandhaltung.

4.2 Zentrale Instandhaltung

Der damaligen Philosophie folgend waren alle weitergehenden Instandhaltungsarbeiten durch die zentrale Instandhaltung mit ihren Werkstätten sowie den Einsatzgruppen durchzuführen. Ein großer Koordinationsaufwand war nötig, denn Aufgabe der zuständigen Techniker war es, diese Arbeiten im Vorfeld zu planen. Auch sollten die eigenen Werkstätten kontinuierlich ausgelastet sein. Also wurden Ersatzteile bis zur Schließung der Hauptwerkstatt dort weitgehend in Eigenregie gefertigt.

Klar ist auch, dass bei zentraler Instandhaltung die Wünsche der Produktion oft nur wenig Berücksichtigung fanden. Ob und wann Änderungen an den Anlagen durchgeführt wurden, hing in der Vergangenheit auch stark von der Qualität der Zusammenarbeit zwischen Instandhalter und „Produktioner" ab. Sehr oft mischte sich bei dieser Zusammenarbeit noch ein Dritter in das Kompetenzgerangel: die Neubauabteilung. Unter dem Strich standen hohe Schnittstellenverluste, und oft entsprach die umgesetzte Lösung weder den Wünschen der Produktion noch den Vorstellungen der Instandhalter. Die Folge waren gegenseitige Schuldzuweisungen.

4.3 Vorbeugende Instandhaltung

Die Instandhaltung vor Einführung der Teamorganisation war geprägt von einem sehr hohen Bedürfnis nach Anlagenverfügbarkeit. Also wurden in erster Linie Kontrollen und Instandhaltungsarbeiten in festen Intervallen durchgeführt. Praktisch bedeutete dies eine vorbeugende Instandhaltung. Teile wurden allein auf Grund von Erfahrungen ausgewechselt und ersetzt, bevor es zum Ausfall kommen konnte. Ein sehr kostspieliges Instrumentarium angesichts des Kostendrucks und der sich ändernden Organisation. Davon übrig geblieben sind einige vorbeugende Maßnahmen wie zum Beispiel das Wechseln der Bandpresse und der Bandzugmessrolle in bestimmten Intervallen. Die meisten Intervalle sind den Notwendigkeiten angepasst und länger geworden. Ein Beispiel: An den großen Veredlungsanlagen 10 und 11 wurde früher 14-tägig eine vorbeugende Instandhaltung durchgeführt. Heute sind die Intervalle auf sechs Wochen ausgedehnt.

4.4 Vom Schubladendenken zum integrierten Konzept

Die Neuorganisation der Instandhaltung war der richtige Weg, der gerade noch zum richtigen Zeitpunkt eingeschlagen wurde. Doch eine Umstrukturierung mit so großen Auswirkungen konnte nicht in einem Zug bewältigt werden, sondern es waren mehrere Schritte notwendig:

- Beginn der Eingliederung der Instandhalter in die Produktionsteams und Integration von Handwerkern an den Produktionsanlagen (ab GJ 92/93)
- Ausgliederung von Instandhaltungsaufgaben aus dem Unternehmen (Fremdfirmeneinsätze und Fremdfirmenaufträge für Reserveteile) und Outsourcing der Wartung für Kräne, Flurförderfahrzeuge und Hallentore (im GJ 96/97)
- Schließung der Hauptwerkstatt (im GJ 96/97)
- Einführung der Autonomen Wartung (ab GJ 96/97)

Mit den heutigen Erkenntnissen wäre die Reorganisation schneller und mit weniger Zwischenschritten durchführbar.

Die Auflösung des Instandhaltungs- und Versorgungsbereichs mit den insgesamt 467 Mitarbeitern war aus Sicht der Mitarbeiter eine sehr umstrittene Maßnahme. Es war klar, dass viele ihren Job komplett verlieren würden, andere würden ihren angestammten Arbeitsplatz gegen einen neuen, ungewohnten Platz in der Produktion eintauschen müssen.

Seit August 1992 ermöglichte ein Sozialplan bei Rasselstein allen Mitarbeitern im entsprechenden Alter den Vorruhestand. Dieser Plan regelte auch die Verdienstsicherung für diejenigen Mitarbeiter, die von Versetzungen in die Produktionsteams betroffen waren.

Ein kleiner Teil der Mitarbeiter des Instandhaltungs- und Versorgungsbereichs hat das Unternehmen durch Outsourcing oder Arbeitnehmerkündigung verlassen. Gründe für die Kündigungen fanden sich unter anderem im Statusdenken. Die Vorstellung, künftig nicht mehr im erlernten Beruf, sondern als „einfacher" Produktionsmitarbeiter tätig zu sein, war für einige nicht akzeptabel. Inzwischen haben die verbliebenen Mitarbeiter erkannt, dass die Anlagenmannschaften anspruchsvolle Tätigkeiten ausüben. Wünsche nach reinen instandhalterischen Tätigkeiten sind heute eher die Ausnahme.

4.5 Fazit und Ausblick

Nach anfänglicher Skepsis und Ablehnung hat sich auch die Autonome Wartung bei den Beschäftigten gut etabliert. Obwohl dieses Instrument weiterentwickelt werden muss, ist heute schon abzusehen, dass die Grenzen erreichbar sind. Denn die Autonome Wartung kann die Instandhaltung nicht ersetzen, sondern nur unterstützen. Es gilt, die optimale Mischung zu finden.

Der enorme Kostendruck Anfang der neunziger Jahre und der beginnende ganzheitliche Umdenkprozess hinsichtlich der Organisation im technischen Ressort haben bei Rasselstein zu einer grundlegenden Reform der Instandhaltung geführt. Das damit verbundene Ziel, die Instandhaltungskosten zu senken, haben wir erreicht: Von 1992/93 bis 1999/00 sank der Faktor um rund 30 Prozent. Seither bewegen wir uns in etwa auf dem erreichten Niveau.

Befürchtungen von Kritikern, dass angesichts dieser Maßnahmen und des damit verbundenen Personalabbaus bzw. der Integration der Handwerker die Stör- und Stillstandszeiten zunehmen würden, haben sich nicht bewahrheitet. Und obwohl die Instandhaltungsintervalle verlängert wurden, ist das vorausgesagte Sinken der Anlagenverfügbarkeit nicht eingetreten.

Die großen eigenständigen Bereiche der Vergangenheit haben durch Zuständigkeitsfragen und Kästchendenken Unsummen verschlungen. Diese Kosten, die hauptsächlich durch Blindleistung entstanden sind, wären heute nicht mehr tragbar. Daher muss sich ein moderner Industriebetrieb den Anforderungen des Marktes mit teamorientierten Zielen und Aufgaben stellen. Internes Zuständigkeitsgerangel stärkt dagegen nur die Position der Mitbewerber. Die Umstrukturierung der Instandhaltung war also ein wichtiger Baustein zur Standortsicherung.

Ziel für die Zukunft kann nur sein, weitere Wartungsarbeiten direkt an die Anlagen zu verlagern und die EDV-gestützten Hilfssysteme weiterzuentwickeln bzw. zu optimieren. In alle Überlegungen muss jedoch einfließen: Was erwartet unser Kunde von uns?

Die **Einführung** der **Gruppenarbeit**

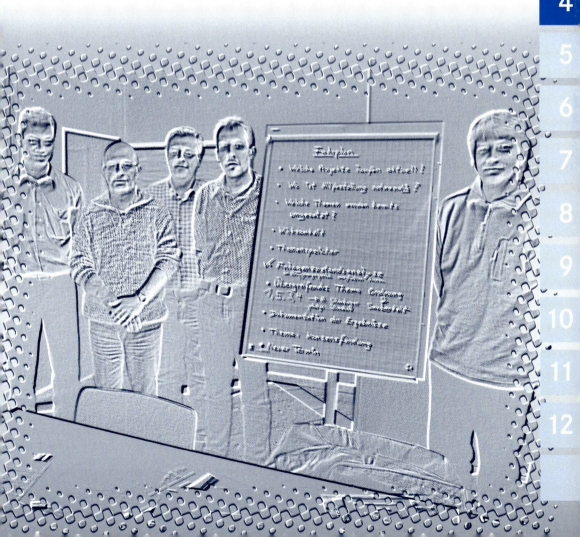

Kapitel 4

Die Einführung der Gruppenarbeit

Heinz Leo Becker

1. Das Gruppenarbeitskonzept bei Rasselstein — 59

- 1.1 Definition der Gruppenarbeit — 59
- 1.2 Ziele der Gruppenarbeit — 59
- 1.3 Die Aufgaben der Gruppen — 60
- 1.4 Der Gruppensprecher — 61
- 1.5 Der Rollenwechsel des Schichtkoordinators — 62

2. Entwicklung — 63

- 2.1 Die Vorbereitungen — 63
- 2.2 Das Pilotprojekt — 63
- 2.3 Die Prozessbegleiter — 64
- 2.4 Der Arbeitskreis — 65
- 2.5 Das Grundlagenseminar — 67
- 2.6 Übertragung auf andere Teams — 67
- 2.7 Fazit und Ausblick — 68

▶ Querverweise auf die Kapitel:
- 2 Betriebsorganisation und Betriebsführung
- 5 Das Rasselsteiner Lohnsystem
- 8 Betriebsräte

Das Motto „Überlegen – Entscheiden – Handeln" spiegelt wider, welche Kompetenzen von unseren Mitarbeitern erwartet werden.

Das gesamte Vorhaben ist Teil der Rasselstein'schen Unternehmens- und Führungskultur. Sie ist geprägt von Eigenverantwortlichkeit, flachen Hierarchien, Integration von Aufgaben, von Zusammenarbeit und permanenter Weiterbildung. Gruppenarbeit erscheint uns als konsequente Fortführung und Umsetzung des Teamgedankens und wurde darum auch vom Vorstand ausdrücklich gewünscht.

1. Das Gruppenarbeitskonzept bei Rasselstein

1.1 Definition der Gruppenarbeit

Gruppenarbeit stellt eine Form der Arbeitsorganisation dar, die gleichermaßen Unternehmens- und Mitarbeiterziele unterstützt. Das Motto „Überlegen – Entscheiden – Handeln" spiegelt wider, welche Kompetenzen von unseren Mitarbeitern in diesem Rahmen erwartet werden. Sie definiert sich daher als Arbeit in einer weitgehend selbstständigen, mit vielseitigen Funktionen ausgestatteten Arbeitseinheit, die in sich geschlossen sein muss.

1.2 Ziele der Gruppenarbeit

Produktivitätszuwachs war das Ziel bei der Einführung der Gruppenarbeit – jedoch nicht um den Preis von Personaleinsparungen. Der erhoffte Effizienzgewinn sollte sich ausschließlich über eine reibungsärmere, besser abgestimmte, verantwortungsbewusstere und qualifiziertere Arbeitsweise einstellen. Die Gruppenarbeit bei Rasselstein dient also dem Kontinuierlichen Verbesserungsprozess (KVP), der sowohl die Unternehmens- als auch die Mitarbeiterinteressen gleichermaßen berücksichtigt.

Die definierten Unternehmensziele nutzen und berücksichtigen die vorhandenen Fähigkeiten und Kenntnisse der Mitarbeiter stärker:

- höhere Wirtschaftlichkeit,
- ständige Qualitätsverbesserung,
- Nutzen der Mitarbeiterpotenziale,
- Vermeidung von Verschwendung.

Die Attraktivität der Gruppenarbeit aus der Sicht der Mitarbeiter besteht in der Möglichkeit, eigene Ziele zu verfolgen:

- Sicherung des Arbeitsplatzes,
- verbesserte Qualifikation,
- höhere Eigenverantwortung,

- größere Zufriedenheit durch vielfältigere Aufgaben,
- gegenseitiges Ergänzen.

Hier zeigt sich der besondere Vorteil der Gruppenarbeit: Wie man sieht, stehen Unternehmens- und Mitarbeiterziele keineswegs in Gegensatz, sondern ergänzen einander. Wenn es also gelingt, die Qualität oder Wettbewerbsfähigkeit zu steigern, hat dies auch positive Auswirkungen auf die Sicherung der Arbeitsplätze. Wir konnten sogar gemeinsame Ziele für Unternehmen und Mitarbeiter definieren:

- Null-Unfälle,
- bessere Kommunikation,
- mehr Information.

Diese Tatsache erklärt sicherlich auch, dass die Belegschaft bereitwillig dem Projekt zustimmte.

1.3 Die Aufgaben der Gruppen

Da von den Gruppen erwartet wird, dass sie weitgehend selbstständig arbeiten, ergibt sich gegenüber früher ein breiteres Spektrum möglicher Aufgaben. Geblieben sind natürlich die ausführenden Arbeiten. Zum Großteil neu sind personalbezogene und dispositive Tätigkeiten. Die Tabelle zeigt den möglichen Tätigkeitskanon:

Gruppenaufgaben	
Produktion	Ordnung und Sauberkeit
Qualität	Personaleinsatz, Urlaubsplanung
Wartung/Reparaturen	Einarbeitung neuer Mitarbeiter
Ausbringen verbessern	Schulung und Weiterbildung
Kostenreduzierung	Informationsaustausch
Beschaffung von Betriebs- und Hilfsstoffen	Gruppensprechertätigkeit, Moderation von Gruppengesprächen
Anlagenbezogene Disposition	Kommunikation mit Mitarbeitern von Vor- und Nachanlagen
Materialfluss steuern	
Arbeitsabläufe optimieren	Zwischenmenschliche Konfliktlösung
Umsetzung von Verbesserungsvorschlägen	Betreuung der Auszubildenden

Abb. 1: Mögliche Gruppenaufgaben

Es ist verständlich, dass die Gruppen überfordert sind, wenn gleich zu Beginn des Einführungsprozesses sämtliche Aufgaben übertragen werden. Dies kann nur das Ziel sein, das nach spätestens einem Jahr erreicht sein sollte.

Ein Arbeitskreis achtet darauf, dass die Aufgabenverteilung unter den Gruppenmitgliedern und -instanzen logisch und effizient ist. Damit es nicht zu Aufgabenüberschneidungen kommt, wird für jeden Anlagen-

Aufgabe	Aufgaben der Gruppe	Aufgaben des Gruppensprechers	Aufgaben des Schichtkoordinators
1. Qualität	› optische Bandkontrolle › Wischprobe › Schnittgradkontrolle		Stichprobenkontrolle
	SPC-Grenzwerte kontrollieren und Maßnahmen einleiten		SPC-Datenpflege und Überwachung
	Parameter einstellen und kontrollieren		Parameterüberwachung, Stichproben
	Bäderkontrolle (Niveau, Konzentration, Temperatur)		
	› Kontrolle Spritzrohre › Tauchrollen und Filter reinigen sowie wechseln		Vorgabe von Standards und Kontrolle von deren Einhaltung
2. Umsetzung von Verbesserungsvorschlägen	Nachhalten, dass eigene Verbesserungsvorschläge umgesetzt werden	Schichtübergreifende Information über Verbesserungsvorschläge	Schichtübergreifende Information über Verbesserungsvorschläge
	Verbesserungsvorschläge selbst umsetzen	Information der Gruppe/des Schichtkoordinators	Hilfestellung leisten
3. Arbeitsabläufe optimieren	Verbesserung des Handlings		
	Schichtübergreifende Weitergabe der Ergebnisse	Schichtübergreifende Weitergabe der Ergebnisse	Schichtübergreifende Weitergabe der Ergebnisse
		Zum Workshop einladen	Abarbeitung komplexer Themen
	Erfahrungswerte sammeln	Erfahrungswerte austauschen	
		Infoweitergabe	

bereich eine so genannte Aufgabenmatrix erstellt, die die Gruppenaufgaben genauer beschreibt. Mehr über die Tätigkeit und Zusammensetzung des Arbeitskreises erfahren Sie im Abschnitt 2.4.

Abb. 2:
Auszug aus der Aufgabenmatrix Entfettung

1.4 Der Gruppensprecher

Der Gruppensprecher jeder Schicht wird im Rahmen des Grundlagenseminars von der Schicht in geheimer Wahl für die Dauer eines Jahres gewählt. Seine Aufgaben wurden vom Arbeitskreis im Rahmen der Aufgabenmatrixerstellung wie folgt definiert:

- Interessen der Gruppen nach außen vertreten
- Bei Konflikten schlichtend einwirken
- Organisation und Moderation von Gruppengesprächen, Dokumentation der Ergebnisse
- Verantwortung für Informationsfluss übernehmen
- Einbeziehung aller Mitarbeiter in Gespräche
- Entscheidungen anstreben, die von allen Gruppenmitgliedern getragen werden
- Als Ansprechpartner für die Gruppenmitglieder fungieren
- Kontakt zum Schichtkoordinator pflegen

Deutlich wird, dass der Gruppensprecher zwar eine Fülle von Aufgaben hat, er aber keine hierarchische Funktion übernimmt. Dies wird nicht nur durch die jährliche (Wieder)Wahl sichergestellt, sondern auch dadurch, dass er explizit keine Personalverantwortung hat oder Produktionsentscheidungen trifft. Er organisiert und koordiniert die Gruppe inklusive der damit verbundenen sozialen Aufgaben. Für seine Tätigkeit erhält er eine monatliche Zulage von 50 Euro.

1.5 Der Rollenwechsel des Schichtkoordinators

Mit der Einführung der Gruppenarbeit änderte sich auch die Rolle des Schichtkoordinators. Während früher der Schwerpunkt auf den Weisungen und Anordnungen lag, gilt es heute, die Gruppe zu betreuen und zu unterstützen. Er sorgt dafür, dass die Gruppe ihre Aufgaben selbstständig und eigenverantwortlich erfüllen kann.

Durch die aktive Einbeziehung der Schichtkoordinatoren in die Gestaltung konnten die vorhandenen Befürchtungen ausgeräumt, die Chancen entdeckt und die Schichtkoordinatoren als Förderer der neuen Arbeitsorganisation gewonnen werden.

Bereich	Beschreibung
1. Führungsaufgaben	schichtübergreifende Personalplanung
	disziplinarische Personalaufgaben
	Rückkehrgespräche
	Beurteilung von Mitarbeitern
	Personalentwicklung
	Zielvereinbarung und -kontrolle
	Zeitbeauftragter
	Hilfestellung bei der Konfliktbewältigung
	Mithilfe bei der Personalauswahl
	Zusammenarbeit mit dem Personalteam
2. Fachaufgaben	gezielte Weitergabe von Informationen
	Moderation
	Qualitätskontrolle
	Schulungen je nach Bedarf durchführen oder organisieren
	Mithilfe bei der Einführung der Gruppenarbeit
	Ansprechpartner mit Fachwissen
	Mitarbeit bei „Versuchen"
	Mitarbeit in der Produktion
	Materialdisposition
	Achten auf Ordnung und Sauberkeit
	Durchführung und Kontrolle der „Autonomen Wartung"
	Mitarbeit bei Verbesserungsvorschlägen
	Kontakt zu Vor- und Nachanlagen
	Prozessoptimierung
	Umweltaufgaben
	Kontinuierliche Verbesserungsprozesse anstoßen

Abb. 3:
Auszug aus der Aufgabenmatrix des Schichtkoordinators (Entfettung)

Die Aufgabenmatrix zeigt die Veränderungen in der Arbeitsteilung zwischen Mannschaft und Schichtkoordinatoren auf. In einer Sitzung haben die Schichtkoordinatoren auf dieser Grundlage ihre heutigen Fach- und Führungsaufgaben formuliert.

2. Entwicklung

2.1 Die Vorbereitungen

Bereits 1996 wurden die ersten Schritte zur Einführung von Gruppenarbeit unternommen. Zunächst wurde ein Arbeitskreis mit Vertretern der wichtigen Unternehmensgruppen gebildet. Teamleitung, Tages- und Schichtkoordinatoren, Belegschaft, Personalleitung und Betriebsrat schufen die Grundlagen für die Einführung der Gruppenarbeit. Dazu gehörte die Umstellung des Schichtsystems von 4,5- auf 5-schichtige Fahrweise sowie die Erstellung einer Qualifizierungsmatrix zur Ausbildung auf weiteren Arbeitsplätzen. Trotzdem trat die Entwicklung der Gruppenarbeit im Frühjahr 1998 auf der Stelle. Es fehlte die konkrete Verbalisierung der zu klärenden Fragen sowie ein Konzept, welches die notwendigen Entwicklungsschritte in einem sinnvollen Programm zusammenfasste. Gemeinsam mit der *Social Innovation Research & Consult GmbH*, einer Beratungsgesellschaft, die aus der Sozialforschungsstelle Dortmund hervorging, wurde schließlich ein Konzept zum weiteren Vorgehen erarbeitet.

Die Aspekte der Gruppenarbeit wurden zunächst der Belegschaft und den Führungskräften vorgestellt. Mehrere interne Veranstaltungen zeigten im Wesentlichen die bisherigen Arbeitsergebnisse auf, das weitere Vorgehen und vor allem den hohen Gestaltungsbedarf der Gruppenarbeit durch die Mannschaften selbst. Und doch war es noch ein langer Weg, bis im Januar 1999 an den Entfettungsanlagen mit der Gruppenarbeit begonnen werden konnte.

2.2 Das Pilotprojekt

Das Team Entfetten/Glühen arbeitet in drei Anlagenbereichen: Entfettungen, Haubenöfen und Durchlauföfen. Inmitten des Produktionsflusses von Rasselstein angesiedelt, stellen die Entfettungslinien dennoch ein räumlich und sachlich eigenständiges Arbeitssystem dar. Kaltgewalztes Band wird hier gereinigt, damit es in der nächsten Verarbeitungsstufe geglüht werden kann. Kleine Zwischenlager stellen sicher, dass auch zeitlich eine gewisse Flexibilität gegeben ist. Mehr als 50 Beschäftigte arbeiten in diesem Bereich. Zum Team gehören neben den fünf Schichtbelegschaften je ein Schichtkoordinator und ein Tageskoordinator. Letztere sind auch für die Haubenglühen zuständig.

Anlass für die Änderung der Arbeitsorganisation im Team „Entfetten/Glühen" war vor allem eine nicht optimale Zusammenarbeit und Arbeitseinstellung an den Anlagen. Elementar wichtig erschien uns auch die Zusammenführung der Mannschaften der beiden Entfettungslinien. Historisch war eine Unterteilung der Schichtmannschaften gemäß der beiden Entfettungslinien gewachsen, obwohl sie räumlich direkt nebeneinander arbeiten. Mitunter hätte man auch von Rivalität sprechen können. Die Gruppenarbeit sollte unter anderem diese beiden Mannschaften zu einer Schichtmannschaft verschmelzen.

Die Entfettungslinien waren zum damaligen Zeitpunkt nicht gerade das Aushängeschild des Unternehmens. Die innerbetriebliche Anerkennung war eher gering und die Mannschaften galten als schwierig. Mit Gruppenarbeit hier zu beginnen, schien ein Risiko zu sein. Der damalige Teamleiter argumentierte jedoch anders: *„An dieser Anlage lässt sich viel bewegen, die Potenziale sind da, und wenn wir es hier schaffen, mit dieser Mannschaft, dann schaffen wir es auch im gesamten Werk"*.

2.3 Die Prozessbegleiter

Drei Prozessbegleiter wurden ausgewählt. Ihre Aufgabe: den Entwicklungsprozess der Gruppenarbeit, aber auch die Phase der Einführung zu begleiten sowie die Gruppenarbeit nach erfolgreicher Etablierung weiterzuentwickeln, das heißt permanent zu „pflegen".

Die **Aufgaben** der Prozessbegleiter sind demzufolge vielfältig. Sie koordinieren und moderieren nicht nur die Arbeitskreissitzungen. Die Ergebnisse und Maßnahmen dieser Sitzungen müssen von ihnen auch entweder selbst umgesetzt oder es muss die Umsetzung von ihnen organisiert werden. Ähnliches gilt für die anstehenden Qualifizierungsmaßnahmen. Vor allem aber müssen sie durch gute inhaltliche Vorbereitung und geschickte Moderation der Sitzungen dafür sorgen, dass die Ausgestaltung der neuen Arbeitsorganisation konkrete Formen annimmt und dass dabei die Interessen aller Beteiligten sorgsam austariert werden. Umfangreiche inhaltliche und soziale Aufgaben übernehmen die Prozessbegleiter besonders in der Startphase einer Gruppenarbeit, wenn es gilt, die Gruppensprecher und Führungskräfte zu unterstützen, bei Konflikten zu helfen, den Erfahrungsaustausch zwischen den Gruppen in Gang zu setzen oder die Teamleitung über die Entwicklung zu informieren.

Aus diesem Aufgabenspektrum ergeben sich die Anforderungen an die besondere **Qualifikation** der Prozessbegleiter. Sie müssen die betrieblichen Zusammenhänge kennen, zugleich aber einen gewissen Abstand zu Beteiligten und Betroffenen wahren, das heißt, sie sollten möglichst keine Vorgesetztenfunktion ausüben. Darüber hinaus müssen sie über die wichtigsten Grundprinzipien der angestrebten Arbeitsorganisation informiert sein und die Hintergründe des innerbetrieblichen Veränderungsprozesses kennen. Sie müssen auch die veränderte Rolle der Führungskräfte thematisieren und vermitteln können. Neben diesen fachlichen Anforderungen verfügen sie über eine ausgeprägte Methoden- und Sozialkompetenz.

Die Prozessbegleiter im Team „Entfetten/Glühen" repräsentieren sowohl das Personalwesen als auch die Technik. Sie sind Mitglieder des Teams, jedoch in keiner hierarchischen Funktion. Ein Mitglied des Betriebsrats komplettiert die Gruppe der Prozessbegleiter. Die betriebliche Interessenvertretung ist damit direkt eingebunden und umfassend informiert. Probleme können sofort an Ort und Stelle gelöst werden. Die Zusammenstellung dieser speziellen Ansprechpartner und Koordinatoren des Einführungsprozesses hat sich überaus bewährt.

Unser Erfolgsrezept:

✔ Unternehmensinterne Prozessbegleiter

✔ Mitarbeit des Betriebsrates

✔ Konkrete Team-Themen in der Einführungsphase

2.4 Der Arbeitskreis

Der „Arbeitskreis Gruppenarbeit" wurde nach den Kick-off-Veranstaltungen neu zusammengesetzt. Jeweils ein Vertreter der fünf Schichtmannschaften, die Schichtkoordinatoren, der Tageskoordinator sowie der Betriebsrat bildeten den neuen Arbeitskreis. Der Teamleiter war nicht mehr vertreten. Damit wurde deutlich gemacht, dass die Konkretisierung und Umsetzung der Gruppenarbeit ausschließlich in den Händen derjenigen lag, die sie auch später mit Leben zu erfüllen hatten.

Koordiniert und moderiert wurden die Sitzungen des Arbeitskreises von den drei Prozessbegleitern. Nachdem auch die Gruppen ihre Gruppenvertreter bestimmt hatten, war die Zusammensetzung des Arbeitskreises komplett. Die Schichtvertreter hatten gemeinsam mit den Prozessbegleitern die Aufgabe, die Kollegen ihrer Schicht über die Entwicklungen im Arbeitskreis zu informieren und deren Meinungen einzuholen. Regelmäßige Schichtversammlungen wurden zu diesem Zweck organisiert, wo die Prozessbegleiter über die jeweils letzte Arbeitskreissitzung informierten.

Der Arbeitskreis beschäftigte sich mit allen wichtigen Fragen der Ausgestaltung der neuen Arbeitsorganisation. Und zwar unterschieden nach zwei großen Themenblöcken:

- *Aufgabenverteilung*
  Im Wesentlichen wurden hier die Verteilung von Aufgaben auf die Gruppen und Schichtkoordinatoren diskutiert und festgelegt. Dabei musste berücksichtigt werden, dass die Verlagerung von Tätigkeiten in die Gruppen, die traditionell in den Verantwortungsbereich der Schichtkoordinatoren fielen, direkt auch deren Rolle und Funktion im Arbeitssystem betraf. Eine Aufgabenmatrix als Ergebnis der Gespräche beschrieb schließlich konkret die künftige Aufgabenverteilung zwischen Gruppen und Schichtkoordinatoren. Auch die Funktion des Gruppensprechers wurde auf diese Art und Weise fixiert.

- *Qualifikationsbedarf und Qualifizierung*
  In der Diskussion über notwendige Qualifikationen wurde rasch deutlich, dass das traditionelle Anlernen an verschiedenen Arbeitsplätzen für das Funktionieren der Gruppe nicht ausreicht. Neben Einsatzflexibilität an den Anlagen würden künftig Methoden- und Sozialkompetenz verlangt, aber auch fachliche Qualifikationen, die für den Arbeitsprozess nötig sind. Hierzu gehört anlagentechnisches Wissen, das Wissen über die Rolle der Anlage im gesamten Produktionsfluss oder die Schnittstellen zu den direkt vor- bzw. nachgelagerten Anlagen. Es wurden darum nicht nur theoretische Schulungen und Betriebsbegehungen durchgeführt, sondern zudem auch gezielt Gespräche mit den Kollegen der Nachbaranlagen organisiert. Das Arbeitsprozesswissen der Gruppen erhöhte sich dadurch systematisch. Die Belegschaft akzeptierte das vom Arbeitskreis entwickelte Qualifizierungsprogramm nicht nur. Es zeigte sich sogar, dass der Wunsch nach Weiterbildung stark ausgeprägt ist.

Nr.	Was?	Wer mit wem?	Bis/ab wann?	Dabei zu beachten
1	Informationsgespräche über Gefahrstoffe	Herr Engers mit Schichten	bis 08.12.98 Schicht 3 fehlt noch T. 15.12.98	muss jährlich wiederholt werden
2	Termine mit Herrn Bartz vereinbaren, wegen eines Zusatztermins „autonome Wartung"	Herr Wiss	bis 47. KW Schulungen bis Ende April 99	Schulung der einzelnen Schichten
3	Schulungskonzept zur Vermittlung von Wissen über den technischen Anlagenaufbau	Herr Paqué	Ende Juni 99	Schulung durch erfahrene Entfetter I + II und Mechaniker (Was u. wie?) wird zurzeit erstellt
4	Querschnittszeichnung von den Entfettungsanlagen erstellen lassen	Herr Paqué	Ende Juni 99	

Abb. 4:
Maßnahmenkatalog zum Anlagenwissen

Es zeichnete sich schon bald ab, dass die Bedeutung des Arbeitskreises nachließ. Bereits nach einem halben Jahr wurden die Treffen seltener. Heute finden sie in Form von regelmäßigen Treffen der Gruppensprecher statt.

2.5 Das Grundlagenseminar

Das Grundlagenseminar bedeutete für die fünf Gruppen (Schichten) der Entfettungslinien den eigentlichen Auftakt der Gruppenarbeit. In einer ganztägigen Veranstaltung, die von den Prozessbegleitern in Zusammenarbeit mit der Abteilung Weiterbildung vorbereitet und moderiert wurde, ging es darum, sich als Gruppe zu finden und zu definieren, Techniken zu erlernen, um Konflikte konstruktiv anzugehen sowie den Gruppensprecher zu wählen. Durch dieses Seminar hatte die Gruppe erstmals die Möglichkeit, individuelle Akzente in Form von verbindlichen gruppeneigenen Regeln zu setzen. Einigermaßen erstaunlich sind hierbei die teilweise deutlichen Differenzierungen.

Unsere Gruppenregeln

Schicht 5
- Wir wollen einander zuhören und den anderen ausreden lassen.
- Wir wollen fair zueinander sein (z. B. jedem Hilfestellung anbieten, Hilfsbereitschaft nicht ausnutzen).
- Wir wollen zuverlässig und pünktlich sein.
- Wir wollen uns gegenseitig informieren.
- Wir wollen unseren Arbeitsplatz sauber und ordentlich hinterlassen.
- Wir wollen Konflikte ansprechen und sachlich lösen.
- Wir wollen qualitätsbewusst arbeiten.
- Wir wollen uns an Arbeitssicherheitsvorschriften halten.
- Wir wollen unsere Ziele im Auge behalten und bei Bedarf aktualisieren.
- Wir wollen die Regeln bei Bedarf überprüfen und evtl. ergänzen.

Neuwied, 16.11.98

Abb. 5:
Gruppenregeln einer Schicht

Die von allen Gruppenmitgliedern unterschriebenen Vereinbarungen dienen, auf Infotafeln ausgehängt, nicht nur der Erinnerung an beschlossene Regeln, sondern auch der Information und somit dem Austausch zwischen den Gruppen.

2.6 Übertragung auf andere Teams

Nach der erfolgreich abgeschlossenen Pilotphase an der Entfettungsanlage wurden in zwei zweitägigen Seminaren weitere zukünftige Prozessbegleiter geschult. Durch die Übungen mit konkreten Themen der Gruppenarbeit erhielten die Seminare den nötigen Praxisbezug. Die Einführung der Gruppenarbeit erfolgte dann nach einem vorher festgelegten Ablaufplan.

Walzwerke	Vorbereitung Plan	Vorbereitung Ist	Kick-off Plan	Kick-off Ist	Einführung Plan	Einführung Ist	Geißler		
Tandem II	01/00	01/00	02/00	02/00	05/00	03/00	Linscheidt	Rosenbauer	Stenz
Schleiferei 2	02/00	02/00	03/00	05/00	06/00		Schneider/Linscheidt	Rosenbauer	Abel
Schleiferei 1	09/00	10/00	11/00	02/01	03/01		Linscheidt	Rosenbauer	Stenz
Tandem 1	02/01		04/01		05/01		Linscheidt	Rosenbauer	Abel
NWW 1+3	Neue Termine nach Einführung von Tandem 1 und Schleiferei 1								
Entf./Glühen							Geyermann		
Entfettung			07/98		01/99		Paqué	Becker, L.	Dietrich
H-Ofen		02/99	03/99		09/99		Paqué	Becker, L.	Dietrich
D-Ofen		07/99	09/99		01/00	01/00	Paqué	Becker, L.	Dietrich

Abb. 6: Terminplan Einführung Gruppenarbeit, Werk Andernach

Die Übertragung des Pilotprojekts begann in den großen Teams „Walzwerk" und „Adjustage", es folgten „BEA" sowie „Fertiglager". Inzwischen wurde in allen Teams die Gruppenarbeit eingeführt.

2.7 Fazit und Ausblick

Nicht selten war in der Vergangenheit das Leistungsvermögen der Mitarbeiter – und somit des ganzen Unternehmens – durch mangelndes Engagement und Konkurrenzdenken eingeschränkt. Mit Einführung der Gruppenarbeit wandelte sich die Situation jedoch entscheidend. Insgesamt stellten wir eine höhere Arbeitszufriedenheit fest, und es zeigten sich positive Effekte:

- Eigene Ideen werden eingebracht.
- Konflikte werden besser bewältigt.
- Das Verständnis der Betriebsprozesse ist gewachsen.
- Schichtkoordinatoren werden entlastet.
- Gruppenmitglieder „erziehen" sich gegenseitig.
- Die eigene Arbeit erfährt eine höhere Wertschätzung.
- Ziele werden selbstständig gesetzt und verfolgt.

Welche Ziele das sind, wird in den regelmäßig stattfindenden Gruppengesprächen diskutiert. Und auch Themen wie Unfallverhütung, Schrottvermeidung, effizienter Einsatz von Arbeitsmitteln sowie das Lokalisieren und Beheben kleinerer Probleme an den Anlagen stehen in der Gruppenagenda. Es sind oftmals nur Details, die verbessert werden – in der Summe bringen sie das Unternehmen nach vorne.

Doch es wurden in diesen Gesprächen auch Ergebnisse erzielt, die enorme Kosteneinsparungen brachten. Beispielsweise konnten durch Hinweise aus einer Gruppe Ausrichtungskosten an einem Laufband in Höhe von 13.000 Euro eingespart werden. In einem anderen Fall wurden beim Austausch eines Ventils rund 5.000 Euro gespart, indem man nicht den Vorschlag einer Spezialfirma annahm, sondern in der Gruppe beratschlagte und eine praktische Lösung fand

Aber was wäre eine Medaille ohne Kehrseite? Beispiele: Die Entscheidungsprozesse dauern länger, da jeder gefragt werden muss, um alle „ins Boot" zu holen. In der Startphase müssen Beziehungsprobleme der Mitarbeiter untereinander erst beseitigt werden, und eine stetige Begleitung und Unterstützung des Prozesses von außen ist unerlässlich. Hinzu kommt, dass Mitarbeiter erst „umlernen" müssen. Einzelne Mitarbeiter genießen plötzlich vermeintliche Freiheiten. Sie stellen, wie in der Anfangsphase geschehen, die Anlage ab, um ihre Urlaubsplanung zu besprechen.

Gruppenarbeit ist keine Maßnahme, sondern ein Prozess, der unterstützt und weiterentwickelt werden muss. Erfolg versprechende Instrumente wie

- regelmäßige Präsentation der Gruppenergebnisse,
- Themenkatalog für Arbeitsgruppen,
- jährlicher Gruppentag zur Ausarbeitung von Verbesserungen,
- Gruppenaudit für Optimierungsmöglichkeiten,
- Benchmarking mit anderen Unternehmen,
- Qualifizierungsmöglichkeiten für Gruppensprecher (Seminare),
- Plattform für Erfahrungstausch der Prozessbegleiter,
- Koordinator für Gruppenarbeit

unterstützen den Prozess und tragen nachhaltig zum Gelingen der Reorganisation bei.

Das **Rasselsteiner Lohnsystem**

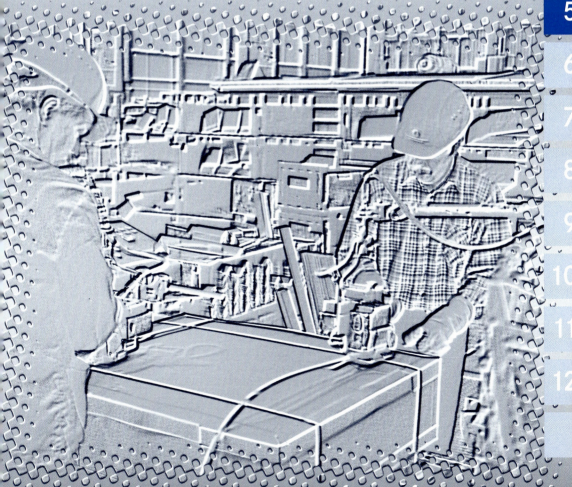

Kapitel 5

Das Rasselsteiner Lohnsystem

Klaus Duchêne

1.	**Das Rasselsteiner Lohnsystem**	73
1.1	Die Komponenten des Lohns	73
1.2	Das Mitarbeitergespräch	79
1.3	Ausgleichszahlung	79
2.	**Idee, Entwicklung und Umsetzung**	80
2.1	Vom alten zum neuen Lohnsystem	80
2.2	Die Einführung des Rasselsteiner Lohnsystems im Betrieb	82
2.3	Wie entwickeln sich die Leistungsgrößen	84
2.4	Kosten und Einsparungen	85
2.5	Fazit und Ausblick	86

▶ Querverweise auf die Kapitel:

- 4 Die Einführung der Gruppenarbeit
- 8 Betriebsräte
- 10 Kommunikation und Information bei Rasselstein
- 11 Aus- und Weiterbildung bei Rasselstein

1. Das Rasselsteiner Lohnsystem

Im Januar 1997 begann die schrittweise Einführung eines neuen Lohnsystems im Werk Andernach. Unser Ziel: eine leistungsgerechtere Entlohnung bei geringerem Verwaltungsaufwand. Gleichzeitig erwarteten wir eine Steigerung der Produktqualität und -quantität. Auf gute Zusammenarbeit kam es hier wie auch bei den anderen Komponenten der Umstrukturierung an: Personalbereich, Betriebsrat und betriebliche Vorgesetzte aus der Produktion entwickelten gemeinsam das grundsätzliche Modell sowie die bereichsspezifischen Regelungen und setzten es gemeinsam um (Information, Schulung, Beratung).

Vier Jahre nach der Einführung ziehen wir ein positives Fazit: Die neue Lohnstruktur hat dazu beigetragen, bei gestiegener Produktionsmenge gleichzeitig die Qualität zu verbessern.

1.1 Die Komponenten des Lohns

Das neue Lohnsystem besteht aus drei Komponenten: einem anforderungsbezogenen Grundlohn, einer bereichsbezogenen Prämie und den persönlichen Zulagen. Der **Grundlohn** ergibt sich durch eine summarische Bewertung des Arbeitsbereiches, der eine oder mehrere einzelne Tätigkeiten umfassen kann. Die **bereichsbezogene Teamprämie** ist abhängig von Mengen- und Qualitätskennzahlen und gilt anlagen- und

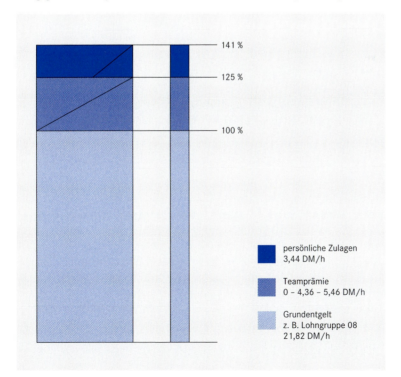

Abb. 1:
Komponenten des Rasselsteiner Lohnsystems
(Stand: August 2001)

schichtübergreifend für alle zum Prämienbereich gehörenden Mitarbeiter in gleicher Höhe. Diese beiden Komponenten des Lohns sind entsprechend der Bestimmungen des Tarifvertrags der Metallindustrie Rheinland-Pfalz als Prämienlohn konzipiert. Die **persönlichen Zulagen** sind übertariflich und werden im Rahmen des jährlich stattfindenden Mitarbeitergesprächs auf der Basis von Verhaltens- und Leistungsmerkmalen festgelegt.

Wie die Abbildung 1 zeigt, ist der Grundlohn fix, Teamprämie und persönliche Zulagen sind dagegen variabel.

Die sich daraus ergebenden Prämienkennzahlen liegen i. d. R. zwischen 120 und 125 Prozent der Prämienausgangsleistung. Das ist die Leistungsbasis, darüber wird eine Prämie gezahlt. Die entsprechende Teamprämie wird für alle Mitarbeiter auf den Basislohn der Ecklohngruppe 08 bezogen. Die Höhe der persönlichen Zulagen ist vom Basislohn unabhängig. Die Zulagen erreichten im Jahr 2001 eine Höhe von maximal 3,44 DM/h.

▎ Der anforderungsbezogene Grundlohn

ergibt sich aus der Zuordnung der Arbeitsbereiche zu den jeweiligen Lohngruppen. Die Einsatzflexibilität der Mitarbeiter bringt es mit sich, dass die Arbeitsbereiche aus einer oder mehreren Tätigkeiten bestehen und sich teilweise überschneiden. Höherwertige, das heißt flexiblere Arbeitsbereiche werden höheren Lohngruppen zugeordnet und sind von Facharbeitern besetzt.

▎ Die bereichsbezogene Teamprämie

wird im Gegensatz zum „alten" Lohnsystem schichtübergreifend, teilweise sogar über mehrere Anlagen ermittelt. Somit sind erheblich mehr Beschäftigte für das Ergebnis verantwortlich. Positiver Effekt: Zusammenarbeit und Motivation der Teams werden gestärkt.

Die Produktionsteams gehören jeweils zu einem oder mehreren von 14 Prämienbereichen, die wiederum in Primär- und Sekundärbereiche unterteilt sind.

Zu den Primärbereichen zählen alle Unternehmenseinheiten, deren Leistungserbringung durch Kennzahlen beschrieben werden kann wie z. B. Beize, Nachwalzwerk, Handsortierung oder Verladung. Als Sekundärbereiche gelten Betriebsteile, die nur indirekt am Wertschöpfungsprozess beteiligt sind. Das sind zum Beispiel die Lagerwirtschaft, die Prüfstelle, der Postdienst oder auch freie Handwerker. Was „freie Handwerker" sind, erfahren Sie im Kapitel 3 „Die Reorganisation der Instandhaltung". Die Sekundärbereiche sind an die Primärbereiche gekoppelt und erhalten 80 Prozent von deren Prämie.

Für jeden Primärbereich werden maximal drei Bezugsgrößen herangezogen – meist eine Kombination aus Mengen- und Qualitätskennzahlen.

Wie wird nun die Prämie errechnet? Ein Beispiel: Für den Zerteil- und Packbereich der Adjustage vereinbaren die Betriebspartner eine Prämie, in deren Berechnung die Mengenkennzahl *Leistung* (Paketdurchsatz in Tonnen/Betriebsstunde) sowie die Qualitätsgrößen *Nacharbeit* (in Tonnen Eigenfehler/Monatsdurchsatz) und *Standardanteil* (d. h. Gutmenge) eingehen. Als Grundlage dienten technische Daten über einen Zeitraum von einem Jahr vor der Einführung des Lohnsystems.

Beide Qualitätsgrößen werden mit zehn Prozent gewichtet, die Mengengröße geht mit 80 Prozent in die Prämienberechnung ein. Da die Mitarbeiter der Adjustage als letztes Team im Produktionsprozess das Material vor der Verladung auf Fehler überprüfen können, bestimmt die Anzahl der Kundenreklamationen als weitere Größe die endgültige Prämienhöhe. Gehen keine Reklamationen ein, erhalten die Mitarbeiter einen Bonus von zwei Prozentpunkten auf die erzielte Prämie aus den anderen drei Prämienmerkmalen. Bei steigender Reklamationszahl werden bis zu zwei Prozentpunkte abgezogen.

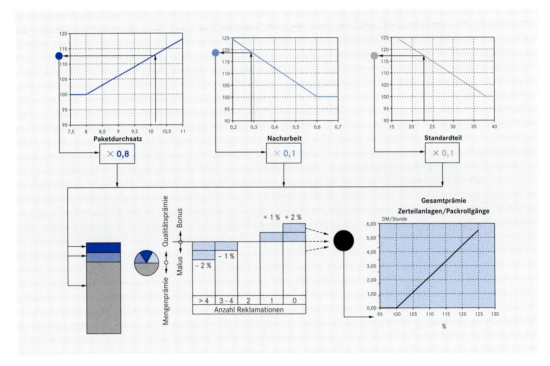

Für die Prämienberechnung wird nicht nach Produktions- und Ausfallzeiten unterschieden. Alle wiederkehrenden Unterbrechungen wie Maschinenpflege, Rüstzeiten, Wartungen gehen voll in die Berechnung ein. Dagegen bleiben außergewöhnliche Ausfallzeiten wie Betriebsversammlungen, Energieausfall usw. unberücksichtigt und schmälern den Bonus nicht.

Abb. 2:
Zusammensetzung der Prämie im Bereich Zerteilen/Packen (Team Adjustage)

Die Prämie pro Prozentpunkt über der Prämienausgangsleistung (100 Prozent) bezieht sich auf den Grundlohn der Ecklohngruppe 08 und ist damit für alle Mitarbeiter im Arbeitsbereich identisch. Prämienausgangslohn ist der Tariflohn, nach oben ist die Prämienkennlinie aber offen. Ausgezahlt wird schließlich ein gleitender Dreimonatsdurchschnitt, um die Schwankungen der Prämienhöhe abzumildern.

Die Etablierung des Teamgedankens auch in den Arbeitsgruppen soll dazu führen, dass die Gruppe die Arbeitsprozesse intelligenter organisiert und ständig Verbesserungen anregt. Die Verbesserungsaktivitäten werden im Prämienlohn über eine Erfolgsbeteiligung (Abb. 3) honoriert.

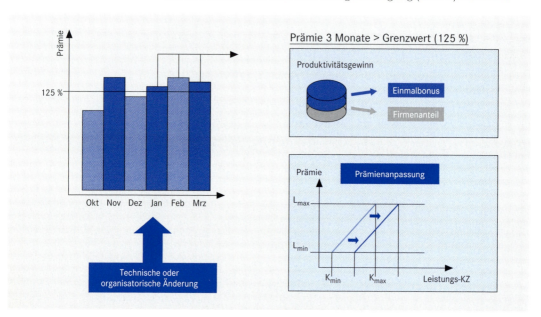

Abb. 3:
Erfolgsbeteiligung

Überschreitet die durchschnittliche Gesamtprämie in drei aufeinander folgenden Monaten den Wert von 125 Prozent, tritt ein mit dem Betriebsrat vereinbartes Bonus-Verfahren in Aktion: Die erzielten Produktivitätssteigerungen – hochgerechnet auf ein Jahr – werden zur Hälfte als Einmalbonus an die Gruppe ausgezahlt. Voraussetzung ist jedoch, dass die Produktivitätssteigerungen auf technischen oder organisatorischen Veränderungen beruhen und nicht mit Überstunden oder mehr Personal „erkämpft" worden sind. Nach der Bonuszahlung werden die Prämienausgangs- und Prämienendleistung angepasst.

▎ Persönliche Zulagen/der Beurteilungsbogen

Die Höhe dieser Komponente wird anhand einer Mitarbeiterbeurteilung ermittelt. Lesen Sie hierzu auch das Kapitel 10 „Kommunikation und Information bei Rasselstein" und Abschnitt 2.2 „Schulung der Schichtkoordinatoren" weiter hinten in diesem Kapitel.

Diese Zulagen honorieren die Flexibilität und das Engagement der Mitarbeiterinnen und Mitarbeiter. Kriterien der Vielseitigkeit und des individuellen Verhaltens bestimmen die Höhe zu je 50 Prozent. Maximal betragen die persönlichen Zulagen 1,76 Euro pro Stunde. Zur Veranschaulichung der Bewertungskriterien dient der Beurteilungsbogen in Anlage 1 dieses Kapitels.

Die Vielseitigkeit kennzeichnet die Beherrschung mehrerer Funktionen im Prozess einer Organisationseinheit (nicht nur die Anlagenbedienung, sondern beispielsweise Qualitätsprüfung, Disposition, Transportarbeiten ...) und den betrieblichen Einsatz eines Mitarbeiters auf mehreren Einzelarbeitsplätzen im eigenen oder in anderen Arbeitsbereichen. Als Bewertungsgrößen dienen die Anzahl der einzunehmenden Arbeitsplätze, die Intensität der Wechsel (gelegentlich oder rotierend) sowie die Aufgabenvielfalt (ähnliche, verschiedenartige oder fachübergreifende Aufgaben). Letztgenanntes Kriterium, die Aufgabenvielfalt, wurde von der paritätisch besetzten Kommission definiert als inhaltliche Differenzierung der Tätigkeiten im jeweiligen Arbeitsbereich.

Für jedes der drei Unterkriterien werden maximal drei Punkte vergeben. Es gilt nicht in jedem Fall „je mehr, desto besser": Um die Qualität der Ar-

Tätigkeiten	Schicht 1	Prämienbereich							Fachübergreifend				
		Entfettung 1				Entfettung 2							
	Entfetter	Entfetter	Anlagenführer Abwickelteil	Anlagenführer Aufwickelteil	Kranfahrer Kran Nr. 7	Entfetter	Anlagenführer	Steuermann	Scherenmann	Unimogfahrer	Handwerkerhelfer	Teamhandwerker	Schichtführervertreter	Ausübung gelegentlich	Ausübung rotierend
Aufgabenvielfalt			A					A	A						
Mitarbeiter															
1			X			0				0	0			1	3
2			0	0				0			0			0	4
3	0				X		0	0			0			1	4
4	0							0	0		0			0	4
5			X			0					0			1	2
6	0							0	0	0	0			0	5
7			0			0					0			0	3
8								0	0		0			0	3
9			0	0				0	X		0			1	4
10				0							0			0	2
Ausübung gelegentlich	0		1	1	1	0	0	0	1	0	0	0	0		
Ausübung rotierend	3		3	1	2	3	1	6	4	1	10	0	0		

A Ähnliche Tätigkeit
X Gelegentliche Ausübung der Tätigkeit
0 Regelmäßige Ausübung der Tätigkeit (Rotation)

Abb. 4: Aufgabenvielfalt und Vielseitigkeit

beit zu gewährleisten und weil aus Betriebssicht auch nur eine bestimmte Zahl von qualifizierten Arbeitnehmern für die jeweilige Tätigkeit benötigt wird, ist die Zulagenhöhe für die Vielseitigkeit begrenzt.

Aus der Summe der Punkte ergibt sich die Zuordnung zu einer von fünf Beurteilungsstufen: Die mittlere Stufe B2 stellt den „guten" Rasselsteiner Mitarbeiter dar, die Stufe A kennzeichnet herausragende Leistungen, die Stufe C beschreibt die Mindestanforderungen an die Mitarbeiter.

Das Beispiel des Arbeitsbereichs Entfettung im Team Entfetten/Glühen zeigt die Anzahl der Tätigkeiten, aber auch die Aufgabenvielfalt.

Der Entfetter an der Anlage 1 (Mitarbeiter 4 in der Abb. 4) erhöht nach dieser Darstellung seine Vielseitigkeit über die Mindestanforderungen hinaus[1], indem er weitere Tätigkeiten beherrscht und ausführt, z. B. als Steuermann und Scherenmann an der Entfettung 2 sowie als Handwerkerhelfer. Es handelt sich um drei weitere Tätigkeiten, die er regelmäßig (rotierend, gekennzeichnet durch „O") besetzt: als Faustregel zehn Schichten pro Halbjahr. Seine ausgeübten Tätigkeiten als Steuermann und Scherenmann gelten als ähnlich (Kennzeichnung „A" in der Abbildung 4). Die des Handwerkerhelfers sind sogar fachübergreifend.

Der Mitarbeiter erhält folglich zwei Punkte für das Kriterium „Anzahl der einzunehmenden Arbeitsplätze", zwei Punkte für „Rotation auf drei bis fünf Arbeitsplätzen" und drei Punkte für die „fachübergreifende Aufgabenvielfalt". Mit den acht Punkten wird er der Stufe „B1" zugeordnet und erhält eine Zulage von 0,64 €/Stunde.

Im Gegensatz zur Vielseitigkeit sind die Ausprägungen der persönlichen Merkmale weniger eindeutig zu bestimmen. Sie müssen beurteilt werden, und dazu schauen Sie sich am besten den Beurteilungsbogen im Anhang zu Kapitel 10 „Kommunikation und Information bei Rasselstein", Anlage 4 an: Die mittlere Stufe beschreibt den „guten Rasselsteiner Mitarbeiter", die schlechteste Stufe steht für die Erfüllung der Mindestanforderungen, die nicht finanziell honoriert werden, und die beste Stufe für herausragende Leistungen, analog zur Einteilung der Vielseitigkeitskriterien.

Doch was bedeutet zum Beispiel „Anforderungen gut erfüllt"? Voraussetzung ist, dass alle Beteiligten den gleichen Maßstab anlegen. Daher dienen Beschreibungen der Ausprägung eines jeden Merkmals in den verschiedenen Stufen als Orientierungshilfe für die richtige Einstufung.

Pro Punkt erhält der Mitarbeiter/die Mitarbeiterin 3 Cent pro Stunde. Maximal werden 0,96 Euro pro Stunde erreicht.

---

[1] Die Mindestanforderung besteht in der Ausübung aller vier Tätigkeiten an der Entfettung 1.

1.2 Das Mitarbeitergespräch

Das Mitarbeitergespräch ist von zentraler Bedeutung für das Unternehmen. Das gilt auch für das Lohnsystem. Vorgesetzte und Mitarbeiter bewerten einmal jährlich die Mitarbeiterleistung, zuerst getrennt voneinander, dann gemeinsam in eben diesem Gespräch. Dies ist eine neuartige Aufgabe für die Schichtkoordinatoren. Darum können sie im Vorfeld mit einer Vertreterin oder einem Vertreter des betreuenden Personalteams und einem Betriebsratsmitglied ihre Einschätzung besprechen und sich vorbereiten.

Die persönlichen Zulagen werden erst dann Realität, wenn sich Vorgesetzte und Mitarbeiter in dem Gespräch auf eine Gesamteinschätzung einigen und diese durch ihre Unterschrift anerkennen. Manchmal jedoch sind die Ansichten zu konträr. In diesen Fällen vermittelt eine paritätisch besetzte Kommission.

Das Mitarbeitergespräch dient darüber hinaus der Ermittlung des Qualifizierungsbedarfs. Die Vereinbarung von Qualifizierungsmaßnahmen kann als Ziel im Beurteilungsbogen festgehalten werden, so dass deren Erfüllung ein Jahr später leichter überprüfbar ist. Mehr hierzu in Kapitel 11 „Aus- und Weiterbildung bei Rasselstein".

1.3 Ausgleichszahlung

Die Einführung des Rasselsteiner Lohnsystems ergab für unsere Mitarbeiter de facto einen niedrigeren Grundlohn. Doch die Einbußen wurden bei einem Teil der Belegschaft durch die beiden variablen Bestandteile wieder ausgeglichen, mitunter sogar überkompensiert. Einige Mitarbeiter konnten hingegen nach der Umstellung ihre bisherige Lohnhöhe nicht mehr erreichen.

Am Beispiel in Abbildung 5 wird die Verschiebung deutlich. Daher vereinbarten die Betriebspartner eine zeitabhängige Ausgleichszahlung: Für das erste Jahr – das Qualifizierungsjahr – wird bei einem verringerten Lohn ein hundertprozentiger Ausgleich zur bisherigen Lohnhöhe gezahlt. Innerhalb dieses Jahres muss den Mitarbeitern und Mitarbeiterinnen die Möglichkeit gegeben werden, über betriebliche Qualifizierungsmaßnahmen die Vielseitigkeit und damit den Lohn zu steigern. Besteht nach Abschluss des Jahres immer noch eine Differenz der Effektivlöhne, wird die Ausgleichszahlung in Höhe der noch bestehenden Differenz bis zu weiteren 48 Monaten – je nach Beschäftigungsdauer – gewährt.

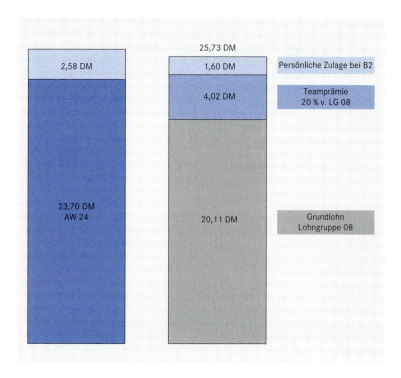

Abb. 5:
Veränderung des Lohns für den 1. Zerteiler im Team Adjustage (Daten von 1998). Der Anteil des festen Lohnbestandteils sinkt von 90 auf 78 Prozent bei einer Prämie im Zielbereich (120 Prozent) und guten individuellen Leistungen.

2. Idee, Entwicklung und Umsetzung

2.1 Vom alten zum neuen Lohnsystem

Hinsichtlich der geplanten Reorganisation und verstärkten Einbindung der Mitarbeiter in die Entscheidungsprozesse zeichnete sich das ursprüngliche Lohnsystem nicht gerade durch große Flexibilität aus. Es basierte auf der Annahme, dass ein Mitarbeiter oder eine Mitarbeiterin ausschließlich einem einzigen Arbeitsplatz „zugeordnet" war, sowie auf einem analytischen Arbeitsbewertungsverfahren. Daraus erwuchsen 38 Arbeitswertgruppen (AW) mit sehr differenzierten Kategorien. Dabei war es durchaus an der Tagesordnung, dass einige Mitarbeiter höherwertige Tätigkeiten ausführten. Für die Zeit der höherwertigen Tätigkeit, wenn auch nur für eine Schicht, wurde der tätigkeitsbezogene Grundlohn entsprechend angepasst. Des Weiteren führte die Vielzahl von Arbeitswertgruppen häufig zu Diskussionen, die Basislöhne wegen Veränderungen der Anforderungen und Arbeitsbedingungen anzupassen. Der Verwaltungsaufwand war immens, eine Vereinfachung des 40 Jahre alten Vergütungssystems also dringend erforderlich.

Im Wesentlichen machten die Einführung der Teamorganisation in der Produktion und die vorgesehene Gruppenarbeit eine Anpassung des Lohnsystems an die neuen Arbeitsstrukturen erforderlich. Denn die neue Arbeitsstruktur sowie das gewünschte Arbeitsverhalten der Mitarbeiter (Flexibilität, Verantwortung, Initiative, Teamfähigkeit) waren mit dem alten System nicht zu honorieren. Zudem ergaben sich für die Mitarbeiter neue Anforderungen aufgrund zusätzlicher Aufgaben, die im Zuge der Teamorganisation in die Teams integriert wurden, beispielsweise Qualitätssicherung, Instandhaltung und Disposition.

Es war nicht der Personalbereich alleine, der vom grünen Tisch aus ein neues Lohnkonzept entwarf. Schon von Beginn an wurden der Betriebsrat, das technische Ressort und die IG Metall in die Überlegungen einbezogen. Die 1995 eingerichtete Arbeitsgruppe „Neuorganisation des Lohnsystems" diskutierte die Möglichkeiten, das Vergütungssystem an die aktuellen Erfordernisse anzupassen. Konsens bestand darüber, dass die Umstellung im Grundsatz kostenneutral erfolgen sollte.

Unser Erfolgsrezept:

✔ Kenntnisse und Erfahrungen unserer Mitarbeiter/innen nutzen.

✔ Anreize für den Kontinuierlichen Verbesserungsprozess schaffen.

✔ Gerechtigkeit der Prämien gewährleisten.

Bei der Vereinbarung des neuen Lohnsystems entstanden verschiedene Konfliktbereiche: Zum einen erschienen die persönlichen Leistungszulagen für die IG Metall nicht mit dem Prämienlohn kombinierbar. Die Lösung ergab sich durch eine Öffnungsklausel im Lohnrahmentarifvertrag (§ 7, X.).

Ein weiterer Diskussionspunkt betraf die Einführung der Erfolgsbeteiligung. Die IG Metall und die Betriebsräte befürchteten, dass bei längerer sehr guter Gruppenleistung die *Prämienwerte* automatisch angepasst würden. Eine „Akkordschraube" schien hier zu drohen. Gelöst wurde das Problem durch die Festlegung bestimmter Voraussetzungen für die Prämienzahlung. Sie erfolgt nun erst dann, wenn die Leistungssteigerung aufgrund organisatorischer und/oder technischer Veränderungen erfolgt. Zudem hat der Betriebsrat ein Mitbestimmungsrecht bei der Änderung von Prämienkennzahlen.

Die *persönlichen Merkmale* bestimmen zum Teil die Zulagenhöhe. Jedoch sollte einem einzelnen Merkmal nicht zu große Bedeutung zukommen, um die Auswirkungen von Beurteilungsfehlern zu mildern.

Die hohe Gewichtung des Kriteriums *Vielseitigkeit* würde auf der anderen Seite gerade bei den Mitarbeitern, die nur einen Arbeitsplatz beherrschten, zu Einbußen führen. Daraus ergab sich die Einführung eines Qualifizierungsjahrs. In dieser Zeit wird den Betroffenen vorrangig Gelegenheit zum Erlangen von Zusatzqualifikationen gegeben. Gleichzeitig erfolgt eine Ausgleichszahlung für den alten Lohn.

Unser Erfolgsrezept:

✔ Leistung belohnen, Qualifikation und Initiative fördern.

✔ Teamgedanken etablieren, damit Gruppenarbeit gelebt wird.

✔ Information und Schulung der Mitarbeiter helfen gegen Vorbehalte.

Die Rahmen-Betriebsvereinbarung über die Lohnstruktur mit den drei Komponenten tariflicher Grundlohn, Teamprämie und persönliche Zulagen wurde dann Anfang 1996 in Abstimmung mit der örtlichen IG Metall-Verwaltungsstelle und der Bezirksleitung in Frankfurt abgeschlossen. Auf dieser Basis erfolgte in den Jahren danach die schrittweise Umsetzung der Grundsatzvereinbarung auf die einzelnen Produktionsteams des Werkes.

2.2 Die Einführung des Rasselsteiner Lohnsystems im Betrieb

Projektgruppe zur Bestimmung des Grundlohns und der Prämie

Nach dem Abschluss der Rahmenvereinbarung im Februar 1996 dauerte es noch knapp ein Jahr, bis der erste Arbeitsbereich in einem Pilotprojekt auf das neue Lohnsystem umgestellt wurde. Die Umsetzung erfolgte in jedem Team durch eine paritätische Projektgruppe aus Vertretern des Teams, der Personalabteilung sowie des Betriebsrats. In jeder Arbeitsgruppe arbeiteten der Teamleiter der Technik, betriebliche Vorgesetzte und Vertrauensleute der Belegschaft mit. Ihre Hauptaufgabe war die Festlegung der Arbeitsbereiche mit den dazugehörigen Arbeitsplätzen. Damit verbunden waren die Einstufung der Arbeitsplätze in die Lohngruppen und die Erarbeitung der Teamprämien. Besonders die Abgrenzung von Grundeinstufung und Vielseitigkeit und die Einstufung in die Tariflohngruppen wurden in den Projektgruppen kontrovers diskutiert. Quervergleiche mit den Einstufungen in anderen Produktionsteams führten dann zur Einigung. Schließlich wurde für jeden Prämienbereich eine Betriebsvereinbarung mit dem Betriebsrat geschlossen.

Information der Mitarbeiter

Trotz umfangreicher Kommunikation mittels Veranstaltungen und in der Mitarbeiterzeitschrift war die Befürchtung, Geld zu verlieren, groß. Die Fragen betrafen insbesondere die Höhe des künftigen Verdienstes, die

Möglichkeiten, sich zu qualifizieren und den benötigten Zeitraum, um eventuelle Verluste durch eine höhere Einsatzflexibilität wieder auszugleichen. Besonders betroffen waren natürlich die Mitarbeiter des Pilotbetriebs, da sie auf keinerlei Erfahrungen von Kollegen in anderen Bereichen zurückgreifen konnten. In Gesprächen zwischen Beschäftigten und Betriebsrat wurde schließlich auch das grundsätzliche Problem, die schichtübergreifende und teilweise anlagenübergreifende Gestaltung der Prämie, überwunden. Schließlich war allen klar, dass nur die übergreifende Zusammenarbeit zur Wettbewerbsfähigkeit des Unternehmens beiträgt.

**Schulung der Schichtkoordinatoren:
Mitarbeiterbeurteilung und Mitarbeitergespräche**

Das Rasselsteiner Lohnsystem mit dem Bestandteil der persönlichen Zulagen hat einen positiven Nebeneffekt. Die Schichtkoordinatoren müssen sich nun regelmäßig mit den Leistungen ihrer Mitarbeiter auseinander setzen und sich mit ihnen darüber unterhalten. Und zwar auch dann, wenn keine Probleme oder Fehler aufgetreten sind. Für die meisten Schichtkoordinatoren war dieses Vorgehen neu. Zum ersten Mal zeigten sie auch nach außen hin ihre Führungskompetenz.

Die eintägige Schulung übernahmen ein Personalmitarbeiter und ein Betriebsratsmitglied gemeinsam. Vermittelt wurde nicht nur das nötige Fachwissen zum neuen Lohnsystem. Auch „Soft-Skills" wie das richtige Beurteilen der Leistung, die Vorbereitung auf das Mitarbeitergespräch und der gewissenhafte Umgang mit dem Instrument „Beurteilung" waren wichtige Inhalte.

Es musste in diesen Schulungen auch einiges an Überzeugungsarbeit geleistet werden. Widerstände betrafen

- den großen Zeitaufwand bei Leistungsbeurteilung und Mitarbeitergesprächen,
- den Faktor *Sympathie* bei der Leistungsbeurteilung,
- Einzelheiten der Prämienberechnung,
- die mangelnde Zeit für die Qualifizierung der Mitarbeiter.

Dass die Diskussionen zu Beginn eines Training auch Themen betrafen, die längst als abgeschlossen galten, überraschte. Dadurch wurde deutlich, dass doch noch latente Vorbehalte existierten. In diesen Seminaren konnten wir sie ausräumen. Lesen Sie mehr hierzu in Kapitel 11 „Kommunikation und Information bei Rasselstein".

Qualifikationsstand und Qualifizierungsplan

Ein ernst zu nehmender Punkt bei der Umstellung des Rasselsteiner Lohnsystems war die Beseitigung von Ängsten in der Belegschaft. Wie bereits erwähnt fürchteten besonders die weniger qualifizierten Belegschaftsmitglieder Lohneinbußen. Darum dokumentierten die betrieblichen Vorgesetzten den Qualifikationsstand ihrer Mitarbeiter und ihren tatsächlichen – gelegentlichen oder planmäßigen – flexiblen Einsatz an verschiedenen Arbeitsplätzen (vgl. Abb. 4).

Auf dieser Basis wurde zusammen mit dem Personalbereich für das Qualifizierungsjahr ein Qualifizierungsplan für jeden Mitarbeiter erarbeitet. Darin wurde festgehalten, in welchen Wochen die Mitarbeiter die verschiedenen Tätigkeiten erlernen würden (vgl. Abb. 6).

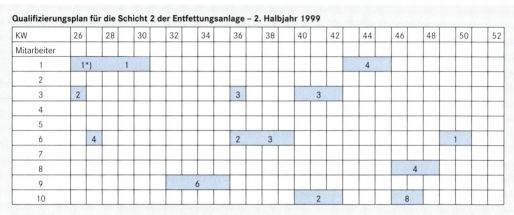

Abb. 6: Qualifizierungsplan für die Schichtmannschaften

2.3 Wie entwickeln sich die Leistungsgrößen

Prämienkennzahlen

Hatten wir gehofft, dass das neue Lohnsystem als Teil eines Maßnahmenbündels[2] zur Steigerung der Qualität beitragen würde, so fanden wir unsere Erwartungen sogar übertroffen. Die Eigenfehler im Arbeitsbereich Zerteilen/Packen, dem Pilotteam, lagen im Jahr vor der Einführung bei 0,5 Prozent des Durchsatzes an dieser Anlage, bereits drei Jahre später nur noch bei 0,19 Prozent. Doch dies ging nicht auf Kosten der Menge. Im Gegenteil, auch der Durchsatz pro Betriebsstunde wurde um mehr als zehn Prozent gesteigert. Ähnlich sieht es auch in anderen Arbeitsbereichen aus.

---

[2] Weitere Maßnahmen waren z. B. tägliche teamübergreifende Qualitätsgespräche und die Einrichtung von Qualitätskoordinatoren (s. Kapitel 2 „Betriebsorganisation und Betriebsführung" sowie Kapitel 3 „Die Reorganisation der Instandhaltung").

Als Folge des Leistungslohns ergibt sich im Durchschnitt aller Prämienbereiche pro Jahr eine Schwankungsbreite der ausgezahlten Prämienhöhe von fünf Prozent mit Spitzenschwankungen, die in einzelnen Bereichen auch bei rund elf Prozentpunkten liegen. Auch wenn einzelne Monatswerte deutlich über 125 Prozent liegen (d. h. es würden 25 Prozent des Betrages der Lohngruppe 08 als Prämie ausgezahlt werden), ist eine Erfolgsbeteiligung bisher in Andernach noch nicht gezahlt worden. Denn das hätte zur Voraussetzung, dass diese Leistung in drei aufeinander folgenden Monaten erreicht worden ist. Damit ist sichergestellt, dass die Ergebnisse nicht zufällig zustande gekommen sind. Bei der Rasselstein GmbH in Neuwied erhielten jedoch die Mitarbeiter zweier Anlagen, Umwickelanlage und Dressiergerüst, diesen Bonus. Die Mitarbeiter hatten ihre Arbeitsweise selbst optimiert; der Bonus wurde ihnen als Einmalzahlung gewährt.

Persönliche Zulagen

Das Qualifizierungsjahr und die Weiterbildungsangebote wurden von den betroffenen Mitarbeitern und Mitarbeiterinnen fleißig genutzt. War 1998 noch ein Drittel der Personen den unteren beiden Beurteilungsstufen zugeordnet, waren es zwei Jahre später nur noch 23 Prozent. Während das Beurteilungskriterium „Vielseitigkeit" relativ leicht zu bewerten ist, gab es in der Anfangsphase Probleme bei der Beurteilung der persönlichen Merkmale. Die meisten Mitarbeiter fanden sich nach der Beurteilung in der mittleren Stufe. Unserer Meinung nach ein von Subjektivität geprägtes Ergebnis. Die Schichtkoordinatoren, die die Beurteilung jetzt neu vorzunehmen hatten, konnten sich anscheinend nicht zu „extremen" Einschätzungen – ob negativ oder positiv – durchringen. Allzu negative Formulierungen wie beispielsweise „... erfüllt nicht die Anforderungen ..." oder „... keinerlei Ordnung am Arbeitsplatz ...", womit die Persönlichkeit im Beurteilungsbogen beschrieben wurde, erhöhten die Hemmschwelle zusätzlich, insbesondere für die Mitarbeiter, die ja auch eine Eigenbeurteilung abgeben müssen.

Der neu gestaltete Beurteilungsbogen (Anlage 1) gilt seit Oktober 2000. Seit dieser genutzt wird, hat die Breite der Einstufungen deutlich zugenommen. Um den Schichtkoordinatoren die Arbeit zu erleichtern, wurde eine weitere Maßnahme eingeführt: Eine Besprechung mit einem Mitglied des Personalteams und des Betriebsrats im Vorfeld der Beurteilungen soll Unsicherheiten ausräumen und Argumentationshilfen geben – immer auch mit einem Auge auf die unternehmensweite Gerechtigkeit der Zuwendungen.

2.4 Kosten und Einsparungen

Für mehr als 60 Prozent der Mitarbeiter stellte sich die Befürchtung, man würde effektives Einkommen verlieren, als unbegründet heraus. Im Durchschnitt verdient die Mehrzahl rund 0,54 € pro Stunde mehr als im

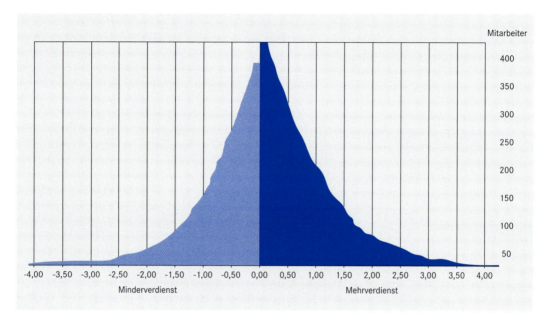

Abb. 7:
Veränderung des Effektivlohns

alten Lohnsystem, für eine kleine Gruppe hat sich nichts geändert. Allerdings besteht immer die Möglichkeit – insbesondere für diejenigen, die weniger verdienen – sich aktiv an Weiterbildungsmaßnahmen zu beteiligen. Ganz nach dem Motto „Wer wirklich will, kann profitieren".

Da sich Mehr- und Mindereinkommen annähernd gegenseitig ausgleichen, wurden auch die Bedenken des Betriebsrats ausgeräumt, der befürchtet hatte, dass mit dem neuen Lohnsystem zu Lasten der Belegschaftseinkünfte Kosten gespart werden sollten. Ganz im Gegenteil: 0,6 Prozent des Anstiegs im Bruttolohn von 1999 gehen auf die veränderte Lohnstruktur zurück. Kosten entstehen derzeit auch noch durch die Verdienstsicherung. Eine Einsparung tritt also erst nach Ablauf dieser Maßnahme ein.

2.5 Fazit und Ausblick

Anfangs traf die Absenkung des Grundlohns bei gleichzeitiger Vergrößerung des Prämienbereichs auf breite Ablehnung. Zusammen mit der Einführung der Gruppenarbeit verstärkte das neue Lohnsystem jedoch den Zusammenhalt und die Zusammenarbeit innerhalb der Teams. Denn damit wurde auch den „schwarzen Schafen" – Kollegen, die sich auf Kosten anderer weniger engagieren – das Überleben schwer gemacht. Die Qualifikationsmaßnahmen taten ein Übriges, das hohe Potenzial der Belegschaft zu erkennen und besser zu nutzen. Künftig werden wir versuchen, die Lohnstruktur weiter zu vereinfachen und auch unsere Gehaltsempfänger in den Genuss einer Leistungsprämie kommen zu lassen.

6

Arbeitszeitflexibilität
und **Bündnis** für **Arbeit**

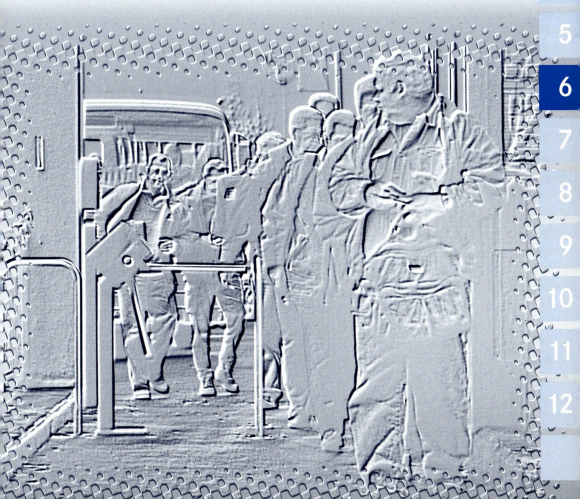

Kapitel 6

Arbeitszeitflexibilität und Bündnis für Arbeit

Claus Gördes, Klaus Höfer, Rudolf Carl Meiler

1.	**Das neue Arbeitszeitkonzept bei Rasselstein**	89
1.1	Arbeitszeitpläne und Kontiarbeitsweise	89
1.2	Das Rasselsteiner Schichtplansystem	90
1.3	Flexibilitätsmodelle im Umgang mit Arbeitszeit	92
2.	**Entwicklung des Arbeitszeitkonzeptes**	97
2.1	Schwachpunkte der alten Gleitzeitregelung	97
2.2	Zielsetzung und Grundzüge	99
2.3	Pilotphase im Tagdienst *oder* Vorurteile und wie man ihnen begegnet	100
2.4	Pilotphase im Schichtdienst	102
2.5	Überprüfung und Anpassung der Zeitkontenregelung	104
3.	**Mehr Arbeit statt Mehrarbeit**	106
3.1	Anpassung der Arbeitszeit an die Betriebszeit	106
3.2	Bündnis für Arbeit bei Rasselstein	108
3.3	Bündnis für Ausbildung bei Rasselstein	110

▶ **Querverweise auf die Kapitel:**

  3 Die Reorganisation der Instandhaltung
  5 Das Rasselsteiner Lohnsystem
  7 Fehlzeitenmanagement
  11 Aus- und Weiterbildung bei Rasselstein

1. Das neue Arbeitszeitkonzept bei Rasselstein

Flexibilisierung und Globalisierung – Zauberworte des 20. Jahrhunderts – haben auch vor Rasselstein nicht halt gemacht. Der Wandel im Markt brachte und bringt immer wieder neue Herausforderungen mit sich. Sie zu meistern verlangt, das höchste Gut – die Arbeitszeit – konsequent effizient einzusetzen. Kein Problem bei den Anlagen. Der kontinuierliche 24-Stunden-Betrieb ist schon lange nicht mehr wegzudenken. Doch was ist mit den Mitarbeitern?

In den Werken Andernach und Neuwied fiel 1997 der Startschuss für ein Arbeitszeitkonzept, das sich an betrieblichen Erfordernissen, den Wünschen der Kunden *und* den Bedürfnissen der Mitarbeiter orientiert. Dadurch wurden gleichzeitig mehrere Ziele erreicht: größere Flexibilität der Arbeitsorganisation, bessere Reaktionsmöglichkeiten am Markt, größere Arbeitszufriedenheit, weniger Unfälle und noch dazu mehr Arbeitsplätze.

1.1 Arbeitszeitpläne und Kontiarbeitsweise

Unsere Belegschaft teilt sich grob in die Bereiche Produktion und Verwaltung, wobei naturgemäß die meisten Menschen an den Produktionsanlagen arbeiten. Rund 70 Prozent davon in Schichten, denn die Anlagen laufen rund um die Uhr. Den Veränderungen im Schichtplansystem gilt im Folgenden der Schwerpunkt der Betrachtung. Doch beginnen wir mit den Kolleginnen und Kollegen in der Verwaltung und im Bürodienst.

Für sie gibt es bei Rasselstein den so genannten **Tagdienst**, der im Regelfall die Zeit von Montag bis Freitag im Rahmen einer Betriebszeit von etwa 8 bis 16 Uhr umfasst. Das bedeutet, während dieser Zeiten ist der Betrieb immer erreichbar, wenn auch nicht überall in gleich starker Besetzung.

Den Tagdienst bestreiten tariflich und außertariflich vergütete Mitarbeiter. Die rund 500 tariflichen Kollegen arbeiten 35 Stunden von Montag bis Freitag. Nach Vereinbarung kann auch regelmäßig samstags gearbeitet werden. Rasselstein bietet auch eine sehr variable Teilzeitregelung an, die zwischen sieben und 34 Wochenstunden liegt und von knapp acht Prozent der Belegschaft genutzt wird. Die außertariflichen Mitarbeiter – weitgehend Führungskräfte oder hochqualifizierte Fachkräfte – leisten eine 39-Stunden-Woche. Von den etwa 200 außertariflichen sind allerdings nur zwei Mitarbeiter in Teilzeit mit wöchentlich 20 bzw. 26 Stunden (Stand: September 2002) beschäftigt.

Die Kollegen in den Produktionsbetrieben dagegen arbeiten im **Schichtdienst**. Je nach Funktion und Einsatzbereich des Mitarbeiters in einer Fünf- oder Sechs-Tage-Woche oder in kontinuierlicher Arbeitsweise („Kontiarbeitsweise"). In der Sechs-Tage-Woche bzw. in kontinuierlichen Schichtplänen kann außer Vollzeit (35 Stunden) auch Teilzeit (32 oder 33 Stunden) gearbeitet werden.

Die Fünf-Tage-Woche (Montag bis Freitag) in der Produktion findet man bei den Teamhandwerkern (siehe Kapitel 3 „Die Reorganisation der Instandhaltung") im Frühschichtdienst, die Sechs-Tage-Woche (Montag bis Samstag) ausschließlich an einzelnen Bedarfsanlagen. Die Kontiarbeitsweise wird in allen anderen Produktionsbereichen genutzt.

Im Unterschied zu herkömmlichen Schichtsystemen ist das Rasselsteiner System so flexibel und ausgefeilt, dass wir es hier näher erläutern.

1.2 Das Rasselsteiner Schichtplansystem

Insgesamt 106 (!) Schichtpläne gelten bei Rasselstein. Rechnerisch kommen also auf einen Plan nur etwa 26 Mitarbeiter (Stand 2002). Denn unterschiedliche Betriebszeiten erfordern jeweils eine andere Planung: So setzen wir für die wichtigsten Produktionsanlagen fünf Schichten in voller Besetzung für die gesamte Betriebszeit ein. An den übrigen Anlagen sowie in den einzelnen Nebenbetrieben (Anodenfertigung, Walzen- und Rollenschleiferei, Qualitätskontrolle, Instandhaltung, etc.) gelten andere Arbeitszeitvereinbarungen. Abbildung 1 zeigt die Verteilung der verschiedenen Schichtpläne.

	Früh-/Tagschicht	Früh- und Spätschicht	Früh-, Spät- und Nachtschicht
diskontinuierlich (Montag bis max. Samstag)	47	8	7
kontinuierlich (Montag bis Sonntag)		8	40

Gesamtanzahl 106

Abb. 1: Die Verteilung der unterschiedlichen Schichtplanmodelle

Um die Belastung der Mitarbeiter im Schichtdienst möglichst gering zu halten, streben wir folgende **Grundsätze** bei der Schichtplangestaltung an:

- Grundsätzlich Vorwärtswechsel (Frühschicht » Spätschicht » Nachtschicht) entsprechend dem menschlichen Biorhythmus (ab vier Schichtmannschaften möglich)
- Nicht mehr als drei Nachtschichten in Folge (ab vier Schichtmannschaften möglich)
- Nach jeder Nachtarbeitsfolge mindestens zwei freie Tage
- Zusammenfassung der Freischichten (möglichst am Wochenende)

Die Schichtzeiten sind für die diskontinuierliche und die kontinuierliche Arbeitsweise grundsätzlich gleich:

F = Frühschicht von 6^{00} Uhr bis 14^{00} Uhr mit 30 Min. Pause
S = Spätschicht von 14^{00} Uhr bis 22^{00} Uhr mit 30 Min. Pause
N = Nachtschicht von 22^{00} Uhr bis 6^{00} Uhr mit 30 Min. Pause

Was im Detail mit diskontinuierlich und kontinuierlich, Tag-, Früh-, Spät- und Nachtschicht, Schichtplan und Anzahl der Schichten gemeint ist, erfahren Sie im Folgenden.

a) Diskontinuierliche Arbeitsweise (Montag bis Samstag)

Dies betrifft alle Arbeitszeitpläne, die von Montag bis einschließlich Samstag reichen. Arbeit an Sonn- und Feiertagen ist nicht vorgesehen. Eine diskontinuierliche Arbeitsweise finden wir vor allem in den Verwaltungen (Büroarbeitszeit) und den Produktionsnebenbetrieben. Sie umfasst die Möglichkeiten von einer Zwei-Tage-Woche bei Teilzeit bis zur Sechs-Tage-Woche.

Innerhalb dieser Regelung gibt es zahlreiche Varianten – sie reichen in der Spanne der Vereinbarungen von täglich drei Stunden Teilzeit in der Verwaltung bis zu 9,25 Stunden in der Produktion. Den notwendigen Betriebszeiten entsprechend wechseln sich eine bis maximal vier Schichtgruppen ab – in reiner Frühschicht, Früh-/Spätschicht oder in der Kombination Früh-/Spät-/Nachtschicht.

In den nachfolgenden Abbildungen sind zwei in der Praxis häufig genutzte Schichtpläne dargestellt.

	1. Woche							2. Woche							3. Woche						
	Mo	Di	Mi	Do	Fr	Sa	So	Mo	Di	Mi	Do	Fr	Sa	So	Mo	Di	Mi	Do	Fr	Sa	So
Schicht 1	F	F	F	F	F			S	S	S	S	S			N	N	N				
Schicht 2	S	S	S	S	S			N	N	N	N				F	F	F	F	F		
Schicht 3	N	N	N	N				F	F	F	F	F			S	S	S	S	S		

Abb. 2: Schichtplan mit 14 Produktionsschichten pro Woche

	1. Woche							2. Woche							3. Woche							4. Woche						
	Mo	Di	Mi	Do	Fr	Sa	So	Mo	Di	Mi	Do	Fr	Sa	So	Mo	Di	Mi	Do	Fr	Sa	So	Mo	Di	Mi	Do	Fr	Sa	So
Schicht 1	F	F	S	S	N	N				F	F	S	S		N	N			F	F		S	S	N	N			
Schicht 2	S	S	N	N				F	F	S	S	N	N				F	F	S	S		N	N				F	F
Schicht 3	N	N			F	F		S	S	N	N				F	F	S	S	N	N					F	F	S	S
Schicht 4			F	F	S	S		N	N			F	F		S	S	N	N				F	F	S	S	N	N	

Abb. 3: Schichtplan mit 18 Produktionsschichten pro Woche

In seltenen Fällen können wir unseren eigenen Grundsätzen nicht treu bleiben – das gilt insbesondere für den Vorwärtswechsel (von Früh- über Spät- zur Nachtschicht) und die Anzahl an Nachtschichten in Folge. Im Schichtplan in Abb. 2 zum Beispiel lässt die Besetzungsstärke von drei Schichten keine andere Lösung zu.

b) Kontinuierliche Arbeitsweise (Montag bis Sonntag + Feiertag)

Hier wird an allen sieben Wochentagen und an Feiertagen gearbeitet. Für den Arbeitseinsatz an Feiertagen gilt folgende Aufteilung:

- Generelle Arbeit an allen Feiertagen: In einigen Abteilungen müssen immer Mitarbeiter anwesend sein. Hierzu zählen z. B. die Werksfeuerwehr und die Energiebetriebe.

- Arbeitseinsatz an allen Feiertagen, an hohen Feiertagen jedoch nur bei betrieblicher Notwendigkeit. Je nach Auftragslage (Liefermenge und Termin) wird der Arbeitseinsatz an den so genannten hohen Feiertagen wie Ostern, Pfingsten oder Weihnachten im Vorfeld mit dem Betriebsrat abgestimmt.

Wenn sich die kontinuierliche Arbeitsweise, kurz „Kontiarbeitsweise", nach der Belegung der möglichen Betriebszeit richtet, nennen wir dies zum einen

- **vollkontinuierlich**
  Hier wird die gesamte Betriebszeit mit der vollen Mannschaftsstärke genutzt. Diese Regelung gilt im Allgemeinen für die Kernaggregate der Produktion.

- **teilkontinuierlich**
  Bei dieser Arbeitsweise wird z. B. sonntags nur ein Teil der Schichtmannschaft planmäßig eingesetzt. Die Regelung gilt vor allem für Mitarbeiter der Instandhaltung.

Während die Vollkontiarbeitsweise viereinhalb oder fünf Schichtmannschaften erfordert, kommt die Teilkontiarbeitsweise meist mit vier Mannschaften aus. Schichtplan-Beispiele finden Sie im Anhang zu Kap. 6, Anlage 1.

In einigen Fällen wurde, vorwiegend auf Wunsch der jüngeren Mitarbeiter, der Schichtwechsel zwischen der Samstag-Spät- und Nachtschicht um zwei Stunden vorverlegt. Damit ergibt sich eine Samstag-Spätschicht von 14^{00} Uhr bis 20^{00} Uhr mit 15 Minuten Pause und eine Nachtschicht von 20^{00} Uhr bis 6^{00} Uhr mit 45 Minuten Pause.

1.3 Flexibilitätsmodelle im Umgang mit Arbeitszeit

Jahresarbeitszeit, Vertrauensgleitzeit, Team-intern abgestimmte Betriebszeiten – Rasselstein hat eine Menge geleistet hinsichtlich mehr Flexibilität bei gleichzeitig mehr Eigenverantwortung im Umgang mit dem kostbaren Gut Arbeitszeit. Um möglichst vielen Bedürfnissen gerecht zu werden, entwickelten wir die verschiedenen Arbeitszeitmodelle und -komponenten. Trotz der unterschiedlichen Anforderungen unterscheiden sich die Modelle im Tag- und Schichtdienst nur leicht voneinander.

a) Komponente Jahresarbeitszeit

Die Standardarbeitszeit entspricht im Normalfall der vertraglich fixierten Arbeitszeit. Das sind zum Beispiel bei Tarifmitarbeitern 35 Stunden in der Woche in Vollzeit bzw. täglich sieben Stunden plus einer Stunde Pause (im Schichtdienst 7,5 Stunden plus 30 Minuten Pause).

Nun gibt es aber nicht immer gleich viel zu tun. Also hat Rasselstein eine Möglichkeit geschaffen, auf Kapazitäts- oder auch Besetzungsschwankungen sowie auf persönliche Wünsche der Mitarbeiter einzugehen. Entsprechend dem Arbeitszeitbedarf kann die Erweiterung bzw. Reduzierung der Standardarbeitszeit um Stunden oder ganze Tage erfolgen.

Für Mitarbeiter im Schichtdienst kann die Arbeitszeit in der Regel durch ganze Schichten verlängert werden, wenn gewährleistet ist, dass zwei freie Tage innerhalb von zwei Wochen erhalten bleiben. Bei Überkapazitäten dagegen kann der Teamleiter mit einem Vorlauf von mindestens drei Tagen ein Abhängen, den Ausfall ganzer Schichten vorgeben.

Bei Mitarbeitern mit Tagdienst darf der gesetzlich vorgegebene Rahmen mit einer täglichen Höchstarbeitszeit von grundsätzlich zehn Stunden an fünf Arbeitstagen nicht überschritten werden. Jede Arbeitszeitänderung ist einvernehmlich abzustimmen und rechtzeitig anzukündigen.

Der Betriebsrat hat ein Mitbestimmungsrecht. Alle Abweichungen von der Standardarbeitszeit werden in einem Zeitkonto mit Ampelfunktion erfasst. Dabei gelten folgende Grenzwerte und Konsequenzen:

- *Grüner Bereich von −20 bis +40 Stunden:*
  Im Schichtdienst stimmen Mitarbeiter und Schichtführer die Arbeitszeit ab. Im Tagdienst gestaltet der Mitarbeiter eigenverantwortlich seine Arbeitszeit.

- *Gelber Bereich von −20 bis −40 Stunden bzw. +40 bis +80 Stunden:*
  Der jeweilige Teamleiter wird über den Zeitkontenstand informiert.

- *Roter Bereich von −40 bis −60 Stunden beziehungsweise +80 bis +100 Stunden:*
  Der Teamleiter vereinbart mit dem Mitarbeiter verbindlich, wie die Stundenzahl in den gelben Bereich zurückgeführt wird. Eine einvernehmliche Regelung wird angestrebt, ist aber nicht zwingend.

- *Erweiterter roter Bereich ab −60 bzw. ab +100 Stunden:*
  In besonderen Fällen können – nach Abstimmung zwischen Teamleiter, Personalteamleiter und Betriebsrat – im roten Bereich für einen festgelegten Zeitraum erweiterte Grenzwerte zugelassen werden.

Es gilt der jeweilige tarifliche Ausgleichszeitraum (zurzeit zwölf Monate). Jeder Mitarbeiter ist für den Zeitausgleich mitverantwortlich.

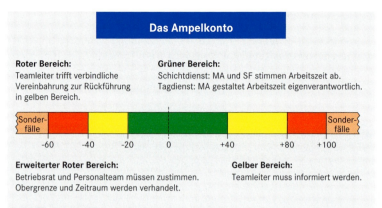

Abb. 4:
Das Ampelkonto

b) Komponente Betriebs- und Teamzeit

Es ist nicht notwendig, dass im **Tagdienst**, z. B. in der Verwaltung, um acht Uhr die komplette Belegschaft am Platz ist. In der Praxis genügt es, wenn einige Telefone besetzt sind. Abhängig von den betrieblichen Erfordernissen kann die tägliche Arbeitszeit nach den Vorlieben der Mitarbeiter im Team oder in der Abteilung besprochen und dann zwischen den Betriebspartnern (Betriebsrat und Personalabteilung) vereinbart werden.

Der Vorteil dabei ist, dass zum einen die Erreichbarkeit des Betriebs für Kunden auf elf Stunden ausgedehnt, zum anderen den Eigenheiten von „Frühaufstehern" und „Morgenmuffeln" unter den Kollegen besser entsprochen wird – ganz nach dem individuellen Biorhythmus. Die größte Besetzungsdichte existiert natürlich im Rahmen der Betriebszeit (8 bis 16 Uhr).

Für Mitarbeiter im **Schichtdienst** ist die tägliche Standardarbeitszeit durch den jeweiligen Arbeitszeitplan vorgegeben, der sich ebenfalls an den betrieblichen Erfordernissen orientiert.

c) Komponente Vertrauensgleitzeit

Vertrauensgleitzeit nennen wir eine Zeitspanne von ± 30 Minuten täglich, innerhalb derer eine Abweichung von der Standardarbeitszeit nicht erfasst wird. Eine Kernarbeitszeit, in der alle Beschäftigten am Platz sein müssen, existiert bei uns nicht. Jederzeit sind private Erledigungen möglich, sofern der Arbeitsablauf dadurch nicht beeinträchtigt wird. Wir vertrauen darauf, dass unsere Mitarbeiter selbst erkennen, wann und wie sie Freiräume nutzen können.

Im **Schichtdienst** muss natürlich die Schichtübergabe gewährleistet sein. Will ein Mitarbeiter etwa 20 Minuten früher den Arbeitsplatz verlassen, so muss er das mit seinem Nachfolger abgestimmt haben und sicherstellen, dass dieser entsprechend früher erscheint.

d) Komponente Persönliche Zeitkonten

Mitarbeiter im **Tagdienst** führen für jeden Monat einen persönlichen Zeitbericht. Wird der tägliche Vertrauensbereich über- oder unterschritten, kann hier die Abweichung in 30-Minuten-Schritten erfasst werden. Ein Zeitguthaben kann stundenweise oder in ganzen Tagen ausgeglichen werden.

Persönlicher Zeitbericht

Angerechnet werden Zeiten, die mehr als 30 Minuten von der täglichen Standardarbeitszeit abweichen. Die Abweichungen werden in 30-Minuten-Schritten angegeben. Nach Ablauf einer Kalenderwoche ist der Zeitbericht dem Vorgesetzten vorzulegen.

Name: *Mustermann*　　Vorname: *Heinz*　　Urlaubsanspruch: *30*
Pers.Nr.: *4777*　　davon verfahren: *10*
　　Restanspruch: *20*
Vertragliche Arbeitszeit: *35 Stunden/Woche*

Übertrag: +5 Stunden　　　　　　Übertrag: +6 Stunden

KW. 26	Abweichung	Erläuterung	KW. 27	Abweichung	Erläuterung
Mo	–		Mo	+1,5	
Di	–		Di	–	
Mi	+0,5		Mi	+1,5	
Do	–0,5		Do	–0,5	
Fr	+1,0		Fr	–	Urlaub
Sa			Sa		
So			So		
Summe	**+1,0**		**Summe**	**+2,5**	

Kontostand +6,0 Stunden　　　　　Kontostand +8,5 Stunden

Vorgesetzter *A. Muster*　　　　Vorgesetzter *A. Muster*

Abb. 5:
Beispiel eines persönlichen Zeitkontos

Im hier dargestellten Beispiel hat der Mitarbeiter am Montag der 26. KW 20 Minuten weniger und am Dienstag eine Viertelstunde länger gearbeitet. Eine Erfassung erfolgt also nicht, denn der Ausgleich findet innerhalb der ± 30 Minuten Vertrauensgleitzeit statt.

Anders am Mittwoch: Hier arbeitete er 38 Minuten länger (+), am Donnerstag eine Dreiviertelstunde weniger (-) und am Freitag 70 Minuten länger (+). Da die Abweichungen in 1/2-Stunden-Schritten erfasst werden, entspricht dies jeweils ± eine halbe Stunde und plus eine Stunde.

Für Mitarbeiter mit **Schichtdienst** wird eine so genannte „KOMMT-Buchung" erfasst, um die zuschlagspflichtigen Zeiten (Schichtzuschläge) korrekt zu ermitteln. Die Zeitberichte werden vom zuständigen Zeitbeauftragten im SAP-Zeitwirtschaftsmodul geführt. Wenn aus betrieblichen Gründen ein früheres Arbeitsende erforderlich ist, werden die Schichtzuschläge nicht reduziert. Lediglich die ausfallende Arbeitszeit wird dem Konto belastet.

Unser Erfolgsrezept:

✔ Kapazitätsschwankungen längerfristig planen, kurzfristig ausgleichen

✔ Eigenverantwortliches Handeln nicht durch zu viel Kontrolle ersticken

✔ Aktive Auseinandersetzung im Umgang mit Arbeit und Zeit fördern

e) Komponente Mehrarbeit

Optimal wäre, wenn alle Beschäftigten die zur Verfügung stehende Arbeitszeit produktiv nutzten und damit auskämen. Idealerweise soll die effektive Arbeitszeit der Standardarbeitszeit entsprechen mit dem Ziel, chronische Mehrarbeit grundsätzlich zu vermeiden. Insbesondere starre Arbeitszeitregelungen haben schlechte Erfahrungen beschert, indem eher die Anwesenheit und nicht die effektive Arbeitszeit erfasst und vergütet wurde.

Es gelang bei Rasselstein in den vergangenen fünf Jahren, die Mehrarbeit entscheidend abzubauen. So leistete jeder einzelne Mitarbeiter 1996 noch viereinhalb Überstunden im Monat. Vier Jahre später nur noch knapp eine.

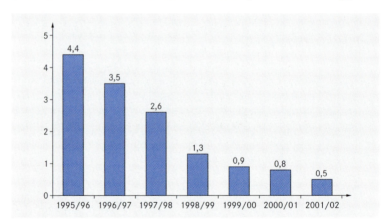

Abb. 6:
Geleistete Mehrarbeit je Mitarbeiter und Monat in Stunden

In bestimmten Fällen sind Überstunden nicht zu vermeiden. Besondere Projekte oder Arbeitszeiten, die nicht mehr ausgeglichen werden können, werden daher finanziell vergütet. Außerdem können alle Zeiten, die eine besondere Belastung darstellen, nach Absprache mit dem Mitarbeiter durch Mehrarbeitsbezahlung vergütet werden. Ziel ist jedoch, Mehrarbeit auf das Nötigste zu beschränken und vorrangig Freizeitausgleich zu schaffen, der dann zeitnah genutzt werden soll. Dem Thema Mehrarbeit widmet sich ausführlich Abschnitt 3 dieses Kapitels.

Die abschließende Übersicht verdeutlicht noch einmal die wichtigsten Gemeinsamkeiten und Unterschiede der Arbeitszeitregelungen in Tag- und Schichtdienst bei Rasselstein:

Arbeitszeit-flexibilisierung	Tagdienst (Verwaltung)	Schichtdienst (Produktion)
Gemeinsamkeiten	Zeitkonto mit Ampelfunktion und Ausgleich innerhalb von 12 Monaten	
	Flexible Arbeitszeitverteilung auf Wochentage	
	Vertrauensgleitzeit ± 30 Minuten/Tag	
	Mehrarbeit nur in Ausnahmefällen	
Unterschiede	Persönliches Zeitkonto ohne elektronische Erfassung	Elektronische Zeitkontenführung mit SAP
	Maximal zehn Stunden pro Tag an grundsätzlich fünf Arbeitstagen	Flexibler Ausgleich der Arbeitszeit durch ganze Schichten
	Vertrauensbereich ohne Abstimmung mit Kollegen	Abstimmung des Vertrauensbereichs in der Schichtübergabe

Abb. 7: Gemeinsamkeiten und Unterschiede zwischen Tag- und Schichtdienst

2. Entwicklung des Arbeitszeitkonzeptes

Bereits 1992 hatte Rasselstein mit der Einführung der Gleitzeit einen entscheidenden Schritt weg von der starren Norm(al)arbeitszeit getan, die bis dahin in den Betrieben Tradition war. Gründe dafür gab es genug – vor allem die schwankende Produktionsauslastung. Hinzu kamen Flexibilisierungsbedarf in der Verwaltung und die Überlegung, die An- und Abfahrtszeiten der Kollegen zu entzerren. Doch schon fünf Jahre später waren viele Schwachpunkte des „klassischen" Gleitzeitmodells mit elektronischer Zeiterfassung offensichtlich. Diese galt es zu beseitigen.

2.1 Schwachpunkte der alten Gleitzeitregelung

Zu viele unterschiedliche Modelle

Insgesamt 40 Varianten der Gleitzeitregelung verursachten einen organisatorischen Kraftakt. So galten für Verwaltung, Vertrieb und Produktion unterschiedliche Kernzeiten und Gleitzeitspannen. Auch für andere Betriebsbereiche und Mitarbeitergruppen – etwa für Teilzeitkräfte – wurden individuelle Vereinbarungen getroffen.

Elektronische Zeiterfassung erfasst nur Anwesenheit

Die elektronische Zeiterfassung registrierte nur die Anwesenheitszeit, nicht die effektive Arbeitszeit. Mit nur wenigen Minuten täglicher Überschreitung der Sollarbeitszeit konnte ein Mitarbeiter ein beträchtliches Zeitvolumen ansparen, ohne produktiv zu sein. Die elektronische Zeiterfassung förderte den gedankenlosen Umgang mit Arbeit und Zeit.

Anhäufen von Zeitguthaben durch unbegrenzte Übertragung

Das Gleitzeitsystem vor 1997 beinhaltete zwei unterschiedliche Zeitkonten:

- Das Kurzzeitkonto mit limitiertem Zeitsaldo (minus 10 bis plus 15 Stunden).
- Das MAFR-Konto (Mehrarbeit/Freizeit-Konto) mit unbegrenzter Zeitübertragungsmöglichkeit.

Die Zeitübertragung führte dazu, dass die Zeitsalden der Mitarbeiter unkontrolliert wuchsen. Im Februar 1996 hatten manche Mitarbeiter MAFR-Guthaben von mehr als 300 Stunden.

Zeitguthaben werden nicht rechtzeitig abgebaut

Dazu kam, dass Zeitguthaben nur selten durch Freizeit schnell wieder abgebaut wurden. Oft, weil es viel zu tun gab und auf den Mitarbeiter nicht verzichtet werden konnte. Auf diese Weise wurden wesentlich mehr Stunden angespart als „abgefeiert".

Einsparen von Arbeitszeit wird bestraft, Anwesenheit belohnt

Weil stundenweiser Zeitverbrauch mit zusätzlichen „Urlaubs-"Tagen honoriert wurde, verlegten sich die Mitarbeiter allein auf das Ansparen von Arbeitszeit.

Kernzeit schränkt Flexibilität ein und schafft unproduktive Zeiten

Die Flexibilität der gleitenden Arbeitszeit war durch die Vorgabe der Kernzeiten und der eng gefassten Gleitzeitspannen stark eingeschränkt. Die Konsequenzen:

- Kunden konnten ihre Wünsche nur zu bestimmten Zeiten vorbringen, weil die betreffenden Teams an die bestehenden Kernzeiten gebunden waren.
- Mitarbeiter waren nicht wirklich souverän hinsichtlich ihrer Arbeitszeit.
- Durch die Vorgabe verbindlicher Kernzeiten entstanden unproduktive Zeitabschnitte.

Zeitkonten- statt Mitarbeiterführung

Die Gleitzeit förderte die Passivität der Mitarbeiter im Umgang mit Zeit. Viele Führungskräfte kommunizierten mit ihren Mitarbeitern nicht mehr über betriebliches und persönliches Zeitmanagement und delegierten diese wichtige Aufgabe an die Zeitbeauftragten. Die Verständigung im Team oder in der Abteilung über die Verknüpfung von Arbeitszeit und Arbeitsergebnis fand kaum noch statt.

Es gab also noch viel zu verändern. Mit der Einführung der Teamorganisation im Jahr 1995 und der stärkeren Ausrichtung an Kundenwünschen erwies sich das bestehende Gleitzeitmodell als immer weniger geeignet. Darum musste eine neue Regelung gefunden werden.

2.2 Zielsetzung und Grundzüge

Unser Erfolgsrezept:

✔ Einheitliche Arbeitszeitregelungen brauchen weniger Bürokratie.

✔ Zeitguthaben nicht unbegrenzt ansparen, sondern direkt abbauen.

✔ Effiziente Arbeitszeitnutzung belohnen, nicht aber ineffiziente Anwesenheit.

Mit der Einführung des neuen Arbeitszeitkonzeptes verfolgte Rasselstein mehrere Ziele:

- **Einheitlicher Rahmen** – Ein neues Modell mit wenigen starren Regelungen, vielmehr ein Rahmen, den jedes Team nach den jeweiligen Erfordernissen ausfüllen kann. Als Basis sollte es eine einheitliche Grundregelung für alle Beschäftigten enthalten.
- **Eigenverantwortung im Team** – Nicht nur für die Arbeitsorganisation, sondern auch für den Umgang mit Arbeitszeit. Bei gleichzeitigem Abbau der Erfassungs- und Kontrollbürokratie sollte die Vertrauenskultur im Unternehmen gestärkt, Selbstorganisation und Eigenverantwortlichkeit gefördert werden.
- **Effizienz** – Effektive Arbeitszeit = tarifliche Arbeitszeit. Chronische Mehrarbeit sollte verhindert, die Arbeitseffizienz nachhaltig verbessert werden.
- **Echte Flexibilität** – Feste und flexible Arbeitszeitelemente verknüpfen, um den Mitarbeiterinnen und Mitarbeitern mehr individuelle Spielräume, Planungssicherheit und Schutz vor Willkür zu gewähren. Das Unternehmen versprach sich davon gleichzeitig mehr betriebliche Flexibilität.

Gerade die Forderung nach der Einheitlichkeit schien zunächst nicht umsetzbar: So verlangte der Vertrieb, dass die Arbeitszeit den über unterschiedliche Zeitzonen verteilten Kunden geeignete Ansprechzeiten bieten sollte. Die Technik forderte, dass die Arbeitszeit eng an den Produktionsschwankungen ausgerichtet wird. Für das Personalressort standen in erster Linie die Vermeidung von Mehrarbeit und die Verbesserung der Arbeitseffizienz im Vordergrund. Der kaufmännische Bereich schließlich strebte zuallererst eine bedarfsbezogene Wochenarbeitszeit an.

Das Spagat ist gelungen. Wie schon in Abschnitt 1 ausführlich beschrieben, ist der Grundsatz der Einheitlichkeit für alle durch folgende Punkte erfüllt:

- Flexible Jahresarbeitszeit
- Flexible Betriebs- bzw. Teamzeit (Ansprechzeit für Kunden)
- Einführung der Vertrauensgleitzeit
- Umgang mit Mehrarbeit

2.3 Pilotphase im Tagdienst
oder **Vorurteile und wie man ihnen begegnet**

Natürlich sahen die verschiedenen Interessengruppen bei Rasselstein schon im Vorfeld Probleme mit dem neuen Arbeitszeitkonzept.

So befürchtete der **Betriebsrat**,

- der definierte Vertrauensbereich führe zu unbezahlter Mehrarbeit,
- die fehlende Ankündigungsfrist schränke die private Zeitplanung ein,
- die Obergrenze für die Arbeitszeit sei nicht ausreichend festgelegt,
- den Verlust der Mehrarbeitsbezahlung für die Mitarbeiter.

Man sah jedoch auch die Möglichkeit, auf diese Weise neue Arbeitsplätze zu schaffen.

Die **Mitarbeiter** sahen

- den Verlust der Schutzfunktion des objektiven Zeitnachweises durch die Elektronik,
- den zusätzlichen Aufwand für die manuelle Erfassung der Arbeitszeit,
- Lohnverluste durch Reduzierung der bezahlten Mehrarbeit.

Die **Vorgesetzten** monierten

- den Zusatzaufwand für Abstimmungen und Vereinbarungen mit den Mitarbeitern,
- die nunmehr fehlenden Kontrollmöglichkeiten,
- die Nutzung der Flexibilität für private Interessen der Mitarbeiter.

Dennoch startete man die neue Regelung, zunächst in ausgewählten Testbereichen. Im **Tagdienst** wurden – teilweise auf Vorschlag des Betriebsrates – für sechs Monate mehrere Teams aus den Bereichen der Verwaltung und der Produktion ausgewählt. Für den Schichtdienst wurde das Konzept gesondert getestet (Abschnitt 2.4).

Der Einführung der Pilotprojekte ging natürlich eine umfassende Information der betroffenen Beschäftigten und ihrer Vorgesetzten voraus. Die einzelnen Projektteams diskutierten die Personalbemessung und stimmten sie ab. Die Beschäftigten konnten neben der manuellen Zeiterfassung auch noch die elektronische Erfassung nutzen. Nach drei Monaten tauschten alle Beteiligten ihre Erfahrungen aus. Die Ergebnisse wurden im Rahmen einer schriftlichen Befragung ermittelt und ergänzt durch halbstandardisierte Interviews.

Insgesamt wurde das neue Zeitkontenmodell sehr gut angenommen. Im Vergleich zur alten Gleitzeitregelung sahen alle Befragten deutliche Verbesserungen in folgenden Bereichen:

▌ Das neue Arbeitszeitkonzept verbessert eindeutig die Orientierung am Rasselstein-Kunden, da rascher und flexibler auf dessen Wünsche reagiert werden kann.

▌ Mit der neuen Flexibilität lassen sich betriebliche Aufgaben und private Interessen viel besser vereinbaren.

▌ Die Planungssicherheit der Arbeitszeit hat sich deutlich verbessert.

▌ Insgesamt ist die Arbeitsmotivation spürbar gestiegen.

▌ Die Befragten bestätigten besonders die positiven Auswirkungen der Eigenverantwortlichkeit im Umgang mit der Arbeitszeitgestaltung – eines der wichtigsten Ziele.

Wie lange der Prozess jedoch insgesamt gedauert hat, bis die heutige Regelung bei Rasselstein richtig Fuß fassen konnte, mag man der folgenden Zeitschiene entnehmen. Gut Ding will eben Weile haben, und wir mussten unsere Erfahrungen machen, um durch kontinuierliche Verbesserungen den heutigen Stand zu erreichen.

Abb. 8: Entwicklung der Arbeitszeitkonzepte im zeitlichen Ablauf

2.4 Pilotphase im Schichtdienst

Schon vor der Umsetzung des neuen Arbeitszeitgesetzes war in der Produktion eine kontinuierliche Arbeitsweise möglich. Die Genehmigung basierte auf der alten Arbeitszeitordnung in Verbindung mit § 105c der Gewerbeordnung. Die Produktionsbetriebe im Werk Andernach arbeiten heute nahezu flächendeckend in einer vollkontinuierlichen Arbeitsweise. Mit dem neuen Arbeitszeitgesetz wurde Ende 1995 auch die Genehmigung zur Arbeit an Sonn- und Feiertagen erteilt.

Mit der Verkürzung der tariflichen Arbeitszeit mussten auch die Schichtpläne angepasst werden. Waren früher nur vier Mitarbeiter nötig, um einen Arbeitsplatz in kontinuierlicher Arbeitsweise zu belegen, so sind es heute fünf. Das heißt, durch die Arbeitszeitverkürzung und das Bündnis für Arbeit ist heute gegenüber der 40-Stunden-Woche von 1967 eine komplette Schichtmannschaft zusätzlich nötig.

Noch bis Anfang der neunziger Jahre war in den Rasselsteiner Schichtplänen der wochenweise „Rückwärtswechsel" der Schichten der Normalfall, das heißt von Nachtschicht über Spätschicht zu Frühschicht. Freie Tage, gleichmäßig auf alle Wochentage und Schichten gelegt, schafften den Ausgleich zur tariflichen Wochenarbeitszeit. Dies hatte zur Folge, dass nach zwei Tagen Nachtschicht ein Freischichtblock von zwei Tagen folgte und danach wieder zwei Tage Nachtschicht abzuleisten waren, wie in Abb. 9 zu sehen ist. Nicht selten folgten auch sechs oder sieben Nachtschichten aufeinander (Abb. 10). Heute wissen wir aus der Arbeitsmedi-

Abb. 9: Der alte 3-schichtige Schichtplan mit 18 Produktionsschichten

Abb. 10: Der alte 4-schichtige Vollkontischichtplan

zin, dass dies dem natürlichen Tagesrhythmus des Menschen widerspricht und unnötige zusätzliche Belastung erzeugt. Als die Zahl der Kündigungen mit der Begründung „Schichtarbeit" anstieg, suchten wir nach Möglichkeiten, Schichtarbeit erträglicher zu machen.

Wir beauftragten das Institut für Industriebetriebslehre und industrielle Produktion der Universität Karlsruhe mit der Beratung zum neuen Arbeitszeitkonzept. Erarbeitet wurden auch die Gestaltungsregeln für arbeitsmedizinisch optimale Schichtpläne. Für eine Pilotphase wurden Testbetriebe ausgewählt, deren Mitarbeiter an der Ausarbeitung neuer Schichtpläne beteiligt waren und die zu deren Anwendung befragt wurden.

Wegen einiger Vorbehalte seitens der Mitarbeiter wurden Vergleichsbetriebe bestimmt, um alle sonstigen Einflüsse auf die Mitarbeiterzufriedenheit während der einjährigen Testphase zu ermitteln. Eine Befragung der Belegschaft erfolgte vor und nach der Erprobungszeit anonym durch die Uni Karlsruhe. An der Pilotphase nahmen 120 Beschäftigte beider Werke (Andernach und Neuwied) teil. Die Reaktion auf die neuen Schichtpläne war nach der Testphase eindeutig positiv, wie die nachfolgende Abbildung zeigt.

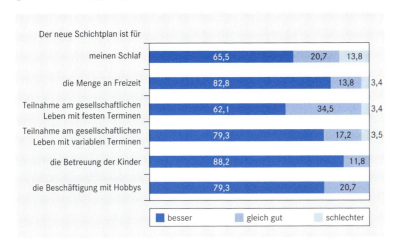

Abb. 11:
Die Auswertung der Mitarbeiterbefragung

Doch wie viele Mitarbeiter würden sich konkret für die Einführung des neuen Modells aussprechen? Mit dem Betriebsrat war eine Zustimmungsquote von mindestens 70 Prozent als Voraussetzung für die flächendeckende Einführung der neuen Modelle vereinbart worden. Das Ergebnis übertraf jedoch die optimistischsten Erwartungen: Alle 120 Beschäftigten der Testbetriebe wollten künftig nur noch nach den neuen Schichtplänen arbeiten. Aus dieser 100-prozentigen Zustimmung heraus wurden die Grundsätze der Schichtplangestaltung sofort in allen möglichen Schichtplanvarianten umgesetzt. Heute arbeiten 90 Prozent der Rasselsteiner Schichtarbeiter nach den neuen Plänen.

Auch hat seither die Anzahl der Arbeitnehmerkündigungen wegen „Schichtarbeit" erheblich abgenommen. Waren es 1991/92 noch zwölf

Arbeiter, die aus diesem Grund kündigten, so waren es von 1998 bis 2002 nur noch insgesamt fünf, d.h. durchschnittlich eine Kündigung pro Jahr. Dass sich die Arbeitsbelastung durch die neuen Schichtpläne insgesamt reduziert hat, belegt auch die krankheitsbedingte Fehlzeitenquote von nur rund drei Prozent in den letzten Geschäftsjahren sowie die geringe Zahl meldepflichtiger Unfälle. Damit liegen die beiden Rasselstein-Werke Andernach und Neuwied beim innerdeutschen Vergleich immer auf Spitzenpositionen.

2.5 Überprüfung und Anpassung der Zeitkontenregelung

Ein Jahr nach der Einführung des neuen Arbeitszeitkonzeptes wurde eine repräsentative Befragung von 394 Rasselstein-Mitarbeitern durchgeführt. Die Auswertung brachte einen eindeutigen Erfolg des von flexibler Standardarbeitszeit und Vertrauensgleitzeit geprägten Konzeptes. Fast 60 Prozent aller befragten Mitarbeiter zeigten sich mit der neuen Regelung zufrieden, 85 Prozent von ihnen empfanden insgesamt mehr Spaß an ihrer Arbeit als vorher. Vor allem wegen der neu gewonnenen Eigenständigkeit bei der Organisation der Arbeitszeit und der verbesserten Nutzbarkeit von Freiräumen für private Zwecke.

Weiterhin zeigte sich, dass durch die Arbeitszeitinnovationen die Teamarbeit gestärkt, eine flexiblere Reaktion auf betriebliche Erfordernisse und Kundenwünsche möglich wurde, die Arbeitseffizienz merklich gestiegen war und die Eigenverantwortlichkeit der Mitarbeiter bei der Einteilung der Arbeitszeit gefördert wurde. Die weitgehende Zufriedenheit mit der Praxistauglichkeit des neuen Modells war ein weiterer Eckpfeiler für seinen Erfolg.

Nach insgesamt fünf Jahren praktischer Anwendung der flexiblen Standardarbeitszeit und Vertrauensgleitzeit sollte Ende 2002 eine zweite Befragung von knapp 400 Mitarbeitern in drei Gruppen weitere Möglichkeiten im Sinne des betrieblichen KVP-Prozesses finden. Die Bewertung erfolgte an Hand von vier Fragen, die dann als Ansatzpunkte für eine

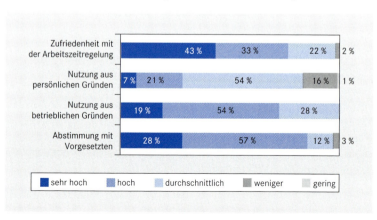

Abb. 12: Auswertung des Arbeitszeitaudits – Schichtdienst

Diskussion über Verbesserungspotenziale dienten. Zu den Ergebnissen, die für den Schichtdienst ermittelt wurden, siehe Abbildung 12.

Trotz der Einschränkungen durch die Schichtarbeit ist die Bewertung der Zeitkontenregelung äußerst positiv. Auch wenn eine Nutzung der Zeitkonten aus persönlichen Gründen durch die Anforderungen der Produktion deutlich einschränkt wird, ist eine hohe Zufriedenheit erkennbar. An Verbesserungs- und Kritikpunkten wurden vor allem die Einschränkung der Flexibilität durch steuerfreie Schichtzulagen, die verbesserungswürdige Planung der Arbeitszeitveränderungen sowie die Urlaubsplanung genannt.

Für die Mitarbeiter im betrieblichen Tagdienst (Ingenieure, Techniker und Meister) ergab sich folgendes Bild:

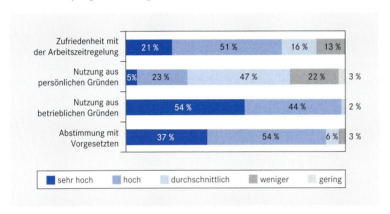

Abb. 13:
Auswertung des Arbeitszeitaudits – betrieblicher Tagdienst

Auch der betriebliche Tagdienst wird durch die Anforderungen der Produktion in der flexiblen Nutzung der Zeitkonten eingeschränkt. Insgesamt zeigt sich dennoch ein erstaunlich positives Bild bei der Bewertung. Als kritik- und verbesserungswürdig wurden das zu gering bemessene Gleitzeitkonto sowie die Möglichkeit zum Zeitabbau empfunden. Ferner wurde eine Kombination des Gleitzeit- und Standardarbeitszeitkontos gewünscht.

Als dritte Gruppe wurde der überbetriebliche Tagdienst ausgewertet:

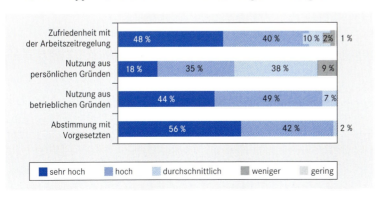

Abb. 14:
Auswertung des Arbeitszeitaudits – überbetrieblicher Tagdienst

Naturgemäß ist der Anteil an pufferbaren Arbeiten für die Mitarbeiter im überbetrieblichen Bereich (vorwiegend Verwaltung) deutlich höher als in den beiden anderen Bereichen. Entsprechend größer ist der Flexibilitätsspielraum. Dies spiegelt sich auch in der Bewertung der Zeitkontenregelung wider. Trotzdem wurden Verbesserungen vorgeschlagen: Erweiterung des Gleitzeitkontos in Kombination mit dem Standardarbeitszeitkonto, die generelle Zulassung ganzer freier Tage zum Zeitabbau (bis dahin nur eingeschränkt möglich) und die Einführung eines Ampelkontos (siehe 1.3). Bei den außertariflichen Mitarbeitern brachte die Befragung eine mangelhafte Identifikation mit der Regelung zu Tage. Für sie steht, gefördert durch die Tantiemeregelungen mit Zielvereinbarung, die Erfüllung von Arbeitsaufgaben im Vordergrund. Alle Anregungen der Mitarbeiter und Vorgesetzten wurden in einem ressortübergreifenden Arbeitskreis unter Beteiligung des Betriebsrates in eine verbesserte Zeitkontenregelung mit Ampelfunktion eingearbeitet.

Wie geht es weiter? Das Arbeitszeitaudit ergab, dass bereichübergreifend Interesse an Lebensarbeitszeitkonten besteht. Dies zu prüfen und geeignete Vorschläge zu erarbeiten, ist Aufgabe einer Arbeitsgruppe. Im Zuge der politischen Diskussion über die Erhöhung des Rentenalters gewinnt dieses neue Projekt an Bedeutung.

3. Mehr Arbeit statt Mehrarbeit

Mit dieser Überschrift wollen wir provozieren – im positiven Sinne. Dieses Kapitel soll angesichts von zurzeit über vier Millionen Arbeitsuchenden als Anregung dazu dienen, wie Unternehmen und Beschäftigte sich aktiv und erfolgreich an der Kehrtwende auf dem Arbeitsmarkt beteiligen können – trotz und gerade wegen allgemeiner Rationalisierungstendenzen. „Mehr Arbeit statt Mehrarbeit" besagt nicht etwa, dass wir unseren Mitarbeitern immer mehr Arbeit zumuten. Das wäre Mehrarbeit, und die baut Rasselstein stetig ab. Wir meinen damit, dass unsere Beschäftigten sehr solidarisch und freiwillig mehr Arbeit schaffen. Mehr Arbeitsplätze.

3.1 Anpassung der Arbeitszeit an die Betriebszeit

Durch die sukzessive Erweiterung der Betriebszeit wurden allein 1995 insgesamt fast 100 neue Arbeitsplätze geschaffen. Gleichzeitig hat sich die kapazitätsbedingte, bezahlte Mehrarbeit erheblich verringert. Im Geschäftsjahr 1993/94 leisteten die Rasselsteiner im Werk Andernach noch 250.000 Überstunden. Bis 1995/96 verringerte sich die Mehrarbeit schon um mehr als 70 Prozent. Ein wesentlicher Grund dafür war die zuvor beschriebene Einführung der kontinuierlichen Arbeitsweise. Bis zur Jahrtausendwende schraubten wir die Mehrarbeit dann sogar um 96 Prozent herunter (siehe auch Abb. 6). Die Produktionsbetriebe im Werk Andernach arbeiten heute nahezu komplett in vollkontinuierlicher Arbeitsweise. Im Werk Neuwied war der Verlauf ähnlich.

Heute fällt bezahlte Mehrarbeit nur bei größeren Umbaumaßnahmen und Projekten oder kurzfristiger Kapazitätsanpassung an. So hatten wir im Jahr 1997/98 einen kurzfristigen Anstieg der Mehrarbeit bei den Gehaltsempfängern. Der Grund dafür lag in der unternehmensweiten Einführung von SAP/R3 als Standardsoftware, wodurch Überstunden nicht zu umgehen waren.

Wenn Betriebszeiten erweitert werden, müssen die entsprechenden Arbeitszeiten flexibilisiert und von der Betriebszeit abgekoppelt werden können. Das führt langfristig zu Beschäftigungssicherung. Im Gegensatz zu starren Arbeitszeitsystemen, die zwangsläufig bezahlte Mehrarbeit in Zeiten hoher Auslastung und Kurzarbeit in auftragsschwachen Phasen mit sich bringen.

Natürlich gibt es auch im Weißblechgeschäft saisonale Auftragsschwankungen. In Abbildung 15 erkennen Sie eine Linie, die zeigt, wie sich die vom Kunden gewünschten Produktionsmengen permanent ändern. Entsprechend passen wir auch die Anlagennutzung und die dazugehörige Arbeitszeit an. Rasselstein verfügt in den wichtigsten Fertigungsstufen über mindestens zwei Produktionsanlagen. Während die leistungsstarken Anlagen immer in der vollkontinuierlichen Arbeitsweise verbleiben, gleichen die schwächeren Produktionsanlagen die Auftragsschwankungen aus.

Das Zeitkonto, das unseren Mitarbeitern für diesen Ausgleich zur Verfügung steht, wird entsprechend flexibel genutzt, wie man der Grafik entnehmen kann. Für die Zeitkonten gelten verschiedene Regeln, die oben bereits erläutert worden sind. Der Übersicht halber erwähnen wir sie hier noch einmal:

- Die Arbeitszeit der Schichtmitarbeiter darf so weit erhöht werden, bis dem Mitarbeiter mindestens zwei freie Tage in zwei Wochen verbleiben.

- Die Ankündigung von kurzfristigen Arbeitszeitanpassungen ist unabhängig von einer festen Frist. Vorgesetzter und Mitarbeiter müssen sich jedoch rechtzeitig und einvernehmlich darüber verständigen. Rechtzeitig heißt hier sofort nach Kenntnis eines Sachverhalts; letztlich muss der Schichtführer einen Mitarbeiter von der Notwendigkeit überzeugen.

- Die Grenzen des Zeitkontos liegen zwischen -60 und +100 Stunden.

- Der Ausgleich des Zeitkontos soll innerhalb von zwölf Monaten erfolgen.

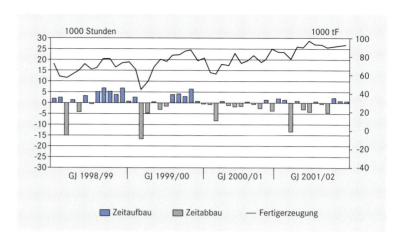

Abb. 15:
Nutzung des Zeitkontos
in den Geschäftsjahren
1998/99 bis 2001/02

3.2 Bündnis für Arbeit bei Rasselstein

Noch bis Mitte der neunziger Jahre waren im Werk Andernach alle Mitarbeiter in der Produktion in einer Vollzeit-Sechs-Tage-Woche von Montag bis Samstag beschäftigt. Engpässe, größere Reparaturen und kritische Liefertermine wurden sonntags mit bezahlten Überstunden bewältigt. An Teilzeitarbeit dachte damals niemand. Sie war auf wenige Einzelfälle in der Verwaltung beschränkt.

Teilzeitarbeit auch im Schichtdienst zu fördern, war die Idee einiger Mitarbeiter des Teams Entfetten/Glühen. Weil Anfang 1997 durch eine Rationalisierungsmaßnahme vier Arbeitsplätze wegfallen sollten, schlugen sie der Geschäftsleitung die Anwendung des Beschäftigungssicherungstarifvertrages vor. Dadurch sollte die tarifliche Arbeitszeit für alle abgesenkt und so der Arbeitsplatzabbau vermieden werden. Zustimmung kam auch vom Betriebsrat. Für eine Laufzeit von einem Jahr wurde der Vorschlag genehmigt. Rasselstein zahlte dabei einen Teillohnausgleich entsprechend der tariflichen Regelung.

Nach Jahresfrist erfolgte ein Gespräch mit den betroffenen Mitarbeitern – die Resonanz war so positiv, dass man begann, über freiwillige Teilzeitarbeit im Schichtdienst nachzudenken. Gerade im Schichtdienst ist die Belastung für die Mitarbeiter am höchsten. Warum also nicht aus der Not eine Tugend machen? Schließlich wurde genehmigt, dass die Schichtmitarbeiter ihre Arbeitszeit unter die tarifliche Wochenarbeitszeit von 35 Stunden senken durften. Einen Lohnausgleich gab es dafür zwar nicht, aber Rasselstein konnte entsprechend mehr Mitarbeiter einstellen. Das betriebliche Bündnis für Arbeit bei Rasselstein war geboren.

Speziell hierfür entwickelte man den bereits beschriebenen **5-schichtigen Vollkontischichtplan**. Dieser Plan ist sowohl aus Mitarbeiter- als auch aus Unternehmenssicht optimal. Für die Beschäftigten ist neben dem bereits normalen „kurzrotierenden Vorwärtswechsel" (nur jeweils zwei Früh-, Spät- und Nachtschichten) vor allem das Verhältnis von sechs Arbeitstagen zu vier freien Tagen interessant. Und für das Unternehmen bringt die feste Schichtzuordnung gerade mit Blick auf die Einführung von Gruppenarbeit einen entscheidenden Vorteil. Denn so konnte das ständige Auseinanderreißen der Mannschaften durch die alten Vollkontischichtpläne mit neun Gruppen (4 1/2 Schichtmannschaften) verhindert werden (siehe Anhang zu Kap. 6, Anlage 1 „Schichtpläne").

Die Kehrseite der Medaille: Der neue Schichtplan beschreibt lediglich 31,5 Stunden pro Woche für jeden Mitarbeiter. Bei einer tariflichen Wochenarbeitszeit von 35 Stunden müsste die noch fehlende Arbeitszeit durch 21 so genannte Ausgleichsschichten (AGS) pro Jahr von jedem Beschäftigten erbracht werden. Doch hier hilft die Möglichkeit der freiwilligen Verkürzung der Arbeitszeit, wodurch die Zahl der nachzuleistenden Schichten verringert wird.

Kostenneutralität war eine Voraussetzung für die Umsetzung des betrieblichen Bündnisses für Arbeit. Damit war klar: Einen Lohnausgleich würde es bei Rasselstein nicht geben. Um den Mitarbeitern dennoch die Reduzierung der Arbeitszeit zu erleichtern, wurden mit dem Betriebsrat folgende Vergünstigungen vereinbart:

- **Ausgleichsschichten werden erlassen:** Reduziert der Mitarbeiter freiwillig seine Arbeitszeit und verzichtet auf einen Teil seines Lohns, so werden ihm abhängig davon bis zu drei Ausgleichsschichten im Jahr erlassen. Die Abb. 16 verdeutlicht das System. Diese Vergünstigung wurde zwischenzeitlich mit der Umsetzung der tariflichen Lohnerhöhung 2002 stufenweise zurückgenommen.

- **Steuerfreie Höchstgrenzen für Zuschläge nutzen:** Bei konstantem Bruttoentgelt kann ein höheres Nettoentgelt erzielt werden, wenn steuerfreie Zeitzonen bei Schichtzulagen und Zuschlägen genutzt werden. Der Gesetzgeber hat für bestimmte Zeiten Zulagen und Zuschläge bis zu festgelegten Höchstgrenzen steuerfrei gestellt. Durch Umverteilung der freiwilligen Schichtzulagen konnte damit eine Erhöhung des Nettoentgelts erzielt werden, was die Lohneinbußen teilweise auffängt.

- **Rasselsteiner Solidaritätsfonds:** Mitarbeitern, die ihre Wochenarbeitszeit auf 33 bzw. 32 Stunden reduzieren, werden höhere Arbeitszeitzuschläge in den steuerfreien Zeitzonen gewährt. Die zusätzlichen Kosten werden aus einem Teil der betrieblichen Sonderzahlung gedeckt.

Man kann jedoch nicht alles haben: So wie sich die Arbeitszeit verringert, wird auch das Grundentgelt der Mitarbeiter weniger. Aber wir haben erreicht, dass durch die Optimierung der freiwilligen Schichtzuschläge und mit der Einrichtung des Solidaritätsfonds der Nettoverlust deutlich gemindert wird.

Bei einem damaligen (1999) betriebsüblichen Stundenlohn von circa 13 € mit Steuerklasse III und einem Kinderfreibetrag betrug beispielsweise der Nettolohnverlust bei der 33-Stunden-Woche rund 50 € pro Monat. Dafür musste der Mitarbeiter allerdings auch 14 Tage im Jahr weniger arbeiten als sein Kollege – den wir aber sonst vielleicht hätten entlassen müssen. Wie sich das System in Zahlen darstellt, sehen Sie in der folgenden Übersicht:

Vergleich der 5-schichtigen Vollkontiarbeitsweise mit unterschiedlichen Arbeitszeiten						
Vertragliche Arbeitszeit	prozentualer Lohnverlust	Urlaubstage p. a.	Anzahl AGS p. a.	„geschenkte" AGS p. a.[2]	Rest AGS p. a.	Arbeitstage p. a.[1]
35,0 Std./Wo.	0,0 %	25 Tage	21	0	21	210 Tage
34,0 Std./Wo.	-2,9 %	25 Tage	15	1	14	203 Tage
33,0 Std./Wo.	-5,7 %	25 Tage	9	2	7	196 Tage
32,0 Std./Wo.	-8,6 %	25 Tage	3	3	0	189 Tage

[1] unter Berücksichtigung der Urlaubstage und AGS, ohne hohe Feiertage
[2] gültig bis Ende 2002

Abb. 16:
Vergleich unterschiedlicher vertraglicher Arbeitszeiten im 5-schichtigen Vollkontiplan

Bis zum Jahr 2002 haben die betroffenen Schichtmitarbeiter durch die freiwillige Reduzierung der Arbeitszeit 62 Arbeitsplätze gesichert bzw. geschaffen. Dafür arbeiten nur noch 27 Kollegen (= vier Prozent) volle 35 Stunden in der Woche, aber 45 Prozent in einer 33-Stunden-Woche und sogar 51 Prozent in der 32-Stunden-Woche.

Die Ergebnisse dieser Beschäftigungssicherung durch ein betriebliches Bündnis für Arbeit sprechen für sich. Getragen von einer erweiterten Arbeitszeitflexibilisierung, von der das Unternehmen und die Mitarbeiter gleichermaßen profitiert haben, konnte nicht nur die bezahlte Mehrarbeit deutlich reduziert werden. Durch den freiwilligen Verzicht auf Arbeitszeit und damit auf Arbeitsentgelt hat eine Vielzahl von Mitarbeitern einen persönlichen Beitrag zur Schaffung neuer Arbeitsplätze geleistet. Größtenteils wurden die neuen Stellen durch die Übernahme von Auszubildenden besetzt.

Zum 1. Januar 2002 lag der Anteil an Teilzeitmitarbeitern bei Rasselstein bei 46 Prozent. Mit dem neuen Teilzeitgesetz mag sich der sehr geringe Anteil von Teilzeitarbeit in der Verwaltung in den nächsten Jahren noch erhöhen. Diese Entwicklung werden wir fördern. Glaubt man nämlich einer aktuellen McKinsey-Studie über die Auswirkungen von Teilzeitarbeit, so hat der Betrieb daraus nur Vorteile: Teilzeitkräfte arbeiten effektiver.

3.3 Bündnis für Ausbildung bei Rasselstein

Rasselstein war schon seit jeher ein begehrter Ausbildungsbetrieb in der Region. Wir sehen es auch als unsere Aufgabe, einen Beitrag zur Schaffung von Ausbildungsplätzen zu leisten – nicht zuletzt unseres eigenen Nachwuchses wegen. Doch bislang wurde nur in Einzelfällen über den eigenen Bedarf hinaus ausgebildet – denn hier bleibt die Übernahmefrage für die jungen Menschen offen. Im Jahr 1996 gab es einen erheblichen Mangel an Ausbildungsplätzen in der Region, und so beschlossen Unternehmensleitung und Betriebsrat, über die geplanten 56 Ausbildungsplätze hinaus weitere 29 einzurichten, schwerpunktmäßig für die Berufe Energie-Elektroniker und Industriemechaniker. Dem Bündnis für Arbeit folgte das betriebliche Bündnis für Ausbildung.

Doch wie finanziert man 29 zusätzliche Plätze für Auszubildende, die man am Ende nicht übernehmen kann? Um die Kostenbelastung für das Unternehmen kalkulierbar zu machen, entwarf die Unternehmensleitung gemeinsam mit dem Betriebsrat folgende Absprache:

▎ Wenn die Tarifpartner für 1997 einen Lohn- und Gehaltsabschluss nahe der Inflationsrate vereinbaren, gehen die Ausbildungskosten voll zu Lasten des Unternehmens.

▎ Wenn der Tarifabschluss über der Inflationsrate liegt, trägt das Unternehmen die Hälfte der zusätzlichen Ausbildungskosten. Die andere Hälfte übernimmt die Belegschaft durch Anrechnung auf den über der Inflationsrate liegenden Teil der Tariferhöhung für die Dauer von drei Jahren.

Diese Entscheidung wurde auch von der Belegschaft positiv aufgenommen. Zu Nachteilen für sie kam es indes nicht, da die verabschiedete Tariferhöhung nur um 0,2 Prozent zur Inflationsrate differierte.

Auf Grund der insgesamt positiven Resonanz auf das Projekt und der hohen Bewerberzahlen wurde 1997 zusammen mit dem Arbeitsamt Neuwied ein zweites Bündnis für Ausbildung geschlossen. Hierbei wurde vereinbart, fünf zusätzliche Ausbildungsplätze im kaufmännisch/technischen Bereich für Behinderte bereitzustellen sowie fünf zusätzliche Ausbildungsplätze für Industriemechaniker zu schaffen. Das Arbeitsamt schlug seinerzeit elf Bewerber in der Behindertenförderung vor, von denen sich nur sieben bewarben und sechs dann zum Eignungstest erschienen. Letztlich wurden die einzigen zwei Bewerber eingestellt, die zum Vorstellungsgespräch erschienen waren. Die fünf Industriemechaniker-Plätze bei Rasselstein konnte man dagegen problemlos besetzen. Jedes Jahr stellen wir seither 56 bis 58 junge Leute ein. Unsere Ausbildungsquote liegt damit deutlich über dem üblichen Rahmen.

Unser Erfolgsrezept:

✔ Mehr Arbeitszeitflexibilität und weniger Kontrolle schafft mehr Motivation.

✔ Mehr Motivation schafft mehr Vertrauen und Solidarität.

✔ Mehr Solidarität schafft Arbeits- und Ausbildungsplätze.

7 Fehlzeitenmanagement

Kapitel 7

Fehlzeitenmanagement
Robert Brand

1. Das Fehlzeitenmanagement bei Rasselstein — 115

- 1.1 Was sind Fehlzeiten? — 115
- 1.2 Ursachen für Krankmeldung — 116
- 1.3 Krank, aber nicht arbeitsunfähig? — 117
- 1.4 Senkung des Krankenstandes — 118
- 1.5 Rolle der Führungskräfte — 121
- 1.6 Führungskräfte-Seminar „Beeinflussung von Fehlzeiten" — 121
- 1.7 Rolle des Betriebsrats und Härtefonds — 123

2. Ausgangssituation und Entwicklung — 123

- 2.1 Entwicklung der Fehlzeiten bis 1995 — 123
- 2.2 Monitoring des Fehlzeitenmanagements — 124
- 2.3 Kommunikation des Themas im Unternehmen — 126
- 2.4 Fazit und Ausblick — 126

▶ Querverweise auf die Kapitel:
- 5 Das Rasselsteiner Lohnsystem
- 8 Betriebsräte
- 10 Kommunikation und Information bei Rasselstein
- 12 Arbeitssicherheit

Kranke schützen – Missbrauch verhindern.
Das Rasselsteiner Modell geht neue Wege zur Senkung der Fehlzeitenquote.
Für mehr Zufriedenheit und Effizienz im Betrieb.

1. Das Fehlzeitenmanagement bei Rasselstein

Fehlzeiten sind nicht erst seit der Reorganisation ein Thema bei Rasselstein. Wie in jedem Betrieb beeinträchtigen Fehlzeiten insbesondere im ungeplanten und plötzlichen Krankheitsfall den Produktionsablauf, können das Einhalten von Terminen verhindern, Schichten durcheinander bringen, Kollegen verärgern – kurz: Sie sind ein echter Störfaktor. Das Rasselsteiner Fehlzeitenmanagement umfasst die ganze Bandbreite der Abwesenheit, wobei der Schwerpunkt auf der Beeinflussung der ungeplanten Fehlzeiten bei Krankheit oder Unfall liegt. Wir wollten einen niedrigen Krankenstand, und den haben wir erreicht.

1.1 Was sind Fehlzeiten?

Mit dem sensiblen Thema Fehlzeiten, insbesondere Fehlzeiten wegen Krankheit, geht Rasselstein seit vielen Jahren ganz offen um. Als Fehlzeit gilt dabei jede geplante oder ungeplante Abwesenheit vom Arbeitsplatz, also Urlaub, Sonderurlaub, Schichtverlegung ebenso wie Krankheit, Unfall und unentschuldigtes Fehlen. Der ungeplanten Abwesenheit gilt der Schwerpunkt der Betrachtung, Rasselstein hat sich aber dazu entschlossen, die gesamte Palette der Abwesenheit pro Mitarbeiter zu erfassen – denn nur so lassen sich mögliche Auffälligkeiten besser überblicken und erforschen. Wenn ein Mitarbeiter kurz nach einem längeren Erholungsurlaub erkrankt: Was war die Ursache – ein dummer Zufall, ein schlimmer Unfall oder gar Missbrauch?

Dies festzustellen und besonders ungeplanten Fehlzeiten besser vorzubeugen, war Teil einer umfassenden Neuorientierung und Aufklärungskampagne bei Rasselstein. Wir können Krankheit und Unfälle nicht aus der Welt schaffen, sie sind Teil unseres Lebens und des betrieblichen Alltags. Wir können jedoch vieles tun, um die Quote der Fehlzeiten zu mindern.

Zu Beginn der neunziger Jahre lag sie bei rund sechs Prozent, wie Abbildung 1 zeigt. Obwohl bis zum Zeitpunkt der Reorganisation leicht rückläufig, war dies für Rasselstein nicht akzeptabel.

Im Frühjahr 1996 schließlich begann eine Arbeitsgruppe aus Vertretern von Geschäftsleitung, Betriebsrat, Personalabteilung sowie BKK und Betriebsärztlichem Dienst, neue Wege zur Beeinflussung von Fehlzeiten zu erarbeiten, um die Quote dauerhaft zu senken. Zusätzlich beauftragte Rasselstein ein neutrales Beratungsunternehmen.

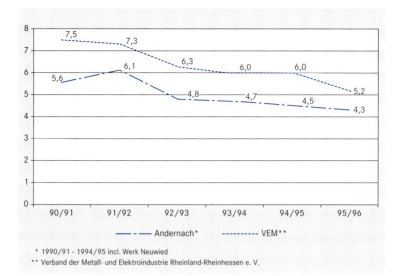

Abb. 1:
Entwicklung der Fehlzeiten
Rasselstein Andernach

* 1990/91 - 1994/95 incl. Werk Neuwied
** Verband der Metall- und Elektroindustrie Rheinland-Rheinhessen e. V.

1.2 Ursachen für Krankmeldung

Gemeinsam erstellte man einen Katalog der möglichen Ursachen für betriebliche Fehlzeiten. Aus der Definition von Gesundheit als „Abwesenheit von Krankheit oder Verletzung bei gleichzeitigem körperlichen und seelischen Wohlbefinden" entwickelte Rasselstein neben weiteren die folgenden Thesen:

- Um die Fehlzeitenquote nachhaltig zu senken, müssen zuerst die sachlichen und persönlichen **Arbeitsbedingungen** eines jeden Mitarbeiters stimmen. Deshalb müssen wir als Arbeitgeber dafür sorgen, dass kein Mitarbeiter wegen falscher oder mangelnder Arbeitsmittel oder wegen einer körperlich oder seelisch belastenden Umgebung seiner Arbeit fern bleibt.

- Die Unfallverhütung und der Gesundheitsschutz sind seit Jahrzehnten herausragende Unternehmensziele. Beide **Vorsorgemaßnahmen** beeinflussen unmittelbar die krankheitsbedingte Abwesenheit.

- Jede körperliche Krankheit hat auch eine psychologische Seite. **Unterstützung und Mitgefühl** fördern die Gesundung. Erkrankten Mitarbeitern gehört deshalb unser ganzer Schutz, unsere gemeinsame Fürsorge. Das gilt insbesondere für die über einen längeren Zeitraum Erkrankten.

- Die Hauptaufgabe unserer Führungskräfte zielt auf das persönliche **Gespräch** und das Angebot von **Alternativen**. Wenn ein Mitarbeiter aus gesundheitlichen Gründen eine Arbeit tatsächlich nicht mehr ausüben kann – gibt es nicht andere Wege, seine Abwesenheit zu verhindern oder zu verkürzen? Ersatztätigkeiten anzubieten und anzunehmen sollte selbstverständlich sein, ohne dass ein Nachteil daraus entsteht.

▌ Hinzu kommt die Stärkung der **Eigenverantwortung und Motivation** der Belegschaft, die wir uns auf die Fahne geschrieben haben. Warum feiert ein Mitarbeiter krank? Weil er keine Lust hat, nicht genügend motiviert ist, die Urlaubsvertretung ungern mitmacht, einen Fehltag vertuschen will, seinen Urlaub verlängert, er sich unpässlich fühlt oder denkt, dass es auf ihn ohnehin nicht ankommt? Wie auch immer: Missbrauch ist nicht akzeptabel. Krankfeiern ist unfair gegenüber den Kollegen und letztlich Lohnfortzahlungsbetrug. Aber warum nicht **Anreize schaffen** – Arbeitsfähige belohnen statt Kranke bestrafen?

Es war von Anfang an klar, dass keine dieser Thesen als Jagd auf Kranke verstanden werden darf. Daher bekam die Diskussion die Überschrift „Kranke schützen – Missbrauch verhindern". Auch die Arbeitnehmervertretung war dieser Meinung und arbeitete konstruktiv mit.

1.3 Krank, aber nicht arbeitsunfähig?

Die Abwesenheitsrate ist beeinflussbar. Die Senkung der Fehlzeiten ist deshalb eine Aufgabe aller Führungskräfte. Den Ansatz hierzu bietet die Grundüberlegung, dass Krankheit zwar eine Abweichung vom Normalzustand ist, nicht jede Krankheit jedoch zugleich Arbeitsunfähigkeit bedeutet. Auf den Unterschied kommt es an. Und darauf, wie er im Betrieb behandelt wird.

> Krank oder arbeitsunfähig? In diesen Grenzfällen bestimmt jeder Mitarbeiter selbst über die Höhe seiner Abwesenheitsquote. Er ist es, der von der Möglichkeit Gebrauch macht, sich krankschreiben zu lassen oder nicht. Er selbst bestimmt, ob er die voraussichtliche Dauer der Arbeitsunfähigkeit voll ausschöpft und ob eine Verlängerung notwendig ist. Nur der Mitarbeiter selbst kennt sich, seine Gesundheit und seinen Arbeitsplatz am besten.

Es gibt Krankheiten wie z. B. Diabetes, Kreislaufstörungen, chronische Zustände wie Asthma und andere, unter denen Menschen leiden und dabei dennoch arbeitsfähig sind. Wichtig ist, den Gesundheitszustand zu überwachen und den Arbeitsplatz sowie die individuelle Belastung entsprechend auszurichten. Auch das Verständnis für und die Rücksichtnahme auf den Erkrankten ist wichtig – aber er ist deshalb noch kein Fall für die „Frührente". Dies würde auch nicht dem Bild entsprechen, das wir von unseren Mitarbeitern haben. Denn wir brauchen jeden von ihnen, und wir schätzen die Arbeit eines jeden. Deshalb kümmern wir uns um das Wohlbefinden des Einzelnen, noch bevor eine Krankheit zur Arbeitsunfähigkeit führt.

1.4 Senkung des Krankenstandes

Der erste Faktor der Verbesserung, die Senkung des Krankenstandes, besteht aus drei Schwerpunkten: Verbesserungen am Arbeitsplatz, Vorbeugung und Beratung sowie Motivation durch Anreizsysteme.

a) Arbeitsbedingungen verbessern, Unfälle vermeiden

Durch Verbesserungen wie z. B. die folgenden übernehmen wir Verantwortung und unterstreichen unseren Anteil zur Senkung der Fehlzeiten:

- ein Schnellauftor zur Vermeidung von Zugluft/Kälte,
- eine Hebebühne zur Verringerung der körperlichen Belastung,
- eine Windschutzwand.

An der Initiierung und Umsetzung dieser Maßnahmen sind in wechselnder Zusammensetzung die Technik, die Arbeitssicherheit, der Betriebsrat, der Betriebsärztliche Dienst und die Personalteams beteiligt.

Bei der Vermeidung von Unfällen geht Rasselstein seit einigen Jahren neue Wege. Hierzu gehören folgende Maßnahmen:

- Arbeitssicherheit ist eine der wichtigsten Aufgaben aller Führungskräfte.
- Es gibt Sicherheitshandbücher für alle Anlagen.
- Es finden regelmäßige Sicherheitstrainings bei laufenden und abgestellten Anlagen statt.
- Das Sicherheitsverhalten ist Komponente der Mitarbeiterbeurteilung.
- Die Unfallquote ist Bestandteil der Unternehmensziele.

Unfälle haben bei Rasselstein prozentual nur im Nachkommabereich einen Anteil an der Gesamtquote der Fehlzeiten. Doch hinter jedem Unfall steht ein gesundheitlich beeinträchtigter Mitarbeiter, unter Umständen lebenslang. Darum hat Unfallvermeidung höchste Priorität.

b) Fürsorge, Vorsorge und Beratung

Die Gesundheitsberatung und Versorgung durch werksangehörige Sanitäter und einen Betriebsarzt ist bei Rasselstein rund um die Uhr gewährleistet. Dabei ist die Beratung im **präventiven Bereich** (Körperhaltung, Übergewicht, Suchtgefahren) ein Schwerpunkt. Seminare über Drogen und Alkohol sind fester Bestandteil im jährlichen Weiterbildungsprogramm der Führungskräfte. Die Teilnehmer können dadurch entstehende oder bereits vorhandene Suchtprobleme leichter erkennen. Im Verdachtsfall werden mit dem Betroffenen, dem Betriebsärztlichen Dienst, dem Betriebsrat und dem Personalbetreuer die notwendigen Gespräche geführt, Maßnahmen eingeleitet und begleitet. Im **akuten Bereich** unterstützen ausgebildete Ersthelfer die Versorgung bei Unfällen oder Gesundheitsproblemen im Betrieb. Dies ist eine wichtige Hilfe für die Sanitäter und natürlich auch für betroffene Mitarbeiter/innen.

Die Leistungen des Betriebsärztlichen Dienstes umfassen:

- Ambulanzdienste
- Betriebsärztliche Untersuchungen
- Arbeitsmedizinische Vorsorgeuntersuchungen
- Ergonomische Maßnahmen
- Arbeitsmedizinische Gutachten und Beratungen
- Gesundheitsprogramme und Aktionen

Beispiele für Gesundheitsprogramme und Aktionen sind Grippeschutzimpfungen, Impfungen gegen Wundstarrkrampf, Rückenschulen sowie Seh- und Hörtests.

c) Anreize schaffen, Zufriedenheit steigern

Die Verbesserung der Mitarbeiterzufriedenheit am Arbeitsplatz ist ganz entscheidend. Stimmt das persönliche Umfeld, insbesondere das Verhältnis zu Führungskräften und Kollegen, dann stimmt auch die Arbeitshaltung. Gibt es Störfaktoren, untergraben diese in erster Linie die Motivation, und der Weg zur inneren Kündigung ist vorprogrammiert.

Aber warum nicht die Zufriedenheit steigern, indem man persönlichen Einsatz und Anwesenheit am Arbeitsplatz belohnt, ohne gleichzeitig arbeitsunfähige Mitarbeiter zu diskriminieren? Jeder wird einmal krank, aber jeder kann mitwirken, dies zu vermeiden, indem er auf seine Gesundheit achtet. Rasselstein hilft ihm dabei. Zum Beispiel mit Faktoren moderner Arbeitspolitik. Für gesunde, zufriedene und motivierte Mitarbeiter sind am Arbeitsplatz folgende Aspekte von besonderer Bedeutung:

Führungsstil	**Entgelt**
+ Delegieren können + Eigenverantwortung stärken + Gesprächsführung	+ Teamprämie + Persönliche Leistungszulage
Arbeitszeit	**Arbeitsorganisation**
+ Schichtsystem + Vertrauensgleitzeit	+ Vielseitigkeit + Gruppenarbeit

Abb. 2: Mitarbeiterzufriedenheit

Um die eigenverantwortliche Mitwirkung der Mitarbeiter zu honorieren, haben wir ein Bonussystem auf Basis des Manteltarifvertrages Rheinland-Pfalz eingeführt, das in einer Betriebsvereinbarung festgehalten wurde.

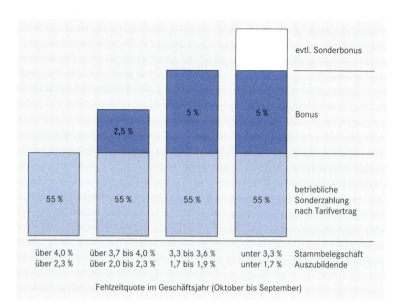

Abb. 3:
Bonussystem –
Bandbreitenmodell

- Die Bonushöhe wird entsprechend der Bandbreite in Abb. 3 bestimmt.
- Entscheidend ist die durchschnittliche Fehlzeitenquote aller Mitarbeiter im Geschäftsjahr, nicht einzelner Mitarbeitergruppen (Lohn- oder Gehaltsempfänger) oder einzelner Mitarbeiter.
- Die Bonushöhe beträgt maximal fünf Prozent eines Monatsverdienstes; die Auszahlung erfolgt gleichzeitig mit der betrieblichen Sonderzahlung.
- Bei einer niedrigeren Fehlzeitenquote als 3,3 Prozent erfolgt nicht automatisch eine höhere Bonuszahlung, um eine „Jagd auf Kranke" zu

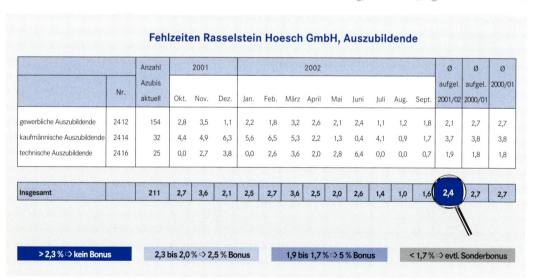

Abb. 4: Monatliche Darstellung der Fehlzeiten – Werk Andernach

vermeiden. Stattdessen wird je nach Situation über einen Sonderbonus verhandelt.

Nach einer Einführungsphase wurde das Bonussystem angepasst und für die Gruppe der Auszubildenden eine individuelle Bandbreite (siehe Anhang zu Kap. 7, Anlage 1) vereinbart. Es hatte sich herausgestellt, dass die jungen und leistungsfähigsten Mitarbeiter in der Relation zur Gesamtbelegschaft ganz ohne eigene Anstrengung Prämien erhalten können – hier haben wir mehr ausgleichende Gerechtigkeit geschaffen.

1.5 Rolle der Führungskräfte

Ein guter Führungsstil pflegt und fördert das persönliche Netzwerk aus Mitarbeitern und Mitarbeiterinnen, Kollegen, Personalabteilung und Betriebsrat. Entscheidend ist die richtige Balance zwischen Anerkennung und Kritik. Anerkennung aus Sicht der betroffenen Person bedeutet, dass Führungskräfte und Kollegen Anteil nehmen an seiner persönlichen Lage und dass dem gesundheitlich beeinträchtigten Kollegen Mitgefühl und Unterstützung zukommen. Kritik jedoch ist dann angebracht, wenn ein ärztliches Attest lediglich dem Zweck dient, sich zusätzliche Freizeit zu verschaffen. Dieses Verhalten muss auch sanktioniert werden können.

Damit unsere Führungskräfte diese Aufgabe besser wahrnehmen können, wurden und werden sie in Seminaren und Veranstaltungen zu Fehlzeitenbeeinflussung/Rückkehrgespräch trainiert, denn wir sind der Ansicht, dass die direkte Führungskraft den größten Einfluss auf das Fehlzeitenverhalten der Mitarbeiter hat. So gilt es, diesen Personenkreis für das Thema Fehlzeiten zu gewinnen.

1.6 Führungskräfte-Seminar „Beeinflussung von Fehlzeiten"

Um mit diesem sensiblen Thema richtig umgehen zu können, wurde mit der Unterstützung eines externen Beratungsunternehmens das Pflicht-Seminar „Beeinflussung von Fehlzeiten" für alle Team- und Abteilungsleiter sowie für Tages- und Schichtkoordinatoren entwickelt. Wesentliches Ziel ist es, die Führungskräfte in die Verantwortung zu nehmen – ihnen bewusst zu machen, dass Fehlzeitenmanagement zum wesentlichen Teil ihrer Führungsaufgaben gehört. Viele Führungskräfte waren anfangs sehr skeptisch, einige empfanden die Teilnahme als lästige Pflichtübung, einzelne waren nicht der Meinung, dafür zuständig zu sein.

In diesem Seminar, das weiterhin einen festen Platz im jährlichen Weiterbildungsprogramm hat, geht es um all die Punkte, die oben schon genannt wurden: Abgrenzung von Krankheit und Arbeitsunfähigkeit, Ursachenforschung, Einflussgrößen und Lösungsansätze zur Reduzierung der Quote.

Schwerpunktmäßig werden folgende Fragen und Themen behandelt:

- Warum sind die Fehlzeiten bei Rasselstein Hoesch relativ niedrig?
  Häufige Antworten hierzu: Identifikation mit dem Unternehmen, mehr Eigenverantwortung, gutes Arbeitsumfeld, gutes Verhältnis zu Führungskräften, Gesundheitsvorsorge und Betriebsärztlicher Dienst.

- Welche Ursachen haben Fehlzeiten?
  Führungsstil/Vorgesetzte, mangelnde Motivation, Überforderung, Unfälle, Krankheit und Sucht

- Welche Folgen haben Fehlzeiten?
  Unzufriedenheit der Kollegen, Qualitätseinbußen, Störung des betrieblichen Ablaufs, Mehrarbeit/Mehrbelastung für die Kollegen, Nichteinhaltung von Terminen

- Das Fehlzeiten-/Rückkehrgespräch – Wann und wie wird es geführt?
  - Inhalte
  - Vorgehensweise
  - Rollenspiele

Inzwischen haben die Teilnehmer in den Schulungen wertvolle Beiträge erarbeitet, ein Umdenken hat offensichtlich stattgefunden. So finden mittlerweile besonders die folgenden Punkte Anwendung im Arbeitsalltag:

- Den Teamgedanken leben
- Verantwortung übertragen, mehr delegieren
- Mitarbeiter qualifizieren und motivieren
- Das Gespräch mit den Mitarbeitern suchen
- Über Fehlzeiten offen und ehrlich sprechen
- Sich für Mitarbeiter einsetzen

Insbesondere das **Rückkehrgespräch** nach einer Krankheit ist fester Bestandteil des betrieblichen Alltags. Indem über die Krankheit gesprochen wird, kann die Führungskraft besser auf die persönliche Situation des Mitarbeiters eingehen. Mögliche Ergebnisse solcher Gespräche können sein:

- Eine vorübergehend andere Tätigkeit im Team
- Qualifizierung für einen anderen Arbeitsplatz
- Dauerhafte Versetzung innerhalb des Teams
- Neue Aufgabe in einem anderen Team

Bei Versetzung aus gesundheitlichen Gründen ist das Einkommen des Mitarbeiters abgesichert. Dafür steht eine entsprechende Betriebsvereinbarung.

Wenn sich aus dem Gespräch ergibt, dass der Mitarbeiter aus anderen als krankheitsbedingten Gründen nicht mehr in das Team zurückfindet, kann auch hier für einen Ausgleich gesorgt werden. Oftmals schalten sich dann der Betriebsrat und der Personalbetreuer als Vermittler ein.

Unser Erfolgsrezept:

✔ Fehlzeiten sind kein Tabuthema mehr.

✔ Führungskräfte sind der Schlüssel zu erfolgreichem Fehlzeitenmanagement.

✔ Gespräche und Schulungen ändern das Denken in den Köpfen.

1.7 Rolle des Betriebsrats und Härtefonds

Der Mitwirkung des Betriebsrats kommt eine besondere Bedeutung zu. Er kümmert sich zusammen mit dem Vorgesetzten und/oder Personalbetreuer besonders um langzeiterkrankte Kollegen. Die Beratung und Unterstützung des Mitarbeiters steht dabei immer im Vordergrund. Je nach Lage des Einzelfalls bereitet Rasselstein Maßnahmen zur Wiedereingliederung in den Betrieb vor, knüpft durch den Betriebsarzt Kontakte zu anderen Institutionen oder übernimmt die Kosten eines freien Rentenberaters. Ein spezielles Instrument der schnellen finanziellen Hilfe für unsere kranken Mitarbeiter ist der Härtefonds.

Um langzeiterkrankten Mitarbeitern oder solchen mit erkrankten Angehörigen kurzfristig aus finanzieller Not zu helfen, wurde im Geschäftsjahr 1996/97 der Rasselsteiner Härtefonds geschaffen. Einmal pro Jahr kann ein Mitarbeiter bis zu 600 € steuerfrei aus diesem Fonds erhalten. Wer in welcher Situation begünstigt wird, schlägt üblicherweise der Betriebsrat vor, aber auch der betriebliche Vorgesetzte oder ein Vertreter des Personalteams. Natürlich ist dies nur möglich, wenn der Betroffene seine Situation offen legt.

Bevor die Hilfe ausgezahlt wird, berät ein Gremium aus Vertretern des Betriebsrats, des Personalteams sowie des Fachgebiets Arbeitsrecht und Grundsatzfragen über jeden Einzelfall. Dieses Gremium legt auch die Höhe der Unterstützung fest. Bis heute wurden aus dem Härtefonds 75.000 € ausgezahlt.

2. Ausgangssituation und Entwicklung

2.1 Entwicklung der Fehlzeiten bis 1995

Seit Mitte der siebziger Jahre ist das Fehlzeitenmanagement fester Bestandteil der Rasselsteiner Personalarbeit, damals noch unter der Bezeichnung „Beeinflussung des Krankenstandes". Fehlzeiten wurden regelmäßig pro Abteilung und pro Mitarbeiter/in erfasst, daraus vierteljährlich eine Statistik erstellt, die dann in einer so genannten ‚Sichtung' geprüft wurde – eine Versammlung im Personalressort, in der über allgemeine Auffälligkeiten, speziell aber über einzelne Mitarbeiter und deren individuelle Fehlzeiten gesprochen wurde.

Wenn bei einem Mitarbeiter im Laufe eines Jahres vier oder mehr Krankheitsperioden zu verzeichnen waren, sprach man zunächst den Tages- oder Schichtmeister an. Man wollte mehr Informationen über die Ausfallursachen oder ein paar Hintergründe erfahren, bevor der jeweilige Mitarbeiter zum Gespräch in die Personalabteilung gebeten wurde. Dieser Ablauf war meist schon recht effektiv, denn es ging ja nicht darum, den Mitarbeiter sofort wegen eines möglichen Missbrauchs zur Rede zu stellen, wenn es aus Sicht der betrieblichen Führungskraft eine völlig normale Erklärung gab.

In besonderen Situationen wurde auf Wunsch oder Hinweis durch die betriebliche Führungskraft ein solches Gespräch nicht geführt bzw. erst nach weiteren ein oder zwei Ausfallzeiten. Fand es jedoch statt, so nahmen ausschließlich der betroffene Mitarbeiter und ein Vertreter der Personalabteilung teil. Auf Wunsch konnte auch ein Mitglied des Betriebsrats anwesend sein. Der Betriebsrat erhielt in jedem Fall vorab eine Namensliste der Mitarbeiter, mit denen ein Fehlzeitengespräch beabsichtigt war.

Die Vorgehensweise ist heute annähernd dieselbe. Neu ist, dass Mitarbeiter mit durchschnittlich zwei Ausfallzeiten jährlich in den vergangenen drei bis vier Jahren selektiert werden. Ob daraus ein Fehlzeitengespräch folgt, wird individuell entschieden. In jedem Fall ist der Schichtkoordinator bei einem solchen Gespräch anwesend und fallweise auch der Teamleiter Technik und/oder ein Vertreter des Betriebsrats.

Die Beeinflussung von Fehlzeiten war bis 1995/96 ausschließlich Angelegenheit der Personalabteilung. In seltenen Ausnahmefällen regte das Technikressort ein Fehlzeitengespräch an.

Zwar lag Rasselstein so immer noch unter dem Durchschnitt der dem regionalen Metallarbeitgeberverband angeschlossenen Unternehmen. Doch die Fehlzeitenquote im Winterhalbjahr 1995/96 betrug bei den Lohnempfängern immer noch etwa sechs Prozent und bei den Angestellten etwa drei Prozent. Grund genug, beim Fehlzeitenmanagement nach anderen Möglichkeiten zu suchen.

2.2 Monitoring des Fehlzeitenmanagements

Will man einen Zustand ändern, so muss man seinen Verlauf beobachten, die Ursachen erkennen, analysieren, geeignete Maßnahmen treffen und das Ergebnis ständig auswerten. Unser Ziel war eine Fehlzeitenquote von allgemein möglichst unter drei Prozent.

Zur regelmäßigen Information dienen uns aktuelle und detaillierte Statistiken und Auswertungen:

▌ **Wöchentliche Trendkurve** – Eine Wochenstatistik wird der Unternehmensleitung und den Teamleitern aller Bereiche in einer Trendkurve zur Verfügung gestellt. Die Auswertung nach Ressorts und nach Teams zeigt die vorläufige Fehlzeitenquote getrennt nach Lohn- und Gehaltsempfängern. Somit werden Auffälligkeiten sehr zeitnah erkannt, es können im Bedarfsfall umgehend Maßnahmen eingeleitet werden.

▌ **Monatlicher Bonusstand** – Für alle Mitarbeiter wird eine Gesamtübersicht des Unternehmens an den Info-Wänden und im Intranet veröffentlicht. Auch die aktuell über das Anreizsystem erreichte Bonushöhe ist hier einsehbar.

▌ **Team- und Schichtquote** – Zusätzlich werden in den einzelnen Teams die team- und schichtbezogenen Werte direkt an den Anlagen bekannt gemacht. Diese Ergebnisse zeigen insbesondere die Schwerpunkte in einzelnen Schichten. Fehlzeiten sind daher ein fester Tagesordnungspunkt in Besprechungen mit den Schichtkoordinatoren und bei Mitar-

Fehlzeiten Rasselstein Hoesch GmbH (Andernach)

Lohnempfänger		Anzahl	2001			2002									aufgel.	aufgel.	2000/01
Team	Nr.	Mitarbeiter aktuell	Okt.	Nov.	Dez.	Jan.	Feb.	März	April	Mai	Juni	Juli	Aug.	Sept.	2001/02	2000/01	
BZA	1420-1426	66	7,8	4,0	3,9	4,1	3,3	4,2	0,4	3,1	4,8	3,7	1,7	5,5	3,9	1,8	1,8
VWV	1430-1456	307	2,7	4,6	3,7	4,1	3,3	4,6	5,0	3,7	3,0	2,8	4,3	4,9	3,9	3,4	3,4
GE	1460-1495	178	3,7	4,8	2,3	3,9	4,4	4,8	2,3	3,1	6,4	3,4	2,7	2,8	3,7	3,2	3,2
VA 1	1510-1518	112	4,0	5,0	4,4	4,4	3,2	5,5	3,7	5,2	5,7	2,8	2,7	3,3	4,1	3,6	3,6
VA 2	1520-1525	147	2,8	3,5	4,0	2,9	5,8	5,1	1,8	2,4	2,8	1,8	2,8	2,3	3,2	2,1	2,1
OB	1530-1537	59	4,6	4,7	1,8	1,3	2,7	1,1	1,6	1,5	1,1	2,2	3,5	4,0	2,6	3,7	3,7
ADJ	1540-1565	367	3,7	3,8	3,1	3,3	3,4	3,7	2,6	2,4	3,1	4,1	4,0	3,0	3,4	4,2	4,2
FL/V	1847-1862	126	5,5	7,2	4,1	2,5	4,3	4,8	4,8	4,3	2,1	3,0	2,4	4,4	4,1	3,7	3,7
QSA	1810-1835	37	2,5	6,0	1,8	5,5	6,4	11,3	6,5	4,4	5,0	1,3	1,7	1,2	4,5	4,9	4,9
E+U	1740	24	4,8	8,1	4,9	7,8	8,7	6,1	5,2	5,9	3,7	6,0	2,9	5,5	5,8	3,7	3,7
WS	2441	23	0,2	1,6	2,6	3,8	0,0	4,8	3,3	0,0	0,9	0,0	2,2	4,5	2,0	2,2	2,2
MVV	2676	16	0,0	1,9	0,6	0,3	0,9	6,1	3,4	12,7	5,3	0,0	4,1	2,7	3,2	6,3	6,3
E+Q/ZD/Übrige		36	1,6	2,7	7,3	14,0	10,3	5,4	9,4	2,3	2,3	5,3	3,3	5,7	5,7	5,2	5,2
Gesamt LE		**1.498**	**3,7**	**4,5**	**3,4**	**3,7**	**4,0**	**4,7**	**3,5**	**3,4**	**3,7**	**3,2**	**3,4**	**3,7**	**3,7**	**3,6**	**3,6**
Gehaltsempfänger																	
Vertriebsressort		88	5,5	5,5	2,9	2,2	2,0	2,4	1,8	1,3	0,8	0,7	0,5	1,9	2,3	2,9	2,9
Ressort Technik		276	1,3	1,0	2,1	3,2	2,4	2,8	1,7	1,8	1,3	1,7	2,0	2,1	1,8	2,2	2,2
Personalressort		82	2,4	1,1	1,1	0,9	3,3	4,3	3,7	3,0	2,8	1,8	1,3	2,1	2,3	1,1	1,1
kaufmännisches Ressort		138	1,8	3,1	0,4	1,3	1,5	2,8	1,8	2,1	2,0	2,0	2,7	1,9	1,8	2,8	2,0
Gesamt GE		**584**	**2,2**	**2,0**	**1,8**	**2,2**	**2,2**	**2,7**	**2,0**	**2,1**	**1,6**	**1,6**	**1,8**	**2,0**	**2,0**	**2,1**	**2,1**
Insgesamt RHG (And.)		**2.082**	**3,2**	**3,8**	**2,9**	**3,3**	**3,5**	**4,1**	**3,1**	**3,0**	**3,1**	**2,7**	**2,9**	**3,2**	**3,2**	**3,2**	**3,2**

> 4,9 % ⇒ 55 % tarifl. Sonderzahlung | 4,0 bis 3,7 % ⇒ 2,5 % Bonus | 3,6 bis 3,3 % ⇒ 5 % Bonus | < 3,3 % ⇒ evtl. Sonderbonus

Abb. 5: Monatliche Darstellung der Fehlzeiten – Werk Andernach

beiterinformationen. Hier wird beispielsweise gezielt hinterfragt, ob häufige Fehlzeiten auf einer Schicht durch viele Mitarbeiter mit kurzen Ausfallzeiten oder durch einige wenige Mitarbeiter mit längeren Ausfallzeiten zu Stande kommen. Wenn erforderlich, können unverzüglich Fehlzeitengespräche geführt werden.

2.3 Kommunikation des Themas im Unternehmen

Das Thema „Fehlzeitenmanagement" tritt natürlich in einem großen Betrieb wie Rasselstein täglich neu auf – es ist immer einmal jemand krank, immer wieder müssen Kollegen kurzfristig einspringen. Schichten und Lieferfristen müssen neu geplant, Personal neu disponiert werden. Jede unvorhergesehene Abwesenheit führt zu Problemen, die schnell gelöst werden müssen. In den Frühbesprechungen im Team sind Fehlzeiten ein Dauerthema, ebenso in den Teamleitersitzungen, bei der Gruppenarbeit, in der Schicht, unter allen Kollegen. Krankheit gehört zum Leben und zum Alltag.

Aber auch bei Betriebsversammlungen und in der Mitarbeiterzeitung berichtet Rasselstein regelmäßig über Fehlzeiten. Diese öffentliche Form der Kommunikation stellt sicher, dass der Informationsstand unternehmensweit gleich bleibt und keine Gerüchte kursieren. Wir wollen, dass bei Rasselstein ganz offen darüber geredet wird: Wer krank ist und nicht arbeiten kann, den schützen wir – den Drückeberger aber finden wir unfair.

Insbesondere die neuen Mitarbeiter werden früh mit dieser Unternehmensphilosophie vertraut gemacht. Bereits in den Vorstellungsgesprächen weisen wir darauf hin.

Unser Erfolgsrezept:

✔ Transparenz für alle

✔ Besondere Fürsorge im Härtefall

✔ Keine „Jagd auf Kranke" trotz Anreizsystem

2.4 Fazit und Ausblick

Die gute Entwicklung hin zu einer niedrigen Fehlzeitenquote zeigt uns, dass eine Bewusstseins- und Verhaltensänderung bei Führungskräften und Mitarbeitern stattgefunden hat und die in den Seminaren erarbeiteten eigenen Thesen und Erkenntnisse im Betrieb auch umgesetzt werden. Wir haben gelernt: Die Balance zwischen Geben und Nehmen, zwischen Mitarbeitern und Führungskräften muss stimmen. Für den Mitarbeiter oder die Mitarbeiterin muss deutlich erkennbar sein, dass er/sie sich im Krankheitsfall immer hundertprozentig auf den Arbeitgeber verlassen kann – und dass Engagement und Einsatz belohnt werden. Ebenso haben die betrieblichen Vorgesetzten ihre Verantwortung angenommen.

Zu Beginn dieses Veränderungsprozesses waren die Veranstaltungen „Aufbruch Rasselstein" und „Effektive Teamarbeit" eine große Hilfe. Hier wurde der Grundstein für das „neue Denken" gelegt. Nicht jeder war von Anfang an mit Begeisterung dabei. In der Zwischenzeit aber begleiten uns fast alle Mitarbeiter auf dem neuen Weg.

Das Ergebnis dieser inzwischen gemeinsam gelösten Aufgabe spiegelt sich im Fehlzeitenverlauf von 1995/96 – 2001/02 wider:

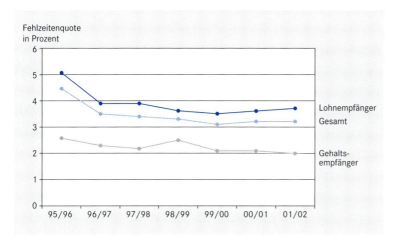

Abb. 6:
Entwicklung der Fehlzeiten
– Werk Andernach

Die als Zielgröße anvisierte Bandbreite von zwei bis vier Prozent Gesamtfehlzeitenquote ist mit 3,2 Prozent heute voll erreicht. Ein solcher Erfolg war nur möglich und wird auch in Zukunft nur möglich sein, wenn weiterhin alle das gleiche Ziel verfolgen. Das gute Zusammenwirken des Technischen Ressorts, des Personalressorts und des Betriebsrats war und wird für eine weitere positive Entwicklung entscheidend sein. Die betrieblichen Vorgesetzten haben Verantwortung für Unfallvermeidung, Gesundheitsförderung und Fehlzeitenbeeinflussung übernommen und zu einem guten Teil auch an ihre Mitarbeiter weitergegeben. Damit wurde die Eigeninitiative gefördert.

Seit der Einführung des Anreizsystems wurde immer der fünfprozentige Bonus erreicht. Aufgrund des hervorragenden Ergebnisses im Geschäftsjahr 1999/2000 kam sogar erstmals ein Sonderbonus zur Auszahlung.

In einem weiteren Schritt wird die Gleichbehandlung von Lohn- und Gehaltsempfängern angestrebt. Bisher mussten Lohnempfänger ihre Arbeitsunfähigkeitsbescheinigung ab dem ersten Tag der Erkrankung vorlegen, die Gehaltsempfänger erst ab dem vierten Tag. Die Auszubildenden aller Ausbildungsberufe haben diese Vergünstigung bereits seit Ende der achtziger Jahre.

Unser Erfolgsrezept:

✔ Information fördert Motivation.

✔ Eigenverantwortung fördert Leistungsfähigkeit.

✔ Weniger Kontrolle fördert Eigeninitiative.

Aufgrund der positiven Erfahrungen bei der Beeinflussung von Fehlzeiten ist diese Maßnahme eine Zwangsläufigkeit. Da die Erfahrungen anderer Unternehmen sehr unterschiedlich sind, startete im Werk Neuwied Anfang Oktober 2001 für circa 400 Mitarbeiter eine einjährige Pilotphase, die per Betriebsvereinbarung im September 2002 bis zum 30.09.2003 verlängert wurde (Anhang zu Kap. 7, Anlagen 2 und 4). Gleichzeitig mit dieser Verlängerung begann am 01. Oktober 2002 auch im Werk Andernach ein entsprechendes Pilotprojekt (Anlage 3).

Zusätzlich wurde ein Frage-Antwort-Katalog entwickelt, der sowohl den Führungskräften als auch den Mitarbeitern den Umgang mit dieser neuen Regelung erleichtern soll. Mit der Erstellung dieses Kataloges hat sich ein Arbeitskreis beschäftigt, dem Vertreter der Mitarbeiter, der Führungskräfte, des Betriebsrats und der Personalteams angehörten (Anhang zu Kap. 7, Anlage 5). Anschließend wurden alle an diesem Prozess Beteiligten ausführlich informiert. Es bestand und besteht Einvernehmen, dass die Mitarbeiter verantwortungsbewusst mit diesem Vertrauensvorschuss umgehen.

Darüber hinaus sind weitere Maßnahmen in der Überlegung. Ist die Zahlung eines Sonderbonus noch zeitgemäß? Die Frage kann momentan noch nicht abschließend beantwortet werden. Im Zusammenhang mit unserem Projekt „Der gesunderhaltende Betrieb" (mehr dazu in Kapitel 12 „Arbeitssicherheit") wird daran gedacht, diese Mittel für einen anderen Zweck einzusetzen. Es wird dadurch für unsere Mitarbeiter erkennbar, dass wir diese Summe nicht einsparen, sondern das positiv veränderte Fehlzeitenverhalten nur anders honorieren wollen. Ein konkretes Beispiel ist die Einrichtung eines Fitness-Centers. Hier können die Mitarbeiter und Mitarbeiterinnen unter fachlicher Anleitung trainieren und ihre Gesundheit fördern. Eine Fachkraft wurde hierfür bereits eingestellt. Unsere Überlegungen sind indes noch nicht abgeschlossen (Stand März 2003).

8 Betriebsräte

Kapitel 8

Betriebsräte

Ute Götzen, Gerhard Hilger, Waldemar Höhn

1. **Der Betriebsrat als Prozessbegleiter** _____ 131

   1.1 Struktur und Arbeitsweise _____ 131
   1.2 Umfang der Beteiligung _____ 133
   1.3 Der Betriebsrat als Moderator _____ 134
   1.4 Direkte Beteiligung der Mitarbeiter _____ 135

2. **Veränderungen der Betriebsratsarbeit** _____ 137

   2.1 Der Generationenwechsel _____ 137
   2.2 Qualifizierung der Betriebsräte _____ 137
   2.3 Arbeitszeitplanung im Betriebsrat _____ 138
   2.4 Bewertung der Betriebsratsarbeit _____ 139

▶ Querverweise auf die Kapitel:
- 4 Die Einführung der Gruppenarbeit
- 5 Das Rasselsteiner Lohnsystem
- 6 Arbeitszeitflexibilität und Bündnis für Arbeit
- 7 Fehlzeitenmanagement

Veränderungen aktiv mitgestalten – Reorganisation moderieren und begleiten: das neue Verständnis des Rasselsteiner Betriebsrates

Die Interessenvertretung der Mitarbeiter und die Betriebsratsarbeit bei Rasselstein sind geprägt von konstruktiver Kooperation mit dem Management. Ein anderes Vorgehen würde die Erneuerung im Unternehmen nur blockieren. Wir verstehen unsere Betriebsräte[1] in Andernach und Neuwied jedoch nicht als Sprachrohr der Geschäftsleitung, das unsere Mitarbeiter einmal jährlich über Entscheidungen informiert hält, die das Management getroffen hat. Bei Rasselstein ist Betriebsratsarbeit gleichzusetzen mit aktiver Mitgestaltung unternehmerischer Prozesse.

1. Der Betriebsrat als Prozessbegleiter

Der Rasselsteiner Betriebsrat beteiligt sich aktiv am Management des betrieblichen Alltags, ohne die wirtschaftlichen Rahmenbindungen aus den Augen zu lassen. Gleichzeitig verhält sich die Geschäftsleitung ebenso konstruktiv und kooperativ und legt die gesetzlichen Mitspracherechte aller Mitarbeiter weit aus. So kann sich der Betriebsrat schon frühzeitig aktiv um die Gestaltung betrieblicher Veränderungen kümmern – denn es waren und sind seit Beginn der Reorganisation zahlreiche Entscheidungen von großer Tragweite für die Belegschaft zu treffen.

Alle Betriebsräte werden dabei umfassend informiert und qualifiziert, was im Gespräch mit den betrieblichen Entscheidungsträgern den sachlichen und konstruktiven Umgang miteinander unterstützt und die Motivation für die Mitgestaltung fördert. Dabei handeln die Betriebsräte nicht ausschließlich in Stellvertretung für die Mitarbeiter, sondern fördern die direkte Beteiligung jedes Einzelnen am Veränderungsprozess und begleiten so die Umgestaltung bei Rasselstein.

1.1 Struktur und Arbeitsweise

Das Betriebsratsgremium in Andernach besteht aus 19, das Gremium in Neuwied aus elf Mitgliedern, wobei davon jeweils fünf Betriebsräte bzw. zwei Vertreter für ihre Tätigkeit freigestellt sind. Die Betriebsratssitzungen sowohl in Andernach als auch in Neuwied finden alle drei Wochen statt, bei Bedarf werden außerordentliche Sitzungen gehalten.

Alle gewählten Betriebsratsmitglieder sowie alle künftigen Kandidaten sind Mitglieder der IG Metall. Über den alle vier Jahre zu wählenden Be-

---

[1] Im Folgenden steht der Begriff „Betriebsrat" vereinfachend für die beiden Betriebsratsgremien in Andernach und Neuwied.

triebsrat wird nicht über Liste, sondern in einer Persönlichkeitswahl abgestimmt.

Zur Vorbereitung von Entschlüssen und um betriebliche Veränderungen besser begleiten zu können, wurden nach den Regelungen im Betriebsverfassungsgesetz in Andernach und Neuwied zahlreiche Ausschüsse gewählt, die sich mit unterschiedlichen Fragestellungen beschäftigen:

Ausschüsse	Aufgaben
Betrieb	Laufende Geschäfte des Betriebsrats
Wirtschaft	Förderung der Kommunikation und Zusammenarbeit zwischen Geschäftsleitung und Betriebsrat in wirtschaftlichen Angelegenheiten
Technologie	Neu- und Umbauten von Anlagen, Instandhaltung …
Arbeitsschutz und Umweltausschuss	Zentrales Beratungsorgan für betriebliche Arbeitssicherheit
Ergonomie- und Gesundheitsausschuss	Vorbeugender Gesundheitsschutz, ergonomische Gestaltung der Arbeitsplätze, allgemeine Gesundheitsaspekte
Bewertung	Betriebliches Vorschlagswesen
Pensionen	Vermittlung in allen Angelegenheiten, welche die Pensionsordnung und Altersvorsorge betreffen
Entgeltkommission	Betriebliche Lohngestaltung, selbstständige Behandlung von Lohnanträgen
Wohnungskommission	Zuweisung und Kündigung von Werkswohnungen
Personal	Personalplanung, -rekrutierung, -entwicklung, Mitbestimmung bei Kündigungen, Bearbeitung von Mitarbeiterbeschwerden

Abb. 1:
Ausschüsse der Betriebsratsgremien in Andernach und Neuwied
(Stand: August 2001)

Die Betriebsratsmitglieder sind gleichermaßen an der Entwicklung entsprechender Maßnahmen und an der Neuentwicklung geeigneter Maßnahmen beteiligt. Auch die Vorsitzenden, ihre Stellvertreter und die freigestellten Betriebsräte teilen sich die Arbeit jeweils fachbezogen auf und betreuen verstärkt die jeweiligen Sachthemen bei deren Neukonzeption oder Veränderung:

Die freigestellten Betriebsräte beschäftigen sich mit Themen der Arbeit wie Kombipakt, Assessment Center, Vorschlagswesen, Arbeitssicherheit und diversen anderen. Drei von ihnen sind im Aufsichtsrat und im Konzernbetriebsrat vertreten und arbeiten in Gremien der IG Metall mit, zum Beispiel bei dem Projekt ERA, wo über die Gleichstellung von Lohn- und Gehaltsempfängern beraten wird.

Die Arbeitsteilung bei der Einführung der Gruppenarbeit in Andernach und Neuwied ist dezentral und teamorientiert: Alle Betriebsratsmitglieder begleiten den Prozess in Dreier-Teams zusammen mit je einem Vertreter aus dem Personal- und Technikressort. Damit hat bei der Gruppenarbeit jedes Team einen Ansprechpartner aus dem Betriebsrat. Lesen Sie hierzu auch Kapitel 4 „Die Einführung der Gruppenarbeit".

1.2 Umfang der Beteiligung

Bei allen Themen der Personalpolitik und der Arbeitsorganisation ist der Betriebsrat involviert. Das ist seine ureigene Aufgabe als Interessenvertretung der Mitarbeiter – bei Rasselstein geht man jedoch hinsichtlich der Inhalte und des Umfangs inzwischen weit über die gesetzliche Mitbestimmung hinaus. Seit Beginn der Reorganisation des Unternehmens haben sich die Aufgaben der Betriebsräte insgesamt ausgeweitet. Sie umfassen heute folgende Bereiche:

a) Gesetzliche Mitbestimmung

- Lohn-Eingruppierung aller Mitarbeiter
- Veränderungen im Entgeltsystem für Angestellte
- Prämiensätze im Rasselsteiner Lohnsystem
- Festlegung von Arbeitsplatzinhalten
- Umsetzung der Vertrauensgleitzeit

b) Weitergehende Mitspracheregelungen

- Mitbestimmung bei Entscheidungen des Personalbereichs
- Redaktion der Mitarbeiterzeitung
- Vertretung im Info-Team Neuwied
- Mitsprache an Entscheidungen zum Härtefonds
  (vgl. Kap. 7 „Fehlzeitenmanagement")
- Arbeitszeitaudit und Mitarbeiterbefragung
- Teilnahme an Assessment Centern
- Anhörung bei organisatorischen Veränderungen
  (z. B. Team Veredelung)

Die Einbindung der Betriebsräte erfolgt also nicht nur bei der Vereinbarung betrieblicher Maßnahmen und der Konfliktlösung zwischen Mitarbeitern und Vorgesetzten. Sie werden bei der Einführung und Umsetzung neuer Instrumente in allen Phasen des Veränderungsprozesses einbezogen und übernehmen Aufgaben im Rahmen der Prozessbegleitung. Damit werden sie zu Co-Managern im Unternehmen, die in vieler Hinsicht die Interessen der Mitarbeiter umfassender als noch vor der Reorganisation vertreten. In der Praxis bedeutet dies, dass der Betriebsrat in der Regel über die freigestellten Mitglieder sehr früh in Vorüberlegungen zur Lösung von Problemen und zur Entwicklung von Ideen einbezogen wird. Ebenso werden auch Initiativen des Betriebsrats diskutiert.

In Sitzungen, aber auch durch direkten Informationsaustausch wird ein gleichmäßiger Wissensstand bei allen Beteiligten erreicht. Die detailliertere Ausgestaltung erfolgt dann in Gesprächen mit Vertretern des Personalressorts und wird daraufhin im gesamten

Betriebsratsgremium zur Diskussion gestellt. Zur jeweiligen Betriebsratssitzung sind auch Mitglieder des Personalressorts eingeladen, die umgekehrt den erarbeiteten Entwurf allen Betriebsräten vorstellen. So ist die stetige und gleich bleibende Information des gesamten Betriebsrats von allen Seiten gesichert.

Wird zu dem jeweiligen Thema dann eine Betriebsvereinbarung getroffen, so ist der Betriebsrat darüber hinaus weiter an der Umsetzung der notwendigen Instrumente beteiligt. Er organisiert zum Beispiel zusammen mit einem Personalverantwortlichen Informationsveranstaltungen für die Mitarbeiter sowie Schulungen für die Schichtkoordinatoren und ist bei der Einführung der Gruppenarbeit in Produktionsteams als Prozessbegleiter vertreten. Und er leistet auch ganz tatkräftige Unterstützung: Bei der Mitarbeiterbefragung 1999 verteilten Betriebsratsmitglieder und Vertrauensleute die Fragebögen und sammelten sie anschließend wieder ein.

Auch im betrieblichen Alltag gibt es viel zu tun für die Betriebsräte: die Moderation von Workshops zur Konfliktlösung zum Beispiel. In einem konkreten Fall gab es eine Auseinandersetzung über die Zusammenarbeit in einem Produktionsteam. Bevor die Situation eskalieren konnte, rief der Betriebsrat die Streithähne an einen Tisch. Es wurde ein Konfliktseminar organisiert, an dem außer den direkt Beteiligten auch Experten und Koordinatoren des Teams sowie der Team- und der Werksleiter teilnahmen. Der Konflikt konnte auf diese Weise schnell und ohne Gesichtsverlust für alle aus der Welt geschafft werden.

1.3 Der Betriebsrat als Moderator

Aus dieser intensiven Zusammenarbeit mit betrieblichen Vorgesetzen und dem Personalressort wird das wesentliche Merkmal für die Rolle des Betriebsrats bei der Gestaltung und Umsetzung von Maßnahmen deutlich: die Moderation. Sowohl bei der Entwicklung von neuen Konzepten als auch bei deren Umsetzung praktiziert man eine sehr enge Abstimmung mit allen Beteiligten, was sich auch in der Kommunikation und im regelmäßigen Informationsaustausch widerspiegelt.

- Einmal jährlich findet eine ganztägige Klausurtagung statt, an der neben dem Betriebsratsgremium in der Regel auch alle Vorstandsmitglieder der Geschäftsleitung teilnehmen. Aufgrund der unterschiedlichen organisatorischen Einbindung der Betriebsräte in den Konzern wird diese Tagung jeweils getrennt für Andernach und für Neuwied organisiert. Aus erster Hand erfahren die Betriebsratsmitglieder dort, welche Strategien und Investitionen die Geschäftsleitung plant und welche Veränderungen sich daraus für die Belegschaft ergeben.

- Ebenfalls einmal pro Jahr treffen sich die Mitglieder beider Betriebsratsgremien mit dem Arbeitsdirektor und den Führungskräften aus dem Personalressort. Während der ein- bis zweitägigen Klausurtagung diskutiert man Fragen der Personalpolitik und der Arbeitsorganisation. Üblicherweise werden noch Werksleiter oder Teamleiter aus der Technik dazu eingeladen, damit sie die Themen auf der Tagesordnung aus ihrer Perspektive schildern können.

  So wurden beispielsweise das Rasselsteiner Lohnsystem oder der Fehlzeitenbonus hier in Grundzügen festgelegt und andere Maßnahmen wie die Aus- und Weiterbildung von Handwerkern oder die Gruppenarbeit weiterentwickelt. Informiert wird über den Stand einzelner Projekte wie die Einführung von SAP-R3, die Euro-Umstellung oder die einheitliche Behandlung von Gehalts- und Lohnempfängern bei Krankmeldung.

- An den Teamleiterbesprechungen im Personalressort nehmen alle freigestellten Betriebsräte von Andernach und Neuwied teil, an den Teamleitersitzungen im Technikressort und in Andernach auch im Kaufmännischen Ressort jeweils ein freigestelltes Betriebsratsmitglied.

- Über die Teilnahme an formellen Treffen hinaus wird ein intensiver Informationsaustausch gepflegt. Ansprechpartner haben die Betriebsräte auf allen Ebenen: Vorstandsmitglieder, Werksleiter, Führungskräfte aller Bereiche, Mitarbeiter der Arbeits- und Zeitwirtschaft.

Da alle Betriebsratsmitglieder gleichermaßen gut informiert sind und mit der Geschäftsleitung kooperieren, können Konflikte sachlich ausgetragen werden. An manchen Gesprächen nimmt mitunter auch die örtliche Verwaltungsstelle der IG Metall teil. So wägt man konstruktiv gemeinsam unterschiedliche Meinungen ab, leistet Überzeugungsarbeit und erzielt schnell eine Einigung, die schließlich allen zugute kommt.

1.4 Direkte Beteiligung der Mitarbeiter

Vertretung der Mitarbeiterinteressen bei Rasselstein bedeutet für den Betriebsrat, dass

- der Arbeitsplatz sicher ist,
- gute Leistung gerecht entlohnt wird,
- alle sich weiterbilden und entwickeln können,
- die Regeln aus der Betriebsverfassung eingehalten werden.

Der Betriebsrat berücksichtigt dabei, dass man diese Ziele nicht um jeden Preis durchsetzen kann, weil eine gute wirtschaftliche Situation des Unternehmens die Voraussetzung für die Zukunft ist. Daher trägt der Betriebsrat auch Entscheidungen mit, die nicht für alle Mitarbeiter mit positiven Konsequenzen verbunden sind.

Beispielsweise bedeutete die Einführung des Rasselsteinern Lohnsystems eine niedrigere Eingruppierung einiger Mitarbeiter. Dennoch fand der Betriebsrat daran auch etwas Positives, denn das neue System brachte größere Lohngerechtigkeit für die Mehrheit der Beschäftigten. Zur Abmilderung der Einkommensverluste erreichte er einen Verdienstausgleich, der abhängig von der Dauer der Betriebszugehörigkeit an die Betroffenen ausgezahlt wurde (vgl. Kap. 5 „Das Rasselsteiner Lohnsystem").

Oftmals muss der Betriebsrat Rede und Antwort stehen und der Belegschaft vermitteln, dass zur Sicherung der Arbeitsplätze neue Wege beschritten werden müssen. Dafür ist die direkte Beteiligung der Beschäftigten neben den Betriebsräten an der Entwicklung und Realisierung nicht nur hilfreich, sondern sogar notwendig. Bei der Einführung des Lohnsystems in den einzelnen Teams waren beispielsweise immer Mitarbeiter/innen vertreten, die, wie die anderen Entscheidungsträger auch, an der Zusammensetzung der Prämien, der Eingruppierung und der Abgrenzung von Arbeitsplätzen beteiligt waren. Die nicht involvierten Mitarbeiter kamen bei regelmäßigen Besprechungen zu Wort.

Die Eigenverantwortung und direkte Beteiligung der Belegschaft geht in der Praxis des betrieblichen Alltags sogar so weit, dass sich die Mitarbeiter in einem Produktionsteam bei einer Schichtplanänderung selbst für einen bestimmten Arbeitszeitplan entscheiden können, obwohl der Betriebsrat zu Gunsten der Arbeitnehmer einen anderen Plan befürwortet hatte.

Aus aktiv und eigenverantwortlich an der Zukunftssicherung des Unternehmens sich beteiligenden Mitarbeitern werden mündige Arbeitnehmer, die Probleme mit Kollegen oder Vorgesetzten direkt ansprechen und lösen können. Dadurch wird der Betriebsrat als Moderator zwischen den Parteien gesehen und nicht mehr nur als Stellvertreter des Arbeitnehmers. Auf der anderen Seite steht der Betriebsrat unterstützend für die Mitarbeiter im Einzelgespräch oder im gemeinsamen Gespräch mit den Vorgesetzten immer zur Verfügung.

Unser Erfolgsrezept:

✔ Miteinander reden heißt Probleme lösen.

✔ Mündige Mitarbeiter sind wertvolle Mitarbeiter.

✔ Querdenken heißt Fortschritt.

2. Veränderungen in der Betriebsratsarbeit

2.1 Der Generationenwechsel

So, wie sich die Struktur und Arbeitsweise, Bedeutung und Funktion des Betriebsrats seit der Reorganisation 1995 geändert haben, so verändern sich auch Art und Umfang seiner Arbeit. Mehr Mitbestimmung und Mitgestaltung bedeuten natürlich mehr Arbeit, mehr Zeitaufwand und mehr Informationsbedarf für die einzelnen Mitglieder des Betriebsrats.

Ursprünglich wurde der Rasselsteiner Betriebsrat nur einmal pro Jahr in einer Klausurtagung vom Vorstand über Veränderungen und Entwicklungen im Unternehmen informiert. Mitbestimmung wurde zwar seit jeher groß geschrieben, im betrieblichen Alltag hatte jedoch nur der Betriebsratsvorsitzende den engsten Kontakt zur Geschäftsleitung. Die übrigen Mitglieder waren eher weniger involviert. Ein unterschiedlicher Informationsstand und geringe Beteiligung aller Mitglieder verhinderten, dass der Betriebsrat und die Belegschaft an der Reorganisation aktiv mitarbeiten konnten.

Das Jahr der Zusammenlegung von Rasselstein und Hoesch 1994 bildete den Ausgangspunkt für die Reorganisation. Fast zeitgleich wurde mit der Einführung der Teamorganisation, dem Wechsel des Arbeitsdirektors und der Neuwahl unter den freigestellten Betriebsräten ein Generationenwechsel bei Rasselstein eingeläutet. Eine große Zahl von Projekten galt es nun zu bewältigen, auch wurde ab diesem Zeitpunkt der gesamte Betriebsrat vom Vorstand in die Arbeit einbezogen. Er sollte sich stärker als je zuvor an der Entwicklung neuer Ideen und deren Umsetzung beteiligen. Dies erforderte eine größere Zahl von Betriebsräten, aber auch eine bessere Information aller Mitglieder.

2.2 Qualifizierung der Betriebsräte

Es zeigte sich schnell ein eklatantes Informationsgefälle: Die freigestellten Betriebsräte hatten sich intensiv mit allen Aspekten des Veränderungsprozesses beschäftigen können. Die anderen Mitglieder des Gremiums waren jedoch nur so weit mit Details einzelner Veränderungselemente vertraut, wie sie vorher in die Betriebsratsarbeit eingebunden gewesen waren. Dazu kommt fehlende Praxis: Beispielsweise das Mitarbeitergespräch als Instrument der Personalführung findet nur einmal jährlich statt, so dass sich die Betriebsräte damit nicht ständig auseinandersetzen müssen.

> Für eine effiziente Mitarbeit des gesamten Betriebsrats an der Unternehmensentwicklung ist es notwendig, dass innerhalb des Gremiums ein gleicher Wissensstand herrscht. Denn alle Betriebsräte sind an ihren Arbeitsplätzen bei allen Themengebieten Ansprechpartner für die Belegschaft und sollen alle laufenden Projekte kennen und erklären können.

Zwar nehmen die Betriebsräte regelmäßig an Schulungen der IG Metall teil, die unter anderem die Inhalte des Betriebsverfassungsgesetzes, Arbeits- und Gesundheitsschutz und tarifliche Regelungen umfassen. Auf betriebsinterne Bedingungen kann in diesen Veranstaltungen allerdings nicht eingegangen werden, so dass im Unternehmen eine eigene Veranstaltungsreihe dazu entwickelt wurde.

In regelmäßigen Abständen werden innerbetriebliche Betriebsratsschulungen für die Andernacher und Neuwieder Betriebsräte durchgeführt. Die jeweils halbtägigen Veranstaltungen finden in der Regel alle vier Wochen statt und behandeln jeweils ein Themengebiet wie z. B. das Lohnsystem, die Alters-Teilzeit, Arbeits- und Teamorganisation, Mitarbeiterbeurteilung und Fehlzeitenmanagement.

Für die Konzeption und Durchführung des Schulungstages sind immer ein Mitarbeiter des Personalressorts und ein Betriebsratsmitglied gemeinsam verantwortlich, die beide an der Gestaltung und Einführung des jeweiligen Instruments – z. B. des Rasselsteiner Lohnsystems – mitgearbeitet haben. Sie stellen nicht nur gemeinsam die Inhalte der Instrumente vor, sondern behandeln auch grundlegende Zusammenhänge mit den gesetzlichen und tarifvertraglichen Bestimmungen. Anhand häufig gestellter Fragen wie „Darf länger als acht Stunden gearbeitet werden?" und „Welche Elemente des Tarifvertrags enthält das Rasselsteiner Lohnsystem?" werden die Inhalte praxisnah vermittelt und diskutiert.

Die Qualifizierung der Betriebsräte zeigte bereits erste Erfolge. Bei Diskussionen im kompletten Gremium werden komplexe Themen umfassend behandelt.

2.3 Arbeitszeitplanung im Betriebsrat

Mit der stärkeren Einbindung der Betriebsräte wuchs auch deren Zeitbedarf. Jede Menge Besprechungen, Schulungen, das Engagement in Ausschüssen und Projekten erfordern die Mitarbeit. Hinzu kommt die Zeit für Einzelgespräche mit Mitarbeitern vor Ort. Nicht freigestellte Betriebsratsmitglieder mussten deshalb an ihren Arbeitsplätzen immer öfter von ihren Kollegen vertreten werden.

Innerhalb der Produktionsteams kam es darüber zu Spannungen. Die Kollegen konnten ja nicht ahnen, wie umfangreich die Betriebsratsarbeit inzwischen geworden war, gleichwohl sie vom Ergebnis profitierten. So wurde in der Produktion, im Betriebsratsgremium und gemeinsam mit dem Arbeitsdirektor heftig diskutiert, wie hoch der Zeitbedarf der einzelnen Betriebsräte tatsächlich sei und wie man dieses Problem lösen könne. Es wurde beschlossen, aus Betriebsräten und Personalvertretern einen Arbeitskreis „Betriebsratsarbeit" zu bilden, der für jedes Betriebsratsmitglied den Zeitbedarf für die jeweiligen Aktivitäten im Jahr 2000 festhielt und für 2001 vorausplante (Anhang zu Kap. 8, Anlage 1).

Darin wurde die Zeit festgehalten, die für regelmäßige Betriebsratssitzungen aufgewendet wurde ebenso wie für die Information der Mitglieder nach Personal-Teamleitersitzungen durch den Betriebsratsvorsitzenden, die Klausurtagung mit Vertretern des Personalressorts, Mitarbeit im Arbeitskreis „Betriebsrats-Arbeit" selbst und die Tagesveranstaltung für Jubilare.

Durchschnittlich ergab sich daraus ein Anteil von 15 Prozent der Jahresarbeitszeit für Betriebsratstätigkeit. Die Schwankungsbreite unter den einzelnen Betriebsratsmitgliedern reichte von zwölf bis 20 Prozent. Mit den verschiedenen Vorgesetzten wurde diskutiert – dabei zeigte sich, dass einigen von ihnen gar nicht bewusst war, wie groß der Zeitbedarf für die Betriebsratstätigkeit tatsächlich ist.

Diese Aufstellung war sehr positiv für die Gremiumsmitglieder, da sie deren Engagement im betrieblichen Umfeld offen legte und rechtfertige. Die vertretenden Kollegen konnten endlich den Einsatz der Betriebsräte besser nachvollziehen und beurteilen.

Unser Erfolgsrezept:

✔ Kooperation statt Konfrontation.

✔ Qualifizierung der Betriebsräte.

✔ Anerkennung verbessert die Betriebsratsarbeit.

2.4 Bewertung der Betriebsratsarbeit

Aus Sicht des Betriebsrats ist der Kontinuierliche Verbesserungsprozess (KVP) seit 1994 ein Fortschritt für das gesamte Unternehmen, somit auch für die Mitarbeiter und Mitarbeiterinnen. Wichtigstes Ziel seiner Arbeit ist es, trotz der Produktionsschwankungen in Andernach und Neuwied die Arbeitsplätze in vollem Umfang zu halten.

Dass die Arbeit der Betriebsräte nicht nur von Gewerkschaft und Unternehmensleitung, sondern auch von der Belegschaft honoriert wird, zeigt das Ergebnis der zwei Mitarbeiterbefragungen 1997 und 1999. Nahezu zwei Drittel der Befragten vertraten dabei die Ansicht, dass der Betriebsrat für das Unternehmen wichtig ist. Auch das Vertrauen ist gewachsen: Bei der Frage „Setzt sich der Betriebsrat für Sie ein?" vergaben etwas mehr als 40 Prozent gute bis sehr gute Noten. Deutlich weniger Beschäftigte als noch vor der Reorganisation befürchten persönlichen Nachteile, wenn sie zur Vertretung ihrer Interessen den Betriebsrat einschalten.

9

Betriebliches Vorschlagswesen

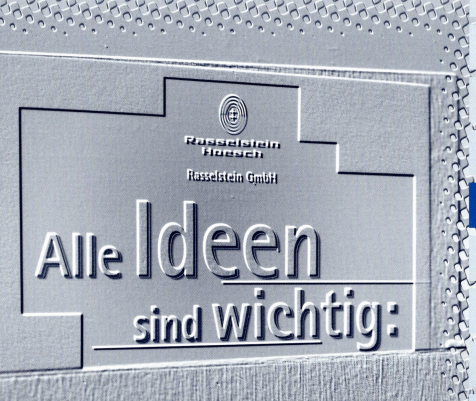

Kapitel 9

Betriebliches Vorschlagswesen

Jürgen Hoss

1. Das Betriebliche Vorschlagswesen (BVW) bei Rasselstein — 143

- 1.1 Was ist eine gute Idee? — 143
- 1.2 Die dezentrale Organisation — 144
- 1.3 Ablauf im Betrieblichen Vorschlagswesen — 144
- 1.4 Gutachter, BVW-Team, Experten und Ausschuss: Wer macht was? — 146
- 1.5 Bewertung und Prämiensystem — 148

2. Entwicklung des BVW und Erfahrungen — 150

- 2.1 Entwicklung bis zur Reorganisation — 150
- 2.2 Das Problem der Prämiengerechtigkeit — 151
- 2.3 Kommunikation des BVW im Betrieb — 152
- 2.4 Ergebnisse und Fazit — 153

▶ **Querverweise auf die Kapitel:**

- 2 Betriebsorganisation und Betriebsführung
- 4 Die Einführung der Gruppenarbeit
- 11 Kommunikation und Information bei Rasselstein
- 12 Arbeitssicherheit

Die Etablierung des Teamgedankens auch in den Arbeitsgruppen soll dazu führen, dass die Gruppe die Arbeitsprozesse intelligenter organisiert und ständig Verbesserungen anregt.

1. Das Betriebliche Vorschlagswesen bei Rasselstein

In jedem Betrieb sind gute Ideen Kapital: Vorschläge, die die Produktion einfacher und sicherer, das Management effizienter, den Vertrieb reibungsloser machen, dabei Kosten senken und gleichzeitig den Ertrag steigern.

Dass nur besser ausgebildete Menschen zur Optimierung betrieblicher Abläufe in der Lage sind, ist natürlich Unsinn. Vielmehr ist es so, dass jeder Mitarbeiter und jede Mitarbeiterin vor Ort an den Maschinen, in den Büros oder im Vertrieb entdecken kann, was die Arbeit erleichtert. Und da ist es gleich, ob die Kollegin oder der Kollege Lehrling oder Diplomingenieur ist. Oft bringen schon kleine praktische Veränderungen große Verbesserungen. Das Betriebliche Vorschlagswesen (BVW) bei Rasselstein fördert seit Jahren diese Initiativen der Belegschaft. Mit Erfolg.

1.1 Was ist eine gute Idee?

Täglich entstehen Ideen in den Köpfen unserer Mitarbeiter. Gut sind alle, die mit vertretbarem Aufwand zu mehr Effizienz und am Ende zu mehr Gewinn führen. Das Zurücksetzen in einen Ausgangszustand (Tür schließen, Licht ausschalten, Reparatur …) ist sicher auch eine gute, leicht umzusetzende Idee. Eine Belohnung gibt es aber dafür nicht.

Jeder, der eine Idee hat, die er für eine echte betriebliche Verbesserung hält, darf sie auch kundtun: Seien es unsere festen Mitarbeiter oder Ferienaushilfen, selbst unsere Betriebsrentner und auch Mitarbeiter von Fremdfirmen – ob als Einzel- oder als Gruppenvorschlag. Ein Verbesserungsvorschlag darf sich aber nicht unmittelbar aus der Arbeitsaufgabe ergeben oder das Resultat eines Auftrags sein. Inhaltliche Überschneidungen mit der eigenen Tätigkeit sind aber möglich und gehen in die Bewertung des Vorschlags ein. So entstehen beispielsweise im Rahmen der Gruppenarbeit Ideen, die von der gesamten Gruppe als ein Verbesserungsvorschlag eingereicht werden. Auch Ideen, die von Mitarbeitern in einem Workshop im Rahmen des KVP entwickelt werden, können Verbesserungsvorschläge sein. Bedingung ist auch hier, dass sie nicht Ergebnis einer vorgegebenen Aufgabenstellung sind. Das wäre nun wirklich zu einfach.

1.2 Die dezentrale Organisation

Unser BVW ist dezentral organisiert. Das ist notwendig, weil sonst aufgrund des hohen Aufkommens gute Ideen erst Jahre später realisiert würden. An der Basis sorgen rund 90 Kollegen als Gutachter für die Bewertung und Bearbeitung sowie für die Umsetzung der akzeptierten Vorschläge, manche von ihnen betreuen bis zu 50 pro Jahr. Sicher, nicht alle werden am Ende prämiert, doch bereitet schon allein die Bearbeitung der Vorschläge großen Aufwand, der nicht zentral bewältigt werden kann.

Sämtliche Aktivitäten der Gutachter, die direkt und dezentral in den Teams arbeiten, werden vom BVW-Team zentral koordiniert. Daneben gibt es einen Bewertungsausschuss und ein Expertenteam. Sie sind über alle Verbesserungsvorschläge informiert und sorgen für Gerechtigkeit und Ausgleich bei der Prämierung der Vorschläge aus allen Ressorts.

Durch die dezentrale Organisation werden die Zusammenarbeit und die Kommunikation zwischen Mitarbeitern, BVW-Experten und den betrieblichen Vorgesetzten hinsichtlich guter Ideen verbessert. Infolgedessen reduzieren sich Bearbeitungsaufwand und Bearbeitungszeiten erheblich.

Diese Form der Organisation ist sehr nah am einzelnen Mitarbeiter, was sicherlich der größte Vorteil ist und den Erfolg in den vergangenen Jahren ausmacht.

Unser Erfolgsrezept:

✔ Mitdenken lohnt sich.

✔ Gute Ideen brauchen schnelle Umsetzung.

✔ Gruppenbeteiligung bringt Vorteile für jeden.

1.3 Ablauf im Betrieblichen Vorschlagswesen

Mitarbeiter reichen ihre Verbesserungsvorschläge (VV) direkt bei einem Gutachter des eigenen Teams ein – natürlich gilt das auch für die Gruppenvorschläge. Der Gutachter hilft auch bei der schriftlichen Formulierung der Vorschläge im Erfassungsbogen (Anhang zu Kap. 9, Anlage 1), eventuell zusammen mit einem Mitglied des BVW-Teams. Er spricht mit dem Mitarbeiter über die Idee und ihre Chancen und reicht den Verbesserungsvorschlag gegebenenfalls zur Bewertung und Prämierung weiter.

Ob ein Vorschlag realisierbar ist und weitergeleitet werden kann, entscheiden schon die Gutachter. Im Zweifelsfall leitet der Gutachter den Vorschlag an einen Kollegen eines anderen Teams mit den erforderlichen Kenntnissen weiter oder zieht einen fachlichen Berater hinzu. Für die Umsetzung von akzeptierten Vorschlägen sind die Gutachter nämlich zum Schluss auch verantwortlich. Wenn sie einen Vorschlag nicht für

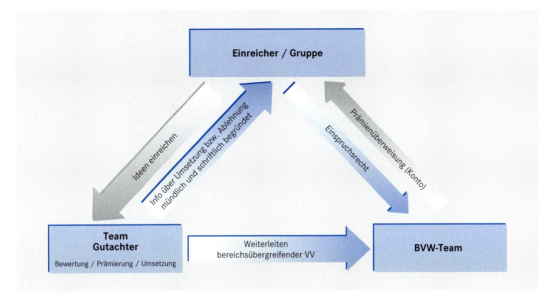

Abb. 1:
Ablauf des BVW
bei Rasselstein

prämienfähig halten, müssen sie das dem Einreicher bzw. der Gruppe gegenüber offen begründen.

Bei der Menge guter Ideen, die unsere Mitarbeiter täglich haben, gibt es natürlich Unterschiede, den jeweiligen Einspar-Effekt in Geld zu messen. Oft geht das, manchmal auch nicht. Eine Verbesserung oder Vereinfachung eines Arbeitsschrittes in der Produktion zieht meistens einen direkt messbaren Ertrag nach sich, zum Beispiel ein schnelleres Verfahren zur Probenuntersuchung von Einfett-Ölen. Wenn aber zum Beispiel ein Kollege einen Handlauf an einer Treppe im Bürobereich vorschlägt, so können wir nicht feststellen, wie viel positiven Effekt die Verbesserung an dieser Stelle gemessen in Geld hätte.

> Wir unterteilen also die Verbesserungsvorschläge in solche mit und jene ohne errechenbare Ersparnis. Danach bemessen wir auch die Höhe der Prämie, die für einen solchen Vorschlag vergeben werden kann. Kann ein Vorschlag nicht direkt in Geldvorteil gemessen werden – also **ohne errechenbare Ersparnis** –, wird er vom Gutachter anhand der **Prämienmatrix** (s. Anhang zu Kap. 9, Anlage 2) bewertet. Danach werden die Gutachten im BVW-Team gebündelt – auch die der abzulehnenden Vorschläge. Der Bewertungsausschuss trifft schließlich die Entscheidung über die Prämierung.
>
> Geht es um einen Vorschlag mit **errechenbarer Ersparnis**, so bereitet der Gutachter mit dem Fachbereich Controlling eine Berechnung der tatsächlichen Ersparnis vor. Das Expertenteam prüft den Sachverhalt und trifft dann die Entscheidung über die Prämie anhand der **Bewertungsmatrix** (s. Anhang zu Kap. 9, Anlage 3).

Die **Auszahlung der Prämie** erfolgt grundsätzlich bei allen bewerteten Vorschlägen erst, nachdem der Vorschlag auch tatsächlich umgesetzt worden ist.

Unser Erfolgsrezept:

✔ Kurze Wege im Team setzen Ideen schnell in die Tat um.

✔ Auch Verbesserungen ohne geldwerten Vorteil sind ihr Geld wert.

✔ Erst die Umsetzung, dann die Belohnung – so kontrollieren wir uns selbst.

1.4 Gutachter, BVW-Team, Experten und Ausschuss: Wer macht was?

Zur besseren Übersicht der einzelnen Aufgaben erläutern wir hier einmal, wie sich die am BVW Beteiligten ihre Arbeit aufteilen:

▌ Gutachter

Die Gutachter in den verschiedenen Teams quer durch das Werk sind für die Einreicher direkte Ansprechpartner. Sie nehmen Verbesserungsvorschläge entgegen und beurteilen sie. Zumeist sind es die Schicht- oder Tageskoordinatoren, aber auch Experten für spezielle Arbeitsbereiche, die – zusätzlich zu ihrer „normalen" Arbeit – Ideen begutachten.

Aufgaben der Gutachter

› Erfassung der Vorschläge und Erstellung der Gutachten oder Weitergabe an das BVW-Team sowie Berechnung der Ersparnis bis zu einer absehbaren Ersparnishöhe von 3.000 Euro

› Koordination und Organisation vom Einreichen bis zur Umsetzung, einschließlich Bewertung

› Zusammenarbeit mit dem BVW-Team und Abstimmung gemeinsamer Aktivitäten und Lösungsvorbereitung für Problemfälle

› Motivation der Mitarbeiter zur Teilnahme am BVW

› Persönliche Übergabe der Bescheide bis 999 Euro sowie der Ablehnungsbescheide an die Einreicher mit entsprechender Begründung

Abb. 2:
Aufgaben der Gutachter

▌ BVW-Team

Das BVW-Team koordiniert die Aktivitäten im gesamten Werk, unterstützt und berät sowohl die Gutachter als auch ggf. die Einreicher bei der Vorschlagsbearbeitung. Daneben wird hier das BVW zentral dokumentiert. Das Team stellt sicher, dass nicht eine alte Idee nach Jahren erneut eingereicht und prämiert wird bzw. dass derjenige berücksichtigt wird, der die Idee zuerst hatte (Erstrecht).

Aufgaben des BVW-Teams

- Erfassung, Archivierung und Dokumentation aller Vorschläge
- Koordination der Gutachter und bereichsübergreifende Kommunikation
- Koordination aller notwendigen BVW-Prozesse des Bewertungsausschusses und des Expertenteams für die Bewertung und Prämierung
- Veranlassung von Vergütungen und Benachrichtigung der Einreicher
- Motivation und Information der Mitarbeiter
- Information der Teamkoordinatoren, wenn Vorschläge positiv bewertet wurden

Abb. 3:
Aufgaben des BVW-Teams

Bewertungsausschuss und Expertenteam

Damit es bei der Prämienvergabe gerecht zugeht, beschäftigen sich der Bewertungsausschuss und das Expertenteam vor allem damit, teamübergreifend Verbesserungsvorschläge und deren Prämierung zu vergleichen. Sie bestätigen eine Prämie oder dürfen deren Höhe korrigieren. Dabei wenden sie einheitliche Bewertungsstandards an.

Der Bewertungsschuss behandelt Vorschläge, die von den Gutachtern abgelehnt wurden sowie diejenigen mit einer Prämienhöhe von bis zu 512 Euro. Das sind üblicherweise Vorschläge **ohne** errechenbare Ersparnis. Der Bewertungsausschuss setzt sich aus fünf Betriebsratsmitgliedern und Mitgliedern aus dem BVW-Team zusammen. Er tagt etwa zehn Mal im Jahr.

Das Expertenteam behandelt und entscheidet endgültig über Vorschläge **mit** errechenbarer Ersparnis. Außerdem werden in diesem Kreis Ein-

---

Aufgaben des Bewertungsausschusses/des Expertenteams

- Vergleichen der Prämienhöhe auf Unternehmensebene, Orientierungshilfe
- Endgültige Bewertung der Vorschläge auf Grundlage sachverständiger Gutachten und Entscheidung über Annahme oder Ablehnung
- Endgültige Entscheidung über die Abgrenzung der betrieblichen Aufgabe
- Entscheidung über Prämienberechtigung bei Betriebsfremden
- Bewertungsausschuss: Vorschläge ohne errechenbare Ersparnis
- Expertenteam: Vorschläge mit errechenbarer Ersparnis

Abb. 4:
Aufgaben des Bewertungsausschusses und des Expertenteams

sprüche der Mitarbeiter und Streitfälle – auch aus dem Bewertungsausschuss – diskutiert, wenn es zum Beispiel um die Abgrenzung des Aufgabenbereichs oder die Prämienhöhe geht. Mitglieder des Expertenteams sind drei Vertreter der Unternehmensführung aus unterschiedlichen Ressorts, Mitglieder des BVW-Teams und des Betriebsrats. An den Sitzungen nehmen auch die jeweiligen Teamleiter und Gutachter teil. Sie können am besten den Hintergrund zu einem Vorschlag und den erwarteten Nutzen erläutern.

Unser Erfolgsrezept:

✔ Dezentrale Bewertung und Umsetzung, zentrale Dokumentation und Verwaltung.

✔ Die Nähe zum Ideenfinder stellt sicher, dass eine gute Idee auch gut bleibt.

✔ Synergien findet man nur durch Transparenz heraus.

Eine Idee kann grundsätzlich gut sein – und dennoch abgelehnt werden. Das kann verschiedene Gründe haben. Wenn sie zum Beispiel nicht innerhalb einer gewissen Zeitspanne im Betrieb zu realisieren ist. Oder weil die Geschäftsleitung eine andere Zielsetzung verfolgt. Trotzdem: Auch eine abgelehnte Idee kann prämiert werden.

1.5 Bewertung und Prämiensystem

Die Prämierung richtet sich in erster Linie danach, wie umfassend die Verbesserung für das Unternehmen ist. Den Unterschied zwischen einer möglichen Berechnung dieser Verbesserung und einer Wert-Schätzung haben wir erläutert. Trotzdem können auch abgelehnte Vorschläge prämiert werden – es geht schließlich um die Mühe des Mitdenkens, die wir belohnen wollen.

Wenn eine Idee nur deshalb abgelehnt wurde, weil die Geschäftsleitung bereits eine Lösung gefunden hatte und der Einreicher davon nichts wissen konnte, ist die Leistung der Idee doch grundsätzlich gut gewesen. Auch wenn Gründe für die Ablehnung erst eintreten, nachdem der Kollege oder die Kollegin die gute Idee hatte und sein bzw. ihr Vorschlag andernfalls umgesetzt worden wäre, geben wir eine Belohnung aus.

Bei Gruppenvorschlägen entfällt auf jedes Mitglied in der Regel der gleiche Anteil. Ergibt sich pro Kopf nur eine zweistellige Prämie, wird die Prämie in Punkte umgewandelt (1 Punkt pro 1 Euro Prämie). Dasselbe gilt auch für Einzel-Einreicher. Punkte werden bis zum Jahresende gesammelt und dann in einem Betrag ausgezahlt.

Wie sieht das Prämiensystem konkret aus?

a) Vorschläge ohne errechenbare Ersparnis/Prämienmatrix

Vorschläge, deren Nutzen man nicht direkt berechnen kann, prämieren wir abhängig davon, wie stark sich die Verbesserung auf Arbeitssicherheit, Qualität, Arbeitsablauf und Umweltanforderungen auswirken wird. Dabei ordnen wir sie vier Stufen zu:

- geringer Vorteil
- kleine Verbesserung
- deutliche Verbesserung
- herausragende Verbesserung

Was ist aber der Unterschied zwischen einem geringen Vorteil und einer kleinen Verbesserung? Damit alle Vorschläge gleichermaßen gerecht beurteilt werden, muss die Qualität des erzielten Nutzens zunächst genau beschrieben werden. Ein Beispiel:

Ein Vorschlag mit einem „geringen Vorteil" – das ist vielleicht die übersichtlichere Gestaltung eines Displays, mit der bei der Verladung die Stückzahlkontrolle unterstützt wird, zum Beispiel durch Piktogramme, mehrere Sprachen, größere Schrift oder dergleichen mehr. Die Prämie dafür liegt fest bei 26 Euro. Ein geringer Vorteil macht die Arbeit jedoch noch nicht sicherer, verbessert nicht direkt die Qualität der Produktion oder nimmt mehr Rücksicht auf die Umwelt – das ist der Unterschied.

Für die drei höheren Stufen werden Prämien von 103, 256 oder 512 Euro ausgezahlt. Hier liegt auch die Messlatte höher, was die Verbesserung der eingangs genannten Bereiche betrifft. Wer eine Idee eingereicht hat und seinen Vorschlag detailliert ausgearbeitet vorbringt oder ihn sogar selbst umgesetzt hat, kann zusätzlich bis zu 52 Euro erhalten.

b) Vorschläge mit errechenbarer Ersparnis/Bewertungsmatrix

Grundlage für die Bewertung ist die errechenbare Bruttoersparnis für den Zeitraum eines Jahres abzüglich der Einführungskosten in Höhe einer jährlichen Kapitaldienstrate (Abschreibung und Zinsen).

In Abhängigkeit von der errechneten Jahresersparnis wird für den Verbesserungsvorschlag eine gestaffelte Prämie in Höhe von sechs bis dreißig Prozent gezahlt. Die Bewertungsmatrix stellt die Bezugsgrößen entsprechend dar. Die Matrix in detaillierter Form finden Sie im Anhang zu Kap. 9, Anlage 3.

Folgende Faktoren beeinflussen die Prämienhöhe:

- ob/wie sehr sich der Verbesserungsvorschlag an die eigene Arbeitsaufgabe anlehnt,
- die Gehaltsgruppe oder Art der Tätigkeit des Einreichers,
- wie regelmäßig die Ersparnis zu erwarten ist,
- wie detailliert der Vorschlag ausgearbeitet ist,
- ob der Einreicher den Vorschlag selbst umgesetzt hat.

Mit Hilfe dieser Faktoren können wir die Prämienhöhe nach unten oder nach oben korrigieren. Wie zu Beginn erwähnt, kann ein Mitarbeiter, in dessen direktes Arbeitsgebiet ein Verbesserungsvorschlag fällt, keine Prämie erwarten. Denn diese Denkleistung halten wir eher für selbstverständlich als für besonders belohnenswert.

Auch wollen wir jene Mitarbeiter ganz besonders zur Beteiligung am BVW anregen und belohnen, für die ein Verbesserungsvorschlag eine größere Mühe bedeutet als für andere. Zum Beispiel sollte es einem Ingenieur mit seiner höheren Ausbildung leichter fallen, eine gute Idee zu entwickeln und klar zu formulieren, als einem Schichtarbeiter oder Praktikanten. Deshalb staffeln wir unser Prämiensystem auch nach diesem Aspekt. Im Detail finden Sie die Einflussfaktoren im unteren Bereich der Bewertungsmatrix (Anhang zu Kap. 9, Anlage 3).

Unser Erfolgsrezept:

✔ Auch eine abgelehnte Idee kann belohnt werden.

✔ Direkte Übergabe der Bescheide durch die Gutachter.

✔ Qualität, Sicherheit, Organisation und Umwelt – vier Faktoren, die uns wichtig sind.

2. Entwicklung des BVW und Erfahrungen

Unser Betriebliches Vorschlagswesen war bis Mitte der neunziger Jahre zentral organisiert. Das würden wir heute wirklich niemandem mehr empfehlen. Denn der Zeit- und Kostenaufwand steht in keinem Verhältnis zu den geringen Fortschritten bei der Entwicklung neuer Ideen. Von der Motivation der Mitarbeiter ganz zu schweigen. Es heißt also wie bei allem, den Nutzen zu erkennen, an der richtigen Stelle zu investieren, um verstärkt zu profitieren.

2.1 Entwicklung bis zur Reorganisation

Früher beschäftigten wir einen einzigen BVW-Beauftragten, der alle Verbesserungsvorschläge entgegennahm, bearbeitete und verwaltete. Im Betrieb selbst gab es nur wenige Gutachter – ausnahmslos Vorgesetzte. Vom BVW-Beauftragten wurden sie zur Bewertung von Verbesserungsvorschlägen herangezogen. Ideen und Vorschläge wurden nur anonym abgeben.

Das bedeutete, dass niemand außer dem BVW-Beauftragten wusste, wer an welcher Idee arbeitete. Folglich gab es auch keine Ideenfindung in Teams oder Gruppen und Rückfragen konnten nur an den BVW-Beauftragten gerichtet werden. Verständigungsprobleme und Fehlbeurteilungen verursachten einen noch höheren Verwaltungsaufwand und noch längere Bearbeitungszeiten. Die Vorschläge selbst durften dann nur durch Fachabteilungen umgesetzt werden, die betroffenen Abteilungen an der Basis waren kaum beteiligt. Die Einreicher übrigens gar nicht. Motivation: Fehlanzeige!

Zwischen 1995 und 1999 organisierten wir unser BVW dezentral. Als erstes hoben wir die Anonymität des Einreichers auf, was die Entwicklung von Vorschlägen im Team oder in den gerade eingeführten Gruppen ermöglichte und endlich Anerkennung für den/die Kreativen brachte. Auch richteten wir Vor-Ort-Teams ein – freie Handwerker, die zusammen mit dem Einreicher und dem neu gegründeten BVW-Team die Vorschläge umsetzen sollten. Durch diese Reorganisation entfielen die entsprechenden Fachabteilungen völlig. Deren Aufgabe bewältigten nun das jeweilige Produktionsteam, die Anlagentechnik oder auch Externe, d. h. Fremdfirmen. Das Expertenteam wurde im August 1998 eingesetzt.

Im Jahr 1997 organisierte eine Arbeitsgruppe aus Mitarbeitern des BVW-Teams, Führungskräften aus dem technischen Ressort und Betriebsräten einen Workshop mit dem Ziel, die dezentrale Organisation des BVW weiter zu verbessern.

Als Resultat erhöhte Rasselstein die Anzahl der Gutachter in den einzelnen Teams. Die Ablauforganisation veränderte man so, dass sie Aufgaben des BVW-Teams übernehmen und Entscheidungen schnell und direkt vor Ort treffen konnten. Es wurde eigens eine EDV-Software für die Gutachter angeschafft, die für größere Transparenz für die Beteiligten sorgte. Die Prämienhöhe passte man bei Verbesserungsvorschlägen ohne errechenbare Ersparnis wie oben geschildert an und konkretisierte die Abgrenzung zwischen Idee und Arbeitsaufgabe.

Auf Grund der höheren Komplexität des Themas wurde es auch notwendig, die Gutachter zu schulen. In Tagesveranstaltungen trainierte das BVW-Team nun die Gutachter in der neuen Ablauforganisation, im Umgang mit der Software und in Sachen soziale Kompetenz. Das war etwas ganz Neues. Die Gutachter sollten sich jetzt mit Gesprächsführung befassen, Mitarbeiter motivieren und beraten, Prämien- oder Ablehnungsbescheide übergeben. Letztere sollten sie auch noch detailliert begründen. Das war vorher noch nie da gewesen. Aber der Einsatz sollte sich lohnen, wie wir heute täglich erleben.

2.2 Das Problem der Prämiengerechtigkeit

Doch die Organisation und die zunehmende Transparenz brachte es mit sich, dass über Prämiengerechtigkeit intensiv nachgedacht werden musste. Die Bestimmung der Prämienhöhe bei Vorschlägen ohne errechenbare Ersparnis wurde vereinfacht und die Anzahl der Faktoren mit Einfluss auf die Prämienhöhe verringert: Nach vielen Diskussionen um die Reichweite der Verbesserung (Gruppe, Team oder gar das ganze Unternehmen) beschränkten wir uns auf das Kriterium des Verbesserungsgrades. Das Argument: Jede Verbesserung im Detail ist von Nutzen für das ganze Unternehmen. Die Prämienhöhen wurden neu festgelegt. In einem weiteren Schritt erweiterte Rasselstein 1999 das System um die niedrigste Stufe, die eine Prämie von 26 Euro für Vorschläge mit geringem Vorteil umfasste. Ebenso wurde der Sonderbonus für detaillierte Ausarbeitung und eigene Umsetzung eingeführt.

Diskussionen gab es auch immer dann, wenn eine Idee möglicherweise aus dem direkten Arbeitsgebiet eines Mitarbeiters entstanden war oder Ergebnis eines Auftrages war. Das Expertenteam hatte den Fall mit „ja" oder „nein" zu entscheiden. In welchem Umfang der Vorschlag aus der Arbeitsaufgabe hervorging, blieb bei der Entscheidung unberücksichtigt. Daher führten wir 1999 die Bewertungsfaktoren für Vorschläge mit errechenbarer Ersparnis ein. Erst wenn der Vorschlag zu mehr als 75 Prozent aus der Arbeitsaufgabe hervorgeht, entfällt die Prämie ganz.

Der Auszahlungsmodus für Prämien änderte sich durch die Einführung der Gruppenarbeit. Von den Einreichern selbst stammte der Vorschlag, bei geringen Beträgen diese in Punkte umzuwandeln, zu sammeln und dann in einem Einmalbetrag auszuzahlen. Die Resonanz der Mitarbeiter auf dieses seit Januar 2001 angewendete Verfahren ist bislang sehr positiv.

2.3 Kommunikation des BVW im Betrieb

Das BVW hat mittlerweile eine herausragende Bedeutung erhalten. Eine eigens geschaffene Kennzahl „positiv bewertete Vorschläge pro Mitarbeiter und Jahr" als Unternehmenszielgröße unterstreicht dies nachdrücklich. Entsprechend umfassend kommunizieren wir das Thema bis an die Basis.

So informieren wir alle Mitarbeiter mittels Aushängen an der zentralen BVW-Info-Tafel wie auch an den einzelnen Team-Infotafeln auf dem Werksgelände, im Intranet und in der Mitarbeiterzeitschrift über den Stand der Zielerreichung im laufenden Geschäftsjahr sowie über geplante und durchgeführte Sonderaktionen. Besonders gute Ideen von Mitarbeitern oder Gruppen haben hier ebenfalls ihren Platz. Neue Mitarbeiter machen wir sogleich mit dem Ablauf unseres BVW und mit den Gutachtern ihres Teams bekannt.

Team- und Schichtgespräche mit den Führungskräften, mit Experten und Mitarbeitern an den Anlagen sind weitere Foren, in denen über gute Ideen diskutiert wird: Zum Beispiel nimmt am Quartalsgespräch im Team Veredelung regelmäßig auch ein Mitarbeiter des BVW-Teams teil. Führungskräfte, Gutachter und BVW-Team arbeiteten Hand in Hand, um das Thema lebendig zu halten.

In den Jahren 1998 und 1999 führten wir Sonderaktionen zu den Themen Gesundheit und Kostenersparnis durch. Mit Handzetteln, in der Mitarbeiterzeitschrift, mit Plakaten, aber auch in Sicherheitsgesprächen wurden die Aktionen beworben und die Belegschaft zu entsprechenden Vorschlägen motiviert. Erstmalig sollten sich verstärkt auch Mitarbeiter aus der Verwaltung an der Ideenfindung beteiligen. Resultate verbesserten nicht nur die Sicherheit an den Arbeitsplätzen, auch mancher Arbeitsvorgang konnte daraufhin beschleunigt werden.

2.4 Ergebnisse und Fazit

Zielvereinbarungen und ständige Kommunikation des Themas tragen dazu bei, dass die Beteiligungsquote deutlich gestiegen ist und mehr Verbesserungsvorschläge prämiert wurden. Die Kennzahl „positiv bewertete Verbesserungsvorschläge pro Mitarbeiter und Jahr" ist zu einem der Unternehmensziele geworden, an dem wir täglich arbeiten. Den Erfolg, der uns seither Recht gibt, zeigt sich in der Anzahl eingereichter Verbesserungsvorschläge, die sich innerhalb von neun Jahren von 200 auf 2.460 vervielfacht hat (s. Abb. 5). Das besonders hohe Ergebnis in den Jahren 1998 und 1999 führen wir auf die beiden Sonderaktionen zurück. Wir lassen das BVW jedoch für künftige Maßnahmen nicht aus dem Blick, denn wir haben gesehen, welchen Wert es für uns hat. Nicht nur in Euro und Cent.

Wir erkannten aber bald auch, dass die Zahl der Vorschläge zwar deutlich zugenommen hatte, nicht aber deren Qualität. Das Verhältnis der eingereichten Vorschläge zu den prämierten stimmte nicht. In mehreren Zwischenschritten erarbeiteten wir daraufhin die heutige Kennzahl, die nur den Anteil positiv bewerteter Vorschläge pro Mitarbeiter/in pro Jahr berücksichtigt. 0,7 ist die Zielgröße – aktuell liegt der Wert bei 0,5. Es fehlt also nicht mehr viel.

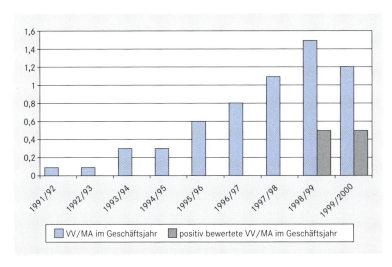

Abb. 5:
Eingereichte und positiv bewertete Verbesserungsvorschläge (VV)

Die Beteiligung am BVW auf eine breite Basis zu stellen, ist ebenfalls eine unserer Zielvorgaben, ohne jedoch in die Kennzahl einzugehen. Die Wunschquote von 50 Prozent dient vielmehr dazu, das Rad am Laufen zu halten und die Belegschaft zu mobilisieren. Diesen Wert erreichten wir erstmals 1997 mit der Neuorganisation unseres BVW – was wiederum den Erfolg belegt.

Mit der dezentralen Reorganisation des BVW ist die Zeitspanne vom Einreichen eines Verbesserungsvorschlags bis zu seiner Umsetzung um mehr als ein Viertel geschrumpft. Gute Ideen unserer Belegschaft zahlen sich also schneller aus. Und wir sind noch steigerungsfähig.

10

Kommunikation und Information bei Rasselstein

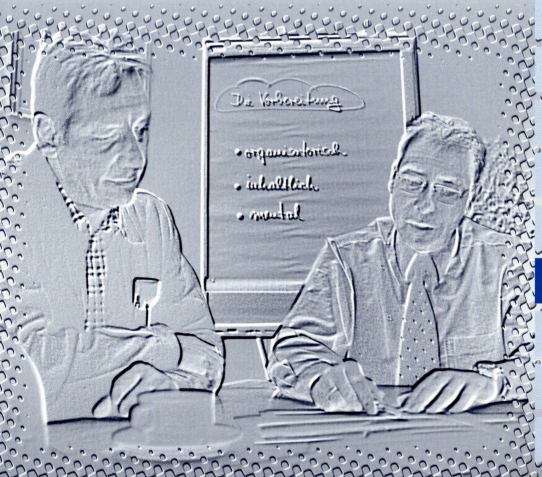

Kapitel 10

Kommunikation und Information bei Rasselstein

Heinz Leo Becker, Rudolf Carl Meiler

1. **Integrierte Unternehmenskommunikation** — 157

2. **Die Mitarbeiterzeitschrift Rasselstein Hoesch INFO** — 158

3. **Das Info-Team** — 160
   - 3.1 Aufgaben des Info-Teams — 160
   - 3.2 Geschichte des Info-Teams — 161

4. **Die Mitarbeiterbefragung** — 162
   - 4.1 Ziele der Mitarbeiterbefragung — 162
   - 4.2 Methodik und Commitment — 163
   - 4.3 Ergebnisse und Konsequenzen der Mitarbeiterbefragung — 163
   - 4.4 Fazit und Ausblick — 165

5. **Das Mitarbeitergespräch – Gepflegte Gesprächskultur** — 165
   - 5.1 Warum Mitarbeitergespräche? — 166
   - 5.2 Vorteile für den Mitarbeiter — 166
   - 5.3 Vorteile für die Führungskraft — 167
   - 5.4 Schwerpunkte des Mitarbeitergesprächs — 168

6. **Der Prozess der Einführung und Akzeptanzgewinnung** — 170
   - 6.1 Vorbehalte und Bedenken — 171
   - 6.2 Information und Schulung — 172
   - 6.3 Pilotbereiche bei Angestellten — 172
   - 6.4 Leistungsbeurteilung und neues Lohnsystem bei den Lohnempfängern — 173
   - 6.5 Fazit — 175

Kontinuierliche Information der Belegschaft ist das wichtigste Ziel des Info-Teams und Teil unserer Unternehmenskultur.

Das „Image" eines Unternehmens ist heute wichtiger denn je. Nach außen und innen erkennbar wird die Unternehmenspersönlichkeit durch das Auftreten des Unternehmens – in Form des Verhaltens von Mitarbeitern und Führungskräften, des Erscheinungsbildes sowie der internen und externen Unternehmenskommunikation. Vorgaben der so genannten Corporate Identity dienen als Orientierung für eine erkennbare Linie und verlässliche Ausrichtung. Der Kommunikation kommt dabei eine wichtige Rolle zu, denn durch sie werden die betriebsspezifischen Handlungs- und Entscheidungsprinzipien anschaulich vermittelt.

1. Integrierte Unternehmenskommunikation

Unternehmenskommunikation vermittelt konsistente Informationen innerhalb eines ebenso konsistenten Erscheinungsbildes. Alle Kommunikatoren und Adressaten erreichen so denselben Wissensstand. Integriert bedeutet in diesem Zusammenhang, dass Inhalte nach außen wie auch nach innen vermittelt werden, also gleichzeitig an die Öffentlichkeit und die Belegschaft. Die Möglichkeiten hierfür zeigt die folgende Abbildung.

Natürlich lassen sich die oben genannten Instrumente nicht immer deutlich hinsichtlich ihrer Kommunikationsrichtung trennen. Ein positives Unternehmensimage als Ergebnis erfolgreicher Öffentlichkeitsarbeit

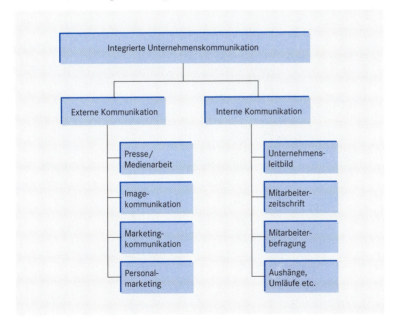

Abb. 1:
Instrumente der integrierten Unternehmenskommunikation

macht auch den Mitarbeiter stolz auf „seinen" Betrieb. Und eine ansprechende und interessante Mitarbeiterzeitschrift findet auch außerhalb des Betriebs ihre Leser und kann so als Instrument der Öffentlichkeitsarbeit genutzt werden.

Im weiteren Verlauf lernen Sie die Maßnahmen der internen Unternehmenskommunikation kennen, die für den kontinuierlichen Prozess der Organisationsentwicklung eine wesentliche Rolle spielen.

Die Umsetzung der internen Kommunikation bzw. ihre Integration in das bestehende (externe) Kommunikationskonzept ist nicht nur eine konzeptionelle, sondern auch eine organisatorische Aufgabe. Diese Aufgabe muss von Personen (federführend) übernommen werden, die in hohem Maße auf der Mitarbeiterseite integrierend wirken (können) und gleichzeitig die entsprechende hierarchische Kompetenz besitzen. Vielfach sind damit strukturelle Veränderungen im Unternehmen verbunden. Darum wurde bei Rasselstein Hoesch eigens eine Stelle für die Koordination der Unternehmenskommunikation geschaffen.

2. Die Mitarbeiterzeitschrift Rasselstein Hoesch INFO[1]

Fünf Mal pro Jahr erscheint in ansprechender Aufmachung die 20 Seiten starke Rasselstein Hoesch INFO. Neben Broschüren, Versammlungen, Gesprächen und Info-Wänden ist sie ein wichtiger Baustein für die innerbetriebliche Kommunikation.

Anfang 1995 wurde eine Agentur damit beauftragt, das neue Konzept für die Mitarbeiterzeitschrift redaktionell und grafisch zu entwickeln. Seither erfüllt es professionelle Ansprüche an Inhalt und Aufmachung.

Abb. 2:
Die Rasselstein Hoesch INFO

[1] Die Rasselstein Hoesch INFO wurde Anfang 2003 in Rasselstein INFO umbenannt.

Das Heft hat eine Auflage von 5.000 Exemplaren, die nicht nur in den Werken ausgelegt werden. Auch Pensionäre und verschiedene Multiplikatoren in Politik und Wirtschaft gehören zu den Beziehern. Zudem reicht die Mitarbeiterzeitschrift mit ihrem Themenangebot über die Betriebsgrenzen hinaus. So ist sie auch ein Sprachrohr, das stark nach außen wirkt. In der Redaktion arbeiten Vertreterinnen und Vertreter der vier Vorstandsressorts sowie der beiden Standorte. Für Redaktion, Layout und Druckabwicklung ist eine PR-Agentur verantwortlich.

Die INFO versteht sich als ein Teil der neuen Unternehmensorganisation und -kultur. Das bedeutet in erster Linie, vorrangig die Mitarbeiter zu Wort kommen zu lassen, denn der konzeptionelle Anspruch besteht darin, Themen aus deren Sicht zu erörtern. Veröffentlichungen über ganz oder teilweise erreichte Unternehmensziele fördern nicht nur die Motivation und die Identifikation der Beschäftigten mit dem Unternehmen, sondern steigern das Betriebswissen und sind insofern ein Instrument der Qualitätssicherung.

Eine Firmenzeitschrift muss schnell und leicht zu lesen sein, ohne ebenso schnell langweilig zu werden. Also ist zunächst Übersicht wichtig, wofür bereits der Titel mit den Themenankündigungen sorgt. Feste Rubriken, die ihre angestammten Plätze im Heft inne haben, helfen mit klarer Struktur. Andere Rubriken werden flexibel im Heft platziert. Die persönliche Note steuern die „Personalien" und „Menschen & Rasselstein" am Ende des Heftes bei. „Aktionsseiten", beispielsweise zur Arbeitssicherheit, erscheinen immer parallel zu entsprechenden Aushängen in Vitrinen bzw. Schaukästen.

Abwechslungsreich wird die Lektüre durch unterschiedliche Artikellängen, die Auswahl der Themen und den Einsatz verschiedener journalistischer Darstellungsformen wie z. B. Nachricht, Reportage, Interview oder Portrait. Zusätzlich lockern optische Elemente wie Grafiken und Fotos die Gestaltung auf.

Eine wichtige Rolle spielte und spielt die INFO noch immer bei der Umstrukturierung der Betriebsorganisation. Ob Teamorganisation, Autonome Wartung oder Lohnsystem, sie beleuchtete alle diesbezüglichen Themen und erleichterte den Mitarbeitern das Verständnis für die Maßnahmen. Darüber hinaus haben die Bereiche Wirtschaft und Markt einen sehr hohen Stellenwert. Die Mitarbeiterzeitschrift vermittelt klar, dass die Arbeitsplätze in erster Linie von den Aufträgen – also von der Qualität des Produkts und der Kundenzufriedenheit – abhängen. In diesem Zusammenhang sind für Rasselstein Hoesch auch Umweltthemen wichtig, z. B. Dosenpfand, Littering, Recycling. Und auch der innerbetriebliche Umweltschutz hat ein großes Gewicht. Natürlich informiert die Mitarbeiterzeitschrift ständig über neue Investitionen und deren Auswirkungen auf die Mitarbeiter. Investitionen sind ein motivierendes Signal für die Zukunft des jeweiligen Standortes. Sie entwickeln jedoch keinerlei positive Sogkraft, wenn die Beschäftigten nicht oder nur unzureichend darüber informiert werden.

Wer sich zu verschiedensten Themen, z. B. Härtefonds oder Unfallversicherungen, weitergehend informieren möchte, findet Hinweise auf Bezugsquellen für Informationsmaterialien oder auf innerbetriebliche Ansprechpersonen.

Mit seiner Zeitschrift erreicht das Unternehmen – so die Mitarbeiterumfragen von 1997 und 1999 – etwa neun von zehn Beschäftigten. Wurde 1997 nur danach gefragt, ob die Zeitschrift gelesen wird (in Andernach antworteten 78 Prozent „trifft völlig zu" und „trifft häufig zu"), sollten die Mitarbeiter 1999 auch ihre Qualität beurteilen (in Andernach vergaben 70 Prozent die Noten „sehr gut" und „gut").

3. Das Info-Team

Das Team Information bestand anfangs aus jeweils einem Vertreter des Personalressorts und der Technik. Als Serviceteam für die Produktionsteams und organisatorisch verbunden mit dem Personalressort stellt das Team heute ein wichtiges Steuerungsgremium im innerbetrieblichen Kommunikationssystem dar.

3.1 Aufgaben des Info-Teams

Kontinuierliche Information der Belegschaft ist das wichtigste Ziel des Info-Teams und Teil unserer Unternehmenskultur. Denn nur informierte Mitarbeiter können zum Mitdenken und Mitmachen angeregt werden. Darum sind an geeigneten Stellen wie Ein- und Ausgängen und rund um die Kantinen Informationstafeln aufgestellt (s. Anhang zu Kap. 10, Anlage 1). Grundsätzlich können damit alle Mitarbeiter erreicht werden.

Abb. 3:
Informationstafeln
im Team Walzwerke

Auf diesen Tafeln wird im Monatsturnus unter anderem über das Erreichen von Zielvorgaben (insbesondere Nacharbeit, Abbindungen, Reklamationen, Krankenstand, Verbesserungsvorschläge oder Mehrarbeit) aus dem Technik- und Personalressort berichtet. Auch aktuelle Probleme im Produktionsablauf werden aufgegriffen. Dabei geht es darum, Probleme rasch transparent zu machen und alle Beteiligten zur Lösungsfindung aufzurufen.

Aber nicht nur Negatives, auch Erfolge werden vermeldet, um den Mitarbeitern Feedback zu geben und die Motivation zu fördern.

Überhaupt ist die Visualisierung und Veröffentlichung von Zielvorgaben und erreichten Werten die wichtigste Aufgabe des Info-Teams. Mit Hilfe von kreisförmigen „Zielscheiben", zum Beispiel der Qualitätszielscheibe oder der Sauberkeitszielscheibe, ist auf einen Blick erkennbar, wie genau die Vorgaben getroffen sind.

Das Info-Team unterstützt außerdem die Arbeit der Moderatoren in den Workshops der Betriebsteams durch begleitende Moderationen, Anleitungen und Informationsmaterialien. In eigenen Veranstaltungen bietet das Team eine Plattform für den Erfahrungsaustausch von Moderatoren. Weitere Tätigkeiten des Info-Teams sind die redaktionelle Mitarbeit bei der Rasselstein INFO und die Organisation und Auswertung der Mitarbeiterbefragungen.

3.2 Geschichte des Info-Teams

Das Team Information wurde im Zuge der Neubildung der Produktionsteams im Mai 1994 bei der damaligen Rasselstein AG in Andernach gegründet. Als Serviceteam für die Produktionsteams (Beize bis Fertiglager) unterstand es der Werksführung als kleine Stabsstelle mit zwei Ingenieuren des technischen Ressorts. Die ersten Aktionen bestanden darin, an den neu installierten Info-Wänden Informationen über Missstände und Zielvorgaben auszuhängen. Daneben organisierte das Team große und kleine Gesprächsrunden, um die Mitarbeiter in den Informationsfluss einzubeziehen.

Zusätzlich wurden kontinuierliche Aktionen zu ausgewählten Problemfeldern gestartet. Regelmäßig wurden auch die Reklamations-Schwerpunkte und akute Tagesthemen hervorgehoben, wie zum Beispiel ein Verhalten, das zu einem Unfall geführt hat.

1996 wurde das Intranet bei Rasselstein aktiviert. Es galt nun, sämtliche relevanten Informationen dafür aufzubereiten. Daran konnten die diversen Teams selbst mitarbeiten und eigene Beiträge formulieren. Neue Impulse bekam das Info-Team 1997, als Informationsverantwortliche im Bereich Marketing/Vertrieb benannt wurden. Gleichzeitig übernahm eine Agentur die optische Gestaltung der Info-Medien.

Unser Erfolgsrezept:

✔ Das Unternehmensimage ist Ergebnis der Kommunikation nach innen und außen.

✔ Information dient der Unternehmensleistung und der Arbeitssicherheit.

✔ Die Belange der Mitarbeiter stehen im Vordergrund.

4. Die Mitarbeiterbefragung

Die erste Mitarbeiterbefragung führte das Info-Team 1997 durch. Seitdem ist sie im zweijährigen Turnus fester Bestandteil der Unternehmenskultur. Sie gibt Aufschluss über die Zufriedenheit der Belegschaft und darüber, wie die Veränderungen und Verbesserungen, die auch hier im Buch beschrieben sind, empfunden werden und welche Ergebnisse sie bringen. Die Befragung unterstreicht ganz wesentlich das Mitspracherecht der Belegschaft; sie ist ein Instrument des Kontinuierlichen Verbesserungsprozesses (KVP) und elementarer Bestandteil unserer Zertifizierungen. Die Einbindung von Betriebsrat und Vertrauensleuten hat sich als Erfolg für die Verteilung und Aufarbeitung der Ergebnisse gezeigt.

4.1 Ziele der Mitarbeiterbefragung

Zufriedene Mitarbeiter sind motivierte, bessere Mitarbeiter, die wesentlich zur Sicherung der Auftragserfüllung, der Kundenzufriedenheit und der Wirtschaftlichkeit beitragen. Um ihnen ein zufrieden stellendes Arbeitsumfeld zu bieten, haben wir in den neunziger Jahren sehr viel verändert und optimiert. Welche Maßnahmen sich in welchem Maße ausgezahlt haben, darüber gibt die Mitarbeiterbefragung Aufschluss, denn in ihr spiegeln sich alle Punkte der Betriebsorganisation wider. Die Antworten liefern wertvolle Hinweise für weitere Optimierungen.

In manchen Fällen ist der Nachweis der Mitarbeiterzufriedenheit sogar zwingend erforderlich, so zum Beispiel bei der 1998 erfolgten Zertifizierung nach QS9000 sowie nach VDA 6.1. Im Anforderungstext heißt es: „Welche Indikatoren auf welche Weise erfragt werden, obliegt dem Unternehmen. Allerdings ist nachzuweisen, dass man die Erhebungen regelmäßig durchführt, Verbesserungsmaßnahmen ableitet und evaluiert und so kontinuierlich den Qualitätsmanagement-Regelkreis vollzieht."

4.2 Methodik und Commitment

Alle zwei Jahre finden die Mitarbeiterbefragungen statt. Daran nimmt die gesamte aktive Belegschaft einschließlich der Auszubildenden teil. Besonders wichtig ist immer wieder, im Vorfeld um Vertrauen zu werben. Hierzu dient ein Anschreiben an die Mitarbeiter, in dem die Zusammenarbeit mit dem Betriebsrat und das Ziel der Befragung erläutert sowie die Anonymität der Antworten garantiert wird. Auch werden Ansprechpartner benannt, die bei Fragen helfen können (Anhang zu Kap. 10, Anlage 3).

Der sechsseitige Bogen der dritten Befragung wurde unter Einbeziehung des Arbeitskreises „Interne Kommunikation" entwickelt (Anlage 2). Die rund 80 Fragen in elf Themenkomplexen lehnen sich stark an das Anforderungsprofil der European Foundation of Quality Management (EFQM) an:

1. Motivation/Engagement
2. Aufstiegsmöglichkeiten
3. Kommunikation
4. Verantwortung und Mitentscheidung
5. Führung und Führungsstil
6. Lernen
7. Zufriedenheit
8. Betriebliche Leistungen
9. Gesundheit und Arbeitssicherheit
10. Produktqualität
11. Unternehmensprofil

Für ausländische Mitarbeiter wird der Fragebogen in die jeweilige Landessprache übersetzt. Einige der Fragen dienen speziell dem Zweck, bezüglich des Unternehmensimages einen Vergleich der Sichtweise der Mitarbeiter mit den Ergebnissen einer externen Imageanalyse anzustellen.

Damit die Beteiligung möglichst hoch ist, werden umfassende Werbeaktionen durchgeführt: von Plakaten, Veröffentlichungen in der Rasselstein INFO und im Intranet über Pop-up-Fenster auf den PCs der Beschäftigten bis hin zu persönlicher Information durch Betriebsrat und Führungskräfte.

4.3 Ergebnisse und Konsequenzen der Mitarbeiterbefragung

Die Ergebnisse der Mitarbeiterumfrage stehen grundsätzlich jedem Mitarbeiter zur Verfügung – eine begrenzte Auswahl ginge zu Lasten der Glaubwürdigkeit.

Die erste Information über die Ergebnisse findet allerdings im Kreis der Führungskräfte statt. Unmittelbar danach werden Betriebsräte und Vertrauensleute in Kenntnis gesetzt. Im Anschluss daran wird die Belegschaft über alle verfügbaren Medien informiert.

Bei der ersten Mitarbeiterbefragung wurden die Ergebnisse zusammen mit den Vorgesetzten aufbereitet. Das führte zu Störgefühlen bei den Mitarbeitern. Bereits bei der zweiten Befragung nahmen daher eigens dafür geschulte Betriebsräte und Vertrauensleute, so genannte Prozessbegleiter, die Aufbereitung der Ergebnisse vor.

Heute wertet ein Umsetzungsteam zusammen mit Ressortvertretern aus dem Arbeitskreis Unternehmenskommunikation die Ergebnisse aus. Es wird ergänzt durch Mitarbeiterworkshops, die von Betriebsräten und dem jeweils zuständigen Personal- und Fachteamleiter begleitet werden. So werden auch die Mitarbeiter in die Definition von Konsequenzen und Handlungsfeldern einbezogen, die Umsetzungswege durch die Anwesenheit der Führungskräfte verkürzt.

Beispiel Mitarbeiterumfrage 2002 bei Rasselstein Hoesch in Andernach

Ausgesprochen positiv waren die Ergebnisse der Umfrage von 2002 – und dies über alle Ressorts hinweg. Deutliche Problemfelder existieren nicht. Besonders gut schnitten diese Bereiche ab:

- *Lernen und Weiterbildung* (Beispiele: „Die Teilnahme an Weiterbildungsangeboten wird mir von meinem direkten Vorgesetzten ermöglicht", „Das Weiterbildungsangebot bei Rasselstein erfüllt meine Bedürfnisse und Wünsche" etc.)
- *Produktqualität* (Beispiele: „Identifikation mit dem Produkt Weißblech", „ständige Verbesserung der Produktqualität als Ziel des Arbeitsbereiches")
- *Unternehmensprofil* („Rasselstein bietet attraktive Arbeitsplätze, – bietet ein angenehmes Betriebsklima" etc.)

Das beachtenswert positive Unternehmensprofil entspricht übrigens auch dem Bild, das die regionale Öffentlichkeit vom „Rasselstein" hat. Im Jahr 2002 stellten wir etwa 2.000 Bürgern im Umkreis von 50 km rund um Andernach dieselben Fragen zum Thema Unternehmensprofil wie in der Mitarbeiterumfrage. Der Skalenverlauf ist überraschend gleichmäßig, sogar noch etwas positiver.

Etwas kritischer bewertet werden die betrieblichen Leistungen wie zum Beispiel die Information über soziale und medizinische Belange oder die Qualität der Kantine. In der Produktion klagen die Beschäftigten teilweise über unzureichende Beleuchtung mit natürlichem Licht.

Hier liegen Ansatzpunkte für Verbesserungen. Denn die bloße Durchführung einer Mitarbeiterumfrage genügt natürlich nicht. Es müssen auch Konsequenzen folgen, sonst ist der Verlust an Glaubwürdigkeit, Unzufriedenheit und der Rückgang der Beteiligung bei der nächsten Befragung vorprogrammiert.

4.4 Fazit und Ausblick

In einer Zeit sich ständig schneller vollziehender Veränderungen müssen Unternehmen ihre Strukturen und Prozesse laufend überprüfen und verbessern. Dies gelingt nur, wenn die Unternehmensziele allen Mitarbeitern bekannt sind und sie diese mittragen können. Ein einheitliches, von allen Entscheidern im Unternehmen getragenes Konzept für die innerbetriebliche Kommunikation und eine entsprechende Infrastruktur sind wichtige Voraussetzungen dafür, dass der Wandel gelingen kann.

Auch hier gilt: Mittel und Maßnahmen der Unternehmenskommunikation müssen einer ständigen Evaluation unterzogen werden. Sind die Informationswege schnell und effizient? Sind die Kommunikationsinstrumente zielgruppenadäquat? Auch in Zukunft ist das „Kommunikationscontrolling" ein wichtiger Bestandteil des Kontinuierlichen Verbesserungsprozesses bei Rasselstein Hoesch.

5. Das Mitarbeitergespräch – Gepflegte Gesprächskultur

Aus welcher Perspektive man es auch betrachtet – ob man andere Menschen führt oder selbst geführt wird: Meistens taucht die Frage auf, ob auch alle an einem Strang ziehen. Und ob man oft genug darüber spricht. Unser Erfolg hängt ganz entscheidend von der Motivation der Mitarbeiter ab. Diese wiederum ist ein Indikator dafür, wie weit die Unternehmensziele sich mit ihren eigenen decken. Dass man hier mit Transparenz und Kommunikation sehr viel erreichen kann, ist hinlänglich bekannt. Die Einführung des Mitarbeitergesprächs war daher eine Selbstverständlichkeit.

Das Mitarbeitergespräch wird unabhängig vom Mitarbeiterstatus sowohl mit Tarifangestellten als auch mit Lohnempfängern geführt und ist seit einigen Jahren ein wichtiger Bestandteil unserer Unternehmenskultur. Einmal pro Jahr soll es in dieser Regelmäßigkeit helfen, dass Mitarbeiter und Führungskräfte gemeinsam die Ziele für die nächsten zwölf Monate setzen. Danach dient es der Erfolgskontrolle und Motivation. Der Mitarbeiter wird im persönlichen und vertraulichen Gespräch angeregt, sich mit seinen Vorstellungen stärker in den Betrieb und dessen Anliegen einzubringen – die Führungskraft soll sich ihrerseits bewusster mit den Anregungen ihrer Mitarbeiter auseinander setzen und deren berufliche Entwicklung zielgerichtet fördern können.

5.1 Warum Mitarbeitergespräche?

Die Hauptaufgabe eines Mitarbeitergesprächs besteht darin, ein regelmäßiges Feedback zu den Leistungen zu geben und damit die Zufriedenheit, Leistungsfähigkeit und -bereitschaft der Mitarbeiterinnen und Mitarbeiter zu erhalten und zu fördern. Die Leistungsbeurteilung ist in Teilen mit dem neuen Lohn- bzw. Prämiensystem verknüpft.

Das Mitarbeitergespräch ist wie eine Bilanz. Einmal im Jahr kommen Mitarbeiter und Führungskraft zum Gespräch unter vier Augen zusammen. Dabei geht es um die persönliche berufliche Situation, die erreichten und die künftigen Ziele. Eine gemeinsame Basis für die Zusammenarbeit im folgenden Jahr wird geschaffen. Das Mitarbeitergespräch ersetzt nicht den ständigen Dialog, denn meist stehen im betrieblichen Alltag andere Themen im Vordergrund.

Das Mitarbeitergespräch bei Rasselstein hat mehrere Zielsetzungen. Es soll

- die Leistung des abgelaufenen Jahres erörtern,
- eine Gelegenheit für Anerkennung und Kritik bieten,
- die persönliche Zulage für erbrachte Leistung festlegen,
- Ziele für das nächste Jahr festlegen und fixieren,
- Stärken und Schwächen analysieren helfen,
- Vertrauen schaffen und erhalten,
- Maßnahmen zur Personalentwicklung vorbereiten,
- die Zusammenarbeit zwischen Mitarbeiter und Führungskraft verbessern.

Was im Einzelnen insbesondere hinter der Leistungsbeurteilung und Zielvereinbarung steht und wie diese bei Rasselstein gehandhabt werden, ist schwerpunktmäßig im Abschnitt 5.4 erläutert. Zunächst aber erfahren Sie, welche Vorteile das Mitarbeitergespräch in diesem Zusammenhang für beide Seiten hat.

5.2 Vorteile für den Mitarbeiter

Ziele, die nicht festgehalten werden, verlieren ihre Verbindlichkeit. Ein unschätzbarer Nutzen des Mitarbeitergesprächs ist daher die schriftliche **Dokumentation**. In Verbindung mit der Leistungszulage bietet die Dokumentation zudem ganz konkrete Anreize für den Mitarbeiter, insbesondere wenn Ziele erreicht oder gar übererfüllt werden.

Individuelle Anliegen können zwangloser besprochen werden. Das Mitarbeitergespräch findet immer unter vier Augen statt; es fördert das gegenseitige Verständnis und schafft im Idealfall eine nachhaltige **Vertrauensbasis**, die ganz besonders der Zusammenarbeit zuträglich ist.

Der Mitarbeiter erfährt in diesem Gespräch **Wertschätzung und Anerkennung**. Nicht nur für seine Arbeit, sondern auch für sein persönliches Engagement. Hier kommt ganz klar zum Ausdruck, wie sehr das Unternehmen auf jeden Einzelnen zählt.

Persönliche **Stärken und Schwächen** lassen sich im Mitarbeitergespräch ohne Vorbehalte erörtern. Dabei geht es nicht darum, diese als gegeben hinzunehmen, sondern Möglichkeiten zur Förderung der Stärken und zum Abbau von Defiziten zu finden.

Hinsichtlich der **beruflichen Entwicklung** im Betrieb bietet das Mitarbeitergespräch die Möglichkeit, längerfristige Vorstellungen klar zu äußern. Zwar ist das nicht jedes Jahr notwendig, doch hilft es bei der Einschätzung von Qualifizierungsbedarf. Auch kurzfristige Qualifizierungsmaßnahmen werden vereinbart. Im Verlauf der nachfolgenden Periode erwirbt der Mitarbeiter Kenntnisse und Fähigkeiten, die zur Zielerreichung notwendig sind, oder auch um die Anforderungen des aktuellen bzw. künftigen Aufgabengebietes zu erfüllen. Sie können auch den beruflichen Aufstieg begleiten.

Unser Erfolgsrezept:

✔ Ziele schriftlich festhalten, damit man sie vor Augen hat.

✔ Persönliche Atmosphäre schafft Vertrauen und fördert Zusammenarbeit.

✔ Motivation durch Anerkennung der persönlichen Leistung.

Diese Zielvorstellungen werden für Tarifangestellte im Formular zum Mitarbeitergespräch (Anlage 5) unter „Entwicklungsziele" festgehalten. Lohnempfänger können ihre Qualifizierungswünsche auf der Rückseite des Beurteilungsbogens darstellen. Diese Eintragungen und die Qualifizierungsmöglichkeiten aus Sicht der Teamleitung sind die verbindliche Basis für die Entwicklung von Qualifikationsplänen.

5.3 Vorteile für die Führungskraft

Für den Vorgesetzten bietet das Mitarbeitergespräch die Möglichkeit, die Akzeptanz seiner Person und seiner Entscheidungen zu stärken. Auch fallen in diesem Rahmen persönliche Worte leichter, die den Mitarbeiter direkt zu konstruktiven Vorschlägen ermutigen und ihn anspornen. Das Arbeitsklima im Team profitiert ungemein davon, wenn eventuelle Missverständnisse im Gespräch ausgeräumt werden.

Die Anregungen des Mitarbeiters zur **Verbesserung des Arbeitsablaufs**, der Zusammenarbeit und des Arbeitsklimas geben der Führungskraft ein Feedback über eventuelle Schwachstellen im Arbeitsprozess und mögliche Verbesserungen. Besonders wichtig ist es, dieses Feedback sichtlich dankbar aufzunehmen und konstruktiv zu nutzen.

Aus Unternehmenssicht dienen Mitarbeitergespräche dazu, Mitarbeiter zu ermutigen, sich zu engagieren. Hier hat er oder sie endlich ein Forum, wo ganz individuelle Themen eingebracht und Lösungen gefunden werden können. Damit eröffnet sich so manche Gelegenheit, **vorhandene Potenziale** der „Rasselsteiner" optimal einzusetzen.

Die Führungskraft hält im Bogen zum Mitarbeitergespräch die **Stärken** des Mitarbeiters fest. **Schwächen** können gezielt angesprochen und Verbesserungsmöglichkeiten erörtert werden. Meist wollen die Mitarbeiter in diesem Zusammenhang erfahren, wie sie von ihrer Führungskraft eingeschätzt werden. Dieser Teil des Mitarbeitergesprächs ist besonders bedeutsam, denn es geht letztlich um Anerkennung oder Aufzeigen von Defiziten und damit um die weitere Motivation sowie Beratung der Mitarbeiter. Und zwar nicht vor versammelter Mannschaft, sondern unter vier Augen.

So ungeschminkt, wie es anders nicht möglich wäre, erfährt die Führungskraft das persönliche Befinden einzelner Mitarbeiter. Wohin er oder sie sich **beruflich weiterentwickeln** möchte, kann realistisch von beiden Seiten eingeschätzt und festgehalten werden. Dazu macht die Führungskraft geeignete Qualifizierungsvorschläge.

Unser Erfolgsrezept:

✔ Anregungen der Mitarbeiter für konstruktive Verbesserung nutzen.

✔ Potenziale besser ausschöpfen durch Entwicklungsgespräche.

✔ Ursachenforschung wird erleichtert, wenn Ziele nicht erreicht werden.

5.4 Schwerpunkte des Mitarbeitergesprächs

a) Ziele

Die Zielvereinbarung ist das A und O des Mitarbeitergesprächs. Ohne Ziele lässt sich keine Entwicklung feststellen und keine Leistung messen. Vorschläge kommen von der Führungskraft, aber ganz besonders auch vom Mitarbeiter selbst. So entwickeln beide gemeinsam die beruflichen Ziele des Mitarbeiters für das folgende Jahr. Sie müssen realistisch, aufeinander abgestimmt, sinnvoll, notwendig und terminbezogen sein. Ziele können zum einen auf laufende und routinemäßige Arbeiten, zum anderen aber auch auf Sonderaufgaben und einzelne Projekte bezogen sein.

Der Mitarbeiter stimmt mit seiner Führungskraft den Entscheidungsrahmen ab, damit vereinbarte Ziele auch realisierbar sind. Dadurch kann er sich mit dem Aufgabengebiet besser identifizieren. Selbstständiges und verantwortliches Arbeiten sowie vor allem Eigeninitiative werden auf diese Weise gefördert. Indem der Mitarbeiter sich auf ein Ergebnis konzentriert, kann die Führungskraft die Arbeiten nachhaltiger delegieren. Denn es ist davon auszugehen, dass der Mitarbeiter (im eigenen Interesse) bestrebt ist, die vereinbarten Ziele zu erreichen.

Wenn nach einem Jahr ein oder mehrere Ziele nicht erreicht wurden, werden die Gründe dafür gesucht. Gab es Fremdeinflüsse, Unklarheiten, mangelnde Hilfestellung? Oder waren die Ziele zu hoch gesteckt, um ein optimales Ergebnis zu erreichen? Dies sind die Fragen im nächsten Mitarbeitergespräch.

b) Beurteilung und Zulagen

Eine wesentliche Komponente des Rasselsteiner Entgeltsystems ist die Leistungszulage bei Angestellten bzw. die persönliche Zulage bei Lohnempfängern. Sie wird jeweils anhand eines Beurteilungsbogens vom Vorgesetzten ermittelt. Und zwar im Verlauf des Mitarbeitergesprächs. Der Mitarbeiter schätzt seine Leistung zunächst selbst ein. Anschließend beschreibt der Vorgesetzte die Leistung aus seiner Sicht und begründet die Einschätzung. So findet eine gemeinsame und gerechte Beurteilung statt. Auch die Zielerreichung geht mit in die Beurteilung ein. Näheres zum Beurteilungsbogen und -verfahren finden Sie im Kapitel 5 „Das Rasselsteiner Lohnsystem" und dessen Anhang.

Beide Zulagen, für Lohnempfänger wie für Tarifangestellte, haben gemeinsam, dass jeweils die Leistung des Mitarbeiters im Rückblick auf die vergangene Periode beurteilt wird. Dieses Verfahren ist einheitlich und gewährleistet, dass Mitarbeiter mit unterschiedlichen Aufgabenstellungen und verschiedenen Führungskräften innerhalb eines Jahres die gleiche Chance auf eine gerechte und objektive Beurteilung ihrer Leistung haben. Das wird erreicht, wenn für die Beurteilung Folgendes gilt:

- gleicher **Zeitpunkt** des Gesprächs
- gleiche **Regeln**, nach denen das Gespräch stattfindet
- gleicher **Zweck**, der für das Gespräch vereinbart wurde
- gleiche **Maßstäbe** für Tarifangestellte und Lohnempfänger
- gleicher **Wissensstand** der Führungskräfte für die Beurteilung

Für **Tarifangestellte** gilt folgendes Beurteilungssystem: Maximal 13 Merkmale werden mit einem Punktesystem in fünf Stufen beurteilt: von „Mindestanforderungen erfüllt" über „Anforderungen gut erfüllt" bis zu „Anforderungen erheblich übertroffen". Weitere Erklärungen vereinfachen die Bewertung.

Treffen einzelne Beurteilungsmerkmale nicht zu, so können diese ausgeschlossen werden. Das Ergebnis errechnet sich dann aus der Gesamtsumme der Punkte für die entsprechenden Beurteilungsstufen geteilt durch die Anzahl der zutreffenden Kriterien, d. h. abzüglich der ausgeschlossenen. Abschließend wird das Gesamtergebnis gerundet und der prozentualen Leistungszulage zugeordnet (Anhang zu Kap. 10, Anlage 4). Bezogen auf die Tarifgruppe reicht die Spannweite der Leistungszulage von vier bis zwanzig Prozent.

Bei Führungskräften werden zusätzlich Anforderungen an die Personalführung beurteilt und besprochen.

Unser Erfolgsrezept:

✔ Mitarbeitergespräch mit Beurteilung der Einzelleistung koppeln.

✔ Gerechte Beurteilung durch gleiche Rahmenbedingungen.

✔ Anreizsystem für persönliche Sonderleistung.

Bei **Lohnempfängern** ergibt sich die persönliche Zulage daraus, wie die mehr oder weniger vielseitig einzustufende Arbeit anhand von acht Kriterien zu beurteilen ist. Die Vielseitigkeit des Arbeitsplatzes steht schon vor dem Mitarbeitergespräch fest. Sie richtet sich nach der Qualifikation des Mitarbeiters und der Häufigkeit, mit der er Arbeitsplätze unterschiedlicher Aufgabenstellungen im Laufe des Jahres eingenommen hat.

Aus der höchst erreichbaren Punktzahl von Vielseitigkeit und Beurteilungsmerkmalen kann so maximal eine persönliche Zulage von 1,76 Euro pro Stunde erreicht werden. Mehr dazu in Kapitel 5 „Das Rasselsteiner Lohnsystem".

6. Der Prozess der Einführung und Akzeptanzgewinnung

Neues zieht Kritik auf sich. Besonders, wenn es darum geht, Arbeitsleistung zu messen und konkret zu beurteilen. Aber auch für diejenigen, die messen und beurteilen, ist ein neues Instrument wie das Mitarbeitergespräch anfangs nicht einfach in der Handhabung. Soziale Kompetenzen wie Gesprächsführung und Motivation im Gespräch sind von Natur aus nicht bei allen Führungskräften gleichermaßen vorhanden und müssen trainiert und verinnerlicht werden. Im Zuge der Reorganisation seit Mitte der neunziger Jahre haben wir eine allgemeine Akzeptanz dieses Instrumentes der Personalführung erreicht. Wie, das erfahren Sie im Folgenden.

6.1 Vorbehalte und Bedenken

Zunächst galt es, Irritationen zu erkennen und zu erfassen, die gleichermaßen bei Mitarbeitern und deren Vorgesetzten vorhanden waren.

a) bei den Mitarbeitern

Jede Beurteilung enthält subjektive Elemente. Vor der Einführung des Mitarbeitergesprächs mit Leistungsbeurteilung äußerten die Mitarbeiter gegenüber dem Betriebsrat ihre Bedenken zu Fehlern in der Beurteilung, die aus ihrer Sicht verschiedene Gründe haben können. Sie vermuteten, dass Vorgesetzte ihre Leistungen unzureichend oder gar nicht beurteilen würden, da diese unmöglich ständig jeden Mitarbeiter „im Auge behalten" könnten.

Noch weit häufiger wurde über mögliche Verzerrungen in der Beurteilung durch Sympathie oder Antipathie diskutiert. Der „Nasenfaktor" unterstellt dem Beurteilenden verschieden strenge Maßstäbe, die möglicherweise sogar völlig unbewusst existieren.

Die Mitarbeiter sahen zudem eine Gefahr darin, dass Vorgesetzte einerseits vorsätzlich, andererseits ihrer Wesensart entsprechend den Beurteilungsmaßstab nicht überall gleich anlegen. Beurteilungen mit offensichtlich eingeschränkter Objektivität würden das ganze System in Frage stellen.

b) bei den Führungskräften

Das Mitarbeitergespräch in Verbindung mit einer Leistungsbeurteilung wollten viele Führungskräfte gern vermeiden. Insbesondere die Schichtkoordinatoren, für die eine solche Situation völlig neu war. Sie betrachteten das Vier-Augen-Gespräch mit scheinbar ebenengleichen „Kollegen" als Konfliktfeld. Es erfordere Kenntnisse und Erfahrung in Gesprächsführung und verlange in hohem Maße von beiden Parteien die Fähigkeit, mit Kritik konstruktiv umgehen zu können. Auswirkungen auf das Arbeitsklima in der Schicht würden auftreten, da ihnen mit der entgeltwirksamen Beurteilung auch eine neue Verantwortung zuwüchse.

Der häufigste Einwand gegen das Mitarbeitergespräch betraf den zusätzlichen Zeitaufwand. Darüber hinaus befürchteten Führungskräfte in Fällen, in denen sie mit ihren Mitarbeitern nicht zu übereinstimmenden Beurteilungen kommen, Verstimmungen und Spannungen im Betriebsablauf. Sie unterstellten dabei, dass die Mitarbeiter sich selbst zu positiv beurteilen würden, weil es schließlich ums Geld ginge.

Manche äußerten auch Sorge darüber, ob der ihnen wiederum Vorgesetzte eine mit ihren Mitarbeitern verbindlich vereinbarte Zulage akzeptieren würde. Sie befürchteten in solchen Fällen negative Auswirkungen auf die eigene Beurteilung.

6.2 Information und Schulung

a) für die Mitarbeiter

Im Vorfeld wurden die Mitarbeiter in einer Veranstaltung über die Inhalte und Ziele des Mitarbeitergesprächs informiert. Die Termine für diese Informationsveranstaltungen gab man rechtzeitig bekannt und organisierte die Teilnahme pro Team oder Schicht. Vorgestellt wurde das Instrument vom jeweiligen Personalteamleiter.

Die verschiedenen Formulare zum Mitarbeitergespräch und zur Leistungsbeurteilung wurden vorgestellt und diskutiert. Daraufhin wurde das Merkblatt „Das Mitarbeitergespräch auf einen Blick" mit einer kurzen Übersicht zu Sinn, Zweck und zum optimalen Ablauf eines solchen Gespräches herausgegeben. Diese Veranstaltungen waren sehr wirkungsvoll.

b) für die Führungskräfte

Die Führungskräfte mussten nicht nur über die Ziele und Inhalte des Mitarbeitergesprächs informiert werden. Es gab darüber hinaus großen Schulungsbedarf im Bereich der Gesprächsführung. Ein eintägiges Pflicht-Seminar trainierte die Rasselsteiner Führungskräfte darin, wie sie sich organisatorisch, inhaltlich und mental auf das Gespräch vorbereiten sollten. Intensive Diskussionen beseitigten Unklarheiten insbesondere zum System der Leistungsbeurteilung.

Anschließend wurde der Umgang mit verschiedenen Mitarbeitertypen in Rollenspielen geübt. Damit das Niveau in allen Trainings vergleichbar bliebe, übernahm der Personalteamleiter bzw. der Trainer die Rolle des Mitarbeiters. Es zeigte sich sehr schnell, dass diese Rollenspiele äußerst realitätsnah und für die Praxis sehr hilfreich waren.

Die Erfahrungen aus diesem Schulungstag wurden anschließend besprochen und gemeinsam ausgewertet. Jede Führungskraft absolvierte diese Schulung, was sicherlich zur erfolgreichen Einführung der Mitarbeitergespräche beigetragen hat.

6.3 Pilotbereiche bei Angestellten

Rasselstein beschloss 1997 die Einführung des Mitarbeitergesprächs mit Leistungsbeurteilung bei den Tarifangestellten. Zunächst mussten die Voraussetzungen überdacht werden.

Beurteilungskriterien und Stufen der Leistungszulage sind von jeher durch den Tarifvertrag vorgegeben. Für unser System erwiesen sie sich als nicht mehr praxisgerecht, weil sich unterschiedliche Gewichtungen der Beurteilungsmerkmale ergaben und Führungskräfte stets Hilfen brauchten, um dies umzusetzen.

Zum anderen fanden trotz der tariflichen Regelung in der Praxis keine regelmäßigen Gespräche statt. Die Leistungszulage wurde vielmehr als fester Verdienstbestandteil gesehen und entsprach nicht der tatsächlichen Leistung. Außerdem war das Zulagenraster zu grob unterteilt, was dazu führte, dass Zulagen auch bei Verschlechterung der Leistung nicht reduziert wurden. Also überarbeiteten wir das System und glichen es an den Zulagebogen der Lohnempfänger an. Mit den Tarifvertragsparteien, dem Betriebsrat und der Geschäftsleitung wurde eine Vereinbarung abgeschlossen, die die Abweichung vom Tarifvertrag regelt. Waren bisher gemäß Tarifvertrag nur fünf Zulagenstufen zu je vier Prozent zulässig, unterteilen wir heute in Ein-Prozent-Schritten.

Das Mitarbeitergespräch wurde zunächst in vier Pilotbereichen (01.04. 1998 und 01.10.1998) getestet. Aus jedem Vorstandsbereich (Finanz- und Rechnungswesen, Fertiglager/Versand, Marketing, Ausbildung) nahm ein Team teil.

Nach Abschluss der Pilotphasen zogen die Führungskräfte gemeinsam mit dem Betriebsrat Resümee. Das Mitarbeitergespräch wurde in folgenden Punkten als wesentlich positiv betrachtet:

- Gute Grundlage für Personalentwicklungsmaßnahmen
- Ermöglicht systematisches Jahresfeedback
- Hilfreiches Instrument für eine bessere Zusammenarbeit im Team
- Ermöglicht Perspektiven für den Mitarbeiter
- Gewährt dem Vorgesetzten Einblick in die Stimmung im Team
- Im Team vorhandenes Konfliktpotenzial kann besser erkannt werden
- Mitarbeiter begrüßen das Feedback durch die Führungskraft
- Mitarbeiter können entsprechend ihrer Fähigkeiten und Kenntnisse besser eingesetzt werden.

Grundsätzlich begrüßten Mitarbeiter, Führungskräfte und Betriebsräte das neue Instrument auf der ganzen Linie. Nach diesem Erfolg übertrugen wir es ab Oktober 1998 flächendeckend auf alle übrigen Bereiche.

6.4 Leistungsbeurteilung und neues Lohnsystem bei den Lohnempfängern

Die Umstellung unseres Lohnsystems, wofür erste Pläne im Jahr 1995 entstanden, brachte den gewerblichen Mitarbeitern ein neues Entlohnungselement. Der alte Lohn, unter Tarifgesichtspunkten ein Prämienlohn mit einem anforderungsbezogenen und einem Leistungsteil, wurde nun um eine persönliche Zulage ergänzt. Sie soll die individuelle Leistung eines Mitarbeiters honorieren, der in einem Team eingebunden ist und eine gruppenbezogene Prämie erhält. Diese Zulage wird anhand des Beurteilungsbogens (Anhang zu Kap. 5, Anlage 1) aus mehreren Komponenten ermittelt. Die erste, die Vielseitigkeit, ist eine rein objektive Betrachtung und charakterisiert die Qualifikation des Mitarbeiters nach festgelegten Kriterien. Daneben gehen auch Faktoren wie Initiative, Kooperationsfähigkeit, Arbeitssorgfalt und -qualität, also subjektive Eindrücke, in die Beurteilungen ein.

Angesichts der offensichtlichen Problematik von Beurteilungen und der von den Beschäftigten geäußerten Befürchtungen zu subjektiven Einflüssen entwickelten die Beteiligten und Betroffenen in zahlreichen Sitzungen eine geeignete Form des kombinierten Mitarbeitergesprächs mit Leistungsbeurteilung. Als Berater bei diesem Prozess wirkten auch die Tarifabteilung der IG Metall und die örtliche Verwaltungsstelle der Gewerkschaft mit.

Die Leistungsbeurteilung im Mitarbeitergespräch ist, wie bereits beschrieben, als eine Kombination von Selbst- und Fremdeinschätzung angelegt. Sie erfordert von beiden Seiten – Mitarbeiter und Vorgesetzter – nicht nur eine gute Gesprächsvorbereitung. Darüber hinaus müssen beide sich über Zielerfüllung und eine Neufestlegung von Zielen einigen. Damit erreichen wir, dass sich die Beteiligten ständig mit den betrieblichen Zielsetzungen und Erfordernissen im Team einerseits und den Bedürfnissen der Mitarbeiter und deren Leistungssteigerung sowie der personellen Entwicklung andererseits auseinandersetzen.

Vorteile dieses ständigen Dialoges sind:

- Unterstützung der Personalführung und -entwicklung
- Rückmeldung über die eigene Rolle als Vorgesetzter
- Übersicht über Motivation und Leistung
- berufliche Weiterentwicklung und Qualifizierung
- Verbesserung der Kommunikation und Zusammenarbeit
- Erkennen von Konflikten und deren Lösung

Die genannten Betriebsparteien vereinbaren schließlich, die Einführung des Mitarbeitergespräches mit einer umfangreichen Pflichtschulung für jede Führungskraft zu begleiten. Zu Beginn der Pilotphase im Team Adjustage nahm man dazu die Hilfe eines externen Beraters in Anspruch. In ganztägigen Workshops lernten die Schichtkoordinatoren die Elemente des Mitarbeitergesprächs kennen und konnten den Ablauf einüben.

Alle Mitarbeiter, die in das neue Rasselsteiner Lohnsystem übernommen wurden, informierten wir in Sonderveranstaltungen detailliert und teilweise sogar individuell über das neue Verfahren. Ergänzend widmete die Mitarbeiterzeitschrift diesem Thema einen ausführlichen Bericht. Die ersten Erfahrungen mit dem Mitarbeitergespräch im Andernacher Pilotbereich rechtfertigten die aufwändigen und umfangreichen Informations- und Schulungsmaßnahmen. Alle 120 Mitarbeitergespräche sind einvernehmlich in Beurteilung und neuer Zielsetzung abgelaufen.

6.5 Fazit

Das Mitarbeitergespräch bei Rasselstein ist sowohl von Mitarbeitern als auch von Führungskräften als effizientes Instrument der Personalführung und -entwicklung akzeptiert. Allgemein sieht man es als Chance für Verbesserungen in Kommunikation und Zusammenarbeit sowie zur Leistungssteigerung.

Im Einzelnen wurden folgende Punkte genannt:

- Der Teamgedanke wird gefördert.
- Das Verständnis untereinander wird verbessert.
- Konkrete Maßnahmen zur Leistungsverbesserung werden vereinbart.
- Personalentwicklungsmaßnahmen werden gemeinsam festgelegt.
- Mitarbeiterpotenziale werden besser erkannt und können gefördert werden.
- Motivation der Mitarbeiter wird verbessert.
- Zielvereinbarungen steigern die Leistung.
- Quergerechtigkeit bei der Leistungszulage wird erreicht.
- Im ganzen Unternehmen finden strukturierte Gespräche statt.

Anfängliche Probleme bei der Beurteilung der Gruppe der Lohnempfänger wurden durch einen optimierten Beurteilungsbogen gelöst (nachzulesen im Kapitel 5 „Das Rasselsteiner Lohnsystem", Abschnitt 2.3 „Persönliche Zulagen"). Des Weiteren wurden neue Beurteilungsstufen formuliert und Erläuterungen zu deren Merkmalen erarbeitet. Damit haben Mitarbeiter und Führungskräfte einheitliche Gesprächsgrundlagen, was der Objektivität und Quergerechtigkeit dient.

Auch für die Tarifangestellten erarbeitete man auf dieser Basis entsprechende Formulierungen für das Mitarbeitergespräch (Anhang zu Kap. 10, Anlage 5). Die durchschnittliche Leistungszulage hat sich nach Einführung der Gespräche bei elf Prozent eingependelt und damit um einen Punkt erhöht. Der größte Teil der Zulagen liegt heute zwischen acht und zwölf Prozent.

Für den Fall, dass sich Mitarbeiter und Führungskraft nicht auf eine gemeinsame Beurteilung einigen können, sorgt heute eine Clearingstelle für Entscheidungen. Sie ist paritätisch mit je einem Betriebsratsmitglied und einem Personalvertreter besetzt. Die Clearingstelle war allerdings bis heute „arbeitslos", was die breite Akzeptanz des Mitarbeitergespräches deutlich belegt.

11

Aus- und Weiterbildung bei Rasselstein

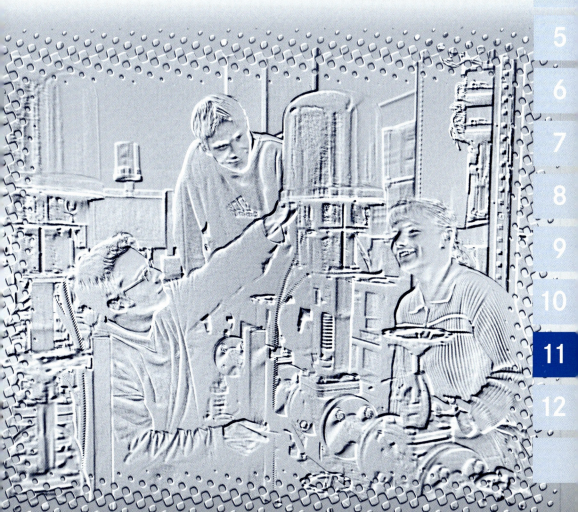

Kapitel 11

Aus- und Weiterbildung bei Rasselstein

Rudolf Carl Meiler, Gert Stötzel

1.	**Berufs- und Ausbildung bei Rasselstein**	179
1.1	Anforderungen und Ziele der Ausbildung	179
1.2	Die Berufe der Metallbranche	180
1.3	Zukunftsberuf Mechatroniker	181
1.4	Teamorientierte Berufsausbildung und Qualifizierungscenter	182
1.5	Lernen in Betrieb und Berufsschule – Lernortkooperation	186
2.	**Entwicklung des Ausbildungskonzepts**	188
2.1	Von der Fachkompetenz zur Handlungskompetenz	188
2.2	Über Zusammenarbeit zum Team	188
2.3	Fazit und Ausblick	189
3.	**Weiterbildung als Wettbewerbsfaktor**	190
3.1	Das Weiterbildungsangebot bei Rasselstein	190
3.2	Bedarfserhebung und -analyse	192
3.3	Zielgruppen und Weiterbildungsangebot	193
3.4	Seminare und Trainings: Die Schwerpunkte	195
3.5	Methoden der Weiterbildung	198
3.6	Controlling und Benchmarking	199
4.	**Wege der Weiterbildung**	200

▶ Querverweise auf die Kapitel:

   1 Die Organisation des Ressorts Personal
   2 Betriebsorganisation und Betriebsführung
   3 Die Reorganisation der Instandhaltung
   4 Die Einführung der Gruppenarbeit
   7 Fehlzeitenmanagement
   10 Kommunikation und Information bei Rasselstein

*Oft schlummert ungeahntes Potenzial in einem Menschen.
Doch wenn Fähigkeiten weder artikuliert noch gefördert werden,
entwickelt er sich lediglich zum Austrittskandidaten.*

1. Berufs- und Ausbildung bei Rasselstein

Die Qualifikation der Mitarbeiterinnen und Mitarbeiter hat einen hohen Stellenwert für die Marktposition eines Unternehmens. Wer nicht auf der Höhe der Zeit ist, verliert den Anschluss, denn die Ausbildungsberufe müssen ständig mit einer sich schnell verändernden Welt automatisierter Produktion Schritt halten. Mit Blick auf die Rasselsteiner Teamstruktur setzt man in der Berufsausbildung darum schon lange auf die Lernortkooperation mit der Berufsschule. Teamarbeit findet nämlich nicht nur in den Grenzen unseres Werkes statt, sie ist auch darüber hinaus notwendig, damit Veränderungen am Markt schon in der Ausbildung berücksichtigt werden können. Deshalb wurde eine Ausbildungskonzeption eingeführt, die sowohl der zukünftigen Bedarfsdeckung in der Produktion als auch der flexibleren Anpassung an Änderungen in der Arbeitsorganisation dienen soll.

1.1 Anforderungen und Ziele der Ausbildung

Ziel der betrieblichen Ausbildung ist der selbstständig arbeitende, teamfähige Mitarbeiter, der motiviert und lernwillig ist und seine Aufgaben kreativ löst: Wir nennen ihn bei Rasselstein den „Mitarbeiter 2010" (siehe Abb. 1).

Damit die Leistungsträger von morgen die Schlüsselqualifikationen in Fach-, Methoden-, Sozial- und Persönlichkeitskompetenz erwerben können, müssen ihre Ausbilder schon heute über innovative methodische Möglichkeiten verfügen und es verstehen zu motivieren. Eine umfassende berufliche Handlungskompetenz und die Vorbereitung auf lebensbegleitendes Lernen sind allerdings nur zu erreichen, wenn die Lernorte – das sind Betrieb und Berufsschule – kooperieren und praxisnahe Konzepte gemeinsam entwickeln und durchführen.

Die heutige Berufswelt baut auf dem Leitprinzip der Handlungskompetenz auf. Die Ausbildung muss dem Rechnung tragen. Selbstorganisiertes Lernen, das heißt eigene Planung, Umsetzung, Kontrolle und Bewertung, trägt zum Erwerb von Handlungskompetenz bei und ist auch Grundlage für zukünftige Weiterbildungsaktivitäten. Davon wird später noch die Rede sein.

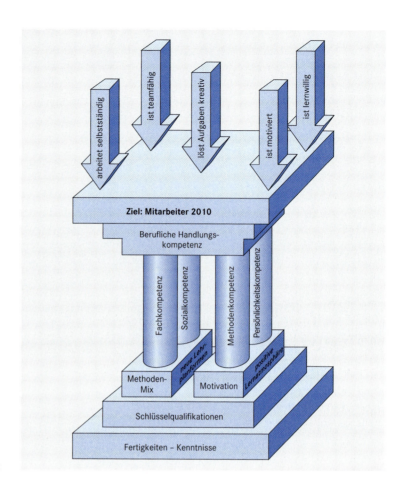

Abb. 1:
Modell der beruflichen
Handlungskompetenz

1.2 Die Berufe der Metallbranche

Bei einer aktiven Belegschaft von rund 2.500 Mitarbeitern in den Werken Neuwied und Andernach liegt die Ausbildungsquote aktuell bei acht bis neun Prozent. 18 qualifizierte Fachleute befassen sich mit Aufgaben der Ausbildung und teilweise der Weiterbildung. Einige wenige Berufe wie die des technischen Ressorts, die Drucker oder die Sozialversicherungsfachangestellten werden von nebenberuflichen Ausbildern betreut. Wie sich die Auszubildenden zahlenmäßig auf die Berufe verteilen, zeigt Abbildung 2 vom September 2002.

Mit fast 75 Prozent stellen die Auszubildenden der Metall- und Elektroberufe traditionell die größte Gruppe. Sie werden nach Abschluss der Ausbildung in die Produktionsteams integriert. Nach einer intensiven Einarbeitung sind sie dort für das Bedienen, Warten und Instandhalten der Anlagen zuständig. Die Absolventen der anderen Ausbildungsberufe werden nach Bedarf in die verschiedenen betrieblichen Teams übernommen.

Ausbildungsberuf	Anzahl	Ausbildungsdauer
Energieelektroniker/-in	37	3,5
Industriemechaniker/-in	45	3,5
Mechatroniker/-in	64	3,5
Zerspanungsmechaniker/-in	4	3,5
Summe gewerblich	**150**	
Sozialversicherungsfachangestellte	2	3
Industriekaufleute	14	3
Kauffrauen für Bürokommunikation	18	3
Summe kaufmännisch	**34**	
Chemielaborant/-in	11	3,5
Werkstoffprüfer/-in	8	3,5
IT-Systemelektroniker/-in	6	3
Summe technisch	**25**	
Summe	**209**	

Abb. 2:
Ausbildungsberufe
bei Rasselstein in Zahlen

Bei zunehmend automatisierten Fertigungssystemen entsprechen die klassischen Berufsbilder in der Metall- und Elektroindustrie aber kaum noch der technischen und arbeitsorganisatorischen Entwicklung. Betrieb und Berufsschule stehen hier vor neuen Ausbildungsaufgaben, die zeitnah durch praxisbezogene Konzepte und überzeugende Lernmaterialien bewältigt werden müssen. Die technische Entwicklung darf der Ausbildung nicht davonlaufen.

Ein Problem dabei ist die lange Vorlaufzeit. Zu dreieinhalb Jahren Ausbildung bei den Metall- und Elektroberufen kommt meist noch der Wehr- oder Zivildienst. Das bedeutet: mehr als vier Jahre vorausdenken, um nicht in veraltetes Wissen investiert zu haben. Deshalb verzichtet Rasselstein zum Beispiel auf den herkömmlichen Verfahrensmechaniker und setzt auf ein zukunftsorientiertes Berufsbild: den Mechatroniker.

1.3 Zukunftsberuf Mechatroniker

Der Mechatroniker arbeitet im Umfeld moderner, automatisierter Fertigungssysteme. Seine Wissensbasis ist eine Kombination grundlegender Kenntnisse und Fertigkeiten aus der Mechanik und der Elektrotechnik. Ergänzend kommen Inhalte aus der Informatik hinzu. Rasselstein bildet auf diesem Beruf seit 1998 aus.

Die Industrie verspricht sich sehr viel von diesem Berufsbild, für Betriebe und Berufsschulen Herausforderung und Chance zugleich. Denn hiermit kann und muss die Leistungs- und Kooperationsfähigkeit der dualen Ausbildung exemplarisch optimiert und damit deren Attraktivität in der Region und darüber hinaus gesteigert werden. Bei der Einführung des Berufs Mechatroniker kommt es darauf an, die didaktischen Konzepte modellhaft umzusetzen. So können sie auch für andere Berufe praktikabel und beispielhaft sein.

Insbesondere die Entwicklung der Produktionsanlagen zu komplexen mechatronischen Systemen stellt neue Anforderungen an deren Bedie-

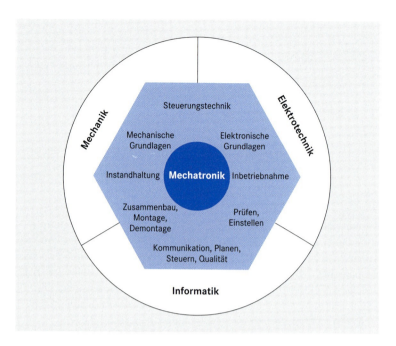

Abb. 3:
Bestandteile
der Mechatronik

nung, Instandhaltung, Montage und Erweiterung. Für diese Tätigkeiten ist ein ganzheitliches und funktionsbezogenes Verständnis erforderlich, das die in der Anlage vernetzten Teilsysteme zusammenhängend begreift.

Der Mechatroniker lässt sich sehr gut in das Konzept der „Autonomen Wartung" integrieren, bei dem die Produktionsmannschaft die Wartung und Instandhaltung übernimmt. Charakteristisch für das Berufsbild ist, dass es sich nicht um einen „abgespeckten" Industriemechaniker plus Elektroniker handelt, sondern um einen eigenständigen Beruf, der in beiden Berufsfeldern arbeitet – der jedoch auf ganze Baugruppen und nicht auf einzelne Bauteile geschult ist. Mit seinem Überblick schließt er die Lücke zwischen dem Anlagenhersteller, dem Werkzeugingenieur und dem hochspezialisierten Mechaniker oder Elektroniker. Bei tiefer gehenden mechanischen oder elektrotechnischen Problemen ist er allerdings auf die Hilfe eines Spezialisten angewiesen.

1.4 Teamorientierte Berufsausbildung und Qualifizierungscenter

Parallel zu den prozess- und arbeitsorganisatorischen Änderungen im Produktionsbereich wurden Änderungen der betrieblichen Ausbildung erforderlich, damit sich die Auszubildenden am Ende reibungslos in die betrieblichen Teams integrieren. Um dies zu gewährleisten, entwickelte Rasselstein für die Metall- und Elektroberufe das Konzept der **Teamorientierten Berufsausbildung (TOB)**.

Unser Erfolgsrezept:

✔ Handlungskompetenz ist das Ziel jeder Ausbildung.

✔ Persönlichkeiten werden gebraucht, keine Personen.

✔ Gruppenarbeit erfordert Teamfähigkeit von Anfang an.

a) Das erste Ausbildungsjahr

Dazu wurde die Grundbildung für jeden Beruf im ersten Jahr der Ausbildung durch eine berufsfeldübergreifende Basisqualifizierung für alle Metall- und Elektroberufe ersetzt. Das heißt, alle Auszubildenden der Berufe Industriemechaniker, Energieelektroniker und Mechatroniker durchlaufen in diesem Jahr eine identische Ausbildung zur Einführung in ihren späteren Beruf und in das Unternehmen. Eine Kombination aus identischen Ausbildungsordnungen (gesetzliche Vorgaben) und den betrieblichen Notwendigkeiten der drei Ausbildungsberufe ergibt die Lerninhalte. Grundlagen der Metalltechnik, der Elektrotechnik und der Steuerungstechnik legen die Basis für die weitere Ausbildung (siehe Abb. 4).

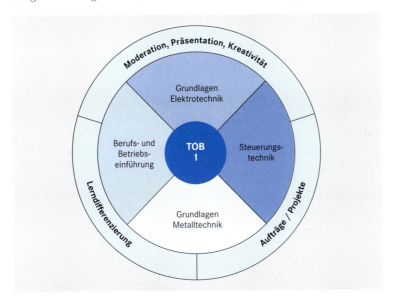

Abb. 4:
Inhalte der berufsfeldübergreifenden Basisqualifizierung (TOB)

Um von Anfang an den Teamgedanken zu fördern, findet die Ausbildung möglichst in Kleingruppen statt. Aus den Produktionsteams kommen praxisbezogene Aufträge wie Bohren, Sägen, Schleifen, Blechbiegen und teilweise auch Schweißarbeiten. So lernen die Auszubildenden, sich als Teil der Wertschöpfungskette im Betrieb zu sehen. Sie sind Lieferant des einen und Kunde eines anderen Teams.

Damit die jungen Menschen in der Ausbildung und später in den Produktionsteams in Workshops mitarbeiten und dabei aktiv den Kontinuierlichen Verbesserungsprozess begleiten können, sind jedoch mehr als nur fachliche Qualifikationen gefragt. Moderation im Gespräch, Präsentation von Ergebnissen und Kreativitätstechniken für die Arbeit sind unbedingt erforderlich. Die Grundlagen hierfür vermitteln wir ebenfalls bereits zu Beginn der Ausbildung.

b) Das zweite und dritte Ausbildungsjahr

Prüfungsrelevante Fachkenntnisse vermitteln wir im zweiten und dritten Ausbildungsjahr in Lehrgängen. Praktische Ausbildung erfahren unsere Azubis in den so genannten Qualifizierungscentern (QC), die in verschiedenen Produktionsteams eingerichtet wurden. QC sind Lernbereiche in der Realsituation innerhalb eines betrieblichen Teams zur Intensivierung arbeitsbezogener Lernprozesse. Das heißt, die Auszubildenden arbeiten dort unter realen Bedingungen und werden in die „echten" Teams voll integriert. Geleitet werden die QC von freien Handwerkern und einem Coach, der den organisatorischen Prozess koordiniert.

Zurzeit existieren die QC *Produktion* und je ein QC für *Handwerker mechanisch* und *elektrisch*. Im Werk Neuwied wurde zusätzlich ein QC *Instandhaltung* eingerichtet. Für besonders wichtig erachten wir dabei das teamübergreifende, interdisziplinäre Lernen. Nur so erfassen schon unsere Auszubildenden komplexe Zusammenhänge im Betrieb und an den Anlagen. Auch im Bereich der Ausbildungswerkstatt wurde eine Ausbildungseinheit in Form eines QC organisiert.

Zu Beginn eines jeden QC steht eine **Einführungs- und Info-Phase**, in der die Auszubildenden die Mitarbeiter des Teams und ihr Lern- und Arbeitsgebiet kennen lernen sowie mit den Sicherheitsregeln am Arbeitsplatz vertraut gemacht werden. Außerdem erfahren sie erste Details über das Produkt ihres Lernbereichs und seine Bedeutung innerhalb der Fertigungskette.

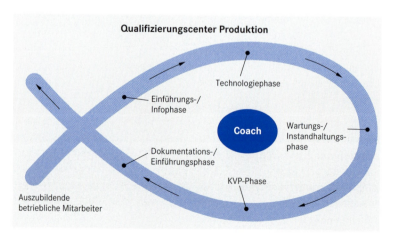

Abb. 5: Qualifizierungscenter Produktion, Ablaufschleife

In der **Technologiephase** erlernen sie den Umgang mit der Anlage und füllen eigenverantwortlich ein oder zwei Arbeitsplätze aus. Bei Bedarf stehen erfahrene Mitarbeiter hierbei zur Seite.

Da Rasselstein bereits früh seine Produktionsmitarbeiter auch in den Wartungs- und Instandhaltungsprozess einbindet, müssen die Auszubildenden das Prinzip der „Autonomen Wartung" verstehen. Das Erlernte aus dem Ausbildungszentrum wird in der **Wartungs- und Instandhaltungsphase** an der Anlage praktisch trainiert.

In der **KVP-Phase** lernen sie den Kontinuierlichen Verbesserungsprozess kennen. Die Auszubildenden erfahren hier, dass Verbesserungen im produktiven Ablauf kein Zufallsprodukt sind, sondern nur möglich sind, wenn man sich permanent damit beschäftigt. Hier erfahren sie, wie Verbesserungsvorschläge entstehen und warum sie für alle so wichtig sind.

Mit der **Dokumentations- und Einführungsphase** schließt das QC ab. Gerade die Dokumentation ist für die Mechatroniker wichtig, da sie später in der Prüfung einen betrieblichen Auftrag durchführen und dokumentieren müssen. Auch für Industriemechaniker und Energieelektroniker ist diese Art der Prüfung künftig vorgesehen. In dieser Phase schließt sich der Kreis – es kommen neue Auszubildende hinzu, denen der Kreislauf im QC noch bevorsteht. Diejenigen, die ihr Training im Team nun durchlaufen haben, geben ihr Wissen an die neuen Teilnehmer weiter. Diese Phase dient dazu, die Erfahrungen zu festigen und Missverständnisse oder Lücken zu korrigieren – denn wann lernt man selbst einen Sachverhalt besser, als wenn man ihn jemandem erklärt?

Ein **Coach** fungiert in jedem QC als Moderator und Trainer. Er unterstützt das Lernen im Team und steht immer mit Antworten zur Verfügung. Organisatorisch ist der Coach dem Team Aus- und Fortbildung zugeordnet. Er wird von einem Fachmann vor Ort unterstützt, der dem QC des betrieblichen Teams angehört. Die Personalkosten für Coach und Fachmann vor Ort kompensieren die Auszubildenden komplett selbst, da sie mit ihrer Tätigkeit im QC viel zur Wertschöpfung beitragen. Ein Prinzip, das für das Werk und für die Ausbildungsqualität wichtig ist und zur Motivation der Auszubildenden beiträgt. Auf diese Weise lernen sie, dass ihre Arbeit keine sinnlose „Etüde" ist, sondern direkt zur Arbeitsplatzsicherung beiträgt.

Für die künftigen Teamhandwerker wurden die QC *Handwerk mechanisch* und *Handwerk elektrisch* eingerichtet. Der Ablauf in diesen QC ist identisch mit dem im QC Produktion, mit einer Ausnahme: für die Technologie- und die Wartungs- und Instandhaltungsphase steht hier die Betriebsauftragsphase. Wo immer möglich arbeiten die Auszubildenden der verschiedenen Berufe zusammen. Weitere Unterschiede ergeben sich lediglich in anforderungsspezifischen Details.

Unser Erfolgsrezept:

✓ Was man sich selbst erarbeitet hat, bleibt länger im Gedächtnis.

✓ Selbstorganisiertes Lernen statt Einpauken vorgefertigter Inhalte.

✓ Integration in die Betriebspraxis schafft die höchste Motivation.

c) Das Prüfungsjahr

Nach drei Jahren wird die Teamorientierung dann weitgehend zurückgenommen. Die Auszubildenden stehen kurz vor der Abschlussprüfung, die gemäß der Prüfungsordnung auf bewertbare Einzelleistungen abzielt. Für die Fertigkeitsprüfung der Industriemechaniker und Energieelektroniker werden zurzeit noch überregionale Prüfungsaufgaben erstellt, die in den Ausbildungszentren der einzelnen Unternehmen zu bearbeiten sind. Der Mechatroniker dagegen muss einen betrieblichen Auftrag durchführen und darüber eine Dokumentation anfertigen. Diese bildet zusammen mit einem Fachgespräch die Grundlage für die Bewertung seiner Fertigkeit.

1.5 Lernen in Betrieb und Berufsschule – die Lernortkooperation

Das duale Ausbildungssystem funktioniert optimal, wenn die Lernorte – Ausbildungsbetrieb und Berufsschule – intensiv zusammenarbeiten und gleichermaßen an der Verbesserung der Ausbildung mitwirken. Das Konzept der Teamorientierten Berufsausbildung (TOB) muss also neben der berufsfeldübergreifenden Basisqualifizierung und der Ausbildung im Qualifizierungscenter QC auch die Lernortkooperation beinhalten (siehe Abb. 6).

Wirklich effektiv kann die Teamorientierte Berufsausbildung nämlich nur dann sein, wenn diese Lernortkooperation didaktisch und metho-

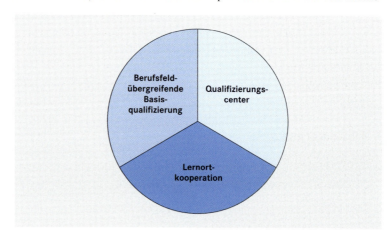

Abb. 6:
Bereiche der Teamorientierten Berufsausbildung

disch erfolgt. Das erfordert eine handlungsbezogene Verknüpfung der Teams aus der betrieblichen Ausbildung (Praxis) mit den Teams der Berufsschule (Theorie).

Die guten Erfahrungen von vor über 25 Jahren bildeten die besten Voraussetzungen für die Teamorientierte Berufsausbildung von heute. Mit den Lehrern für die Berufsbilder des Industriemechanikers und des Energieelektronikers nahmen wir Kontakt auf und erörterten die Möglichkeit, unsere TOB-Idee in die Tat umzusetzen. Erfolg versprachen hauptsächlich drei Gebiete:

- Informatik
- Arbeitssicherheit
- Messtechnik

In einem Arbeitskreis aus Lehrern und Ausbildern wurden diese Gebiete didaktisch-methodisch genau abgegrenzt und ausgearbeitet. Hierbei zeigte sich, dass eine Kooperation sowohl vertikal als auch horizontal möglich war. Vertikal bedeutet, dass die Inhalte der Unterrichtsfächer zwischen den Lernorten Schule und Betrieb abgestimmt werden, um Redundanzen zu vermeiden. Die horizontale Kooperation stimmt die Fächer selbst aufeinander ab. So erfährt der Auszubildende, dass Gelerntes des einen Fachs in vielen anderen Bereichen einen praktischen Bezug hat. Das bedeutet auch, dass im Vorfeld bereits der Lehrplan von Stoff befreit wird, der nichts mit dem späteren Beruf zu tun hat.

Die neue Klasse der Mechatroniker konnte 1998 ganz unproblematisch in das Konzept integriert werden. Inzwischen haben wir die Lernortkooperation mit einer nahe gelegenen Berufsschule weiter vertieft und dabei beispielsweise eine Sortieranlage als Projekt konzipiert und gebaut. Planung, Entwurf, Programmierung und Dokumentation übernahm die Schule, Anfertigung der Bauteile, Zusammenbau und Änderung der Konstruktion übernahm die Lehrwerkstatt.

Der Versuch, Firmen, deren Auszubildende mit den „Rasselsteinern" in einer Klasse sitzen, für die TOB zu begeistern, ist bisher nicht erfolgreich gewesen. Das Modell mit seinen Auswirkungen auf die Schule wird lediglich toleriert. Dass unsere Lernortkooperation Früchte trägt, wird jedoch daran deutlich, dass unsere betrieblichen Ausbilder und die beteiligten Lehrer der Schule inzwischen bei diversen Außenveranstaltungen als ein Team auftreten.

Unser Erfolgsrezept:

✔ Ausbildung im Betrieb innovativ dem Markt anpassen.

✔ Die Berufsschule zum Ausbildungspartner machen.

✔ Teamorientierte Ausbildung vernetzt auch die Ausbilder.

2. Entwicklung des Ausbildungskonzepts

Betriebliche Ausbildung war bis zum Ende der achtziger Jahre weitgehend darauf beschränkt, Wissen ausschließlich für den jeweiligen Beruf zu vermitteln. Man ging strikt nach einer Ausbildungsordnung vor, häufig nur eine Liste von erforderlichen Kenntnissen und Fertigkeiten. Schlüsselqualifikationen wie Planungs- und Kommunikationsfähigkeit oder Eigeninitiative, die zur Methoden-, Sozial- und Persönlichkeitskompetenz führen, waren für den Betriebsalltag nicht relevant. Ob diese Fähigkeiten vermittelt und gefördert wurden, lag im Ermessen des Ausbilders.

2.1 Von der Fachkompetenz zur Handlungskompetenz

Mit Beginn der neunziger Jahre veränderte sich das Denken. Komplexe Systeme und Strukturen setzten das Verständnis für ganze Produktionsketten voraus. Die Bereitschaft zu Wandel, Flexibilität und Mobilität und eine geänderte Einstellung zur Qualität verlangten neue Lern- und Ausbildungsmethoden. Schlüsselqualifikationen im methodischen, sozialen und persönlichen Bereich wurden schließlich als gleichwertig zu fachlicher Ausbildung anerkannt.

Zur Vermittlung dieser Fähigkeiten wurde bei Rasselstein schon früh ein Projekt-Leittext-System entwickelt, mit dem Schlüsselqualifikationen als Lernziel ausgewiesen und gefördert wurden. Dabei hilft der Leittext den Auszubildenden durch Information und Anleitung, die Aufgaben selbstständig zu lösen. Die Aufgabenstellung muss dabei auf ein konkretes, verwendungsfähiges Endprodukt (z. B. Projekt) zielen.

2.2 Über Zusammenarbeit zum Team

Mit der Umstrukturierung der Rasselsteiner Betriebsorganisation wurde klar, dass sich auch die betriebliche Ausbildung anpassen musste, damit Auszubildende später problemlos integriert werden könnten.

Es war quasi eine Pionierleistung: Zusammen mit den Ausbildern entwickelte Rasselstein zunächst die Grundkonzeption der Teamorientierten Berufsausbildung für Industriemechaniker, Energieelektroniker und Verfahrensmechaniker. Und es musste Überzeugungsarbeit geleistet werden. Denn nicht alle waren sofort begeistert. Zum Beispiel mussten die Ausbilder alte und neue Konzepte parallel anbieten, da sonst die prüfungsrelevanten Inhalte bis zum Ende der Ausbildung nicht zu vermitteln gewesen wären.

Auch die Auszubildenden des ersten Jahres waren skeptisch – nicht jedem war klar, dass Änderungen im Betriebsablauf und der Organisation auch die Ausbildung verändern würden. Die Ausbildungsordnung unterstellte beispielsweise noch die Trennung zwischen Bedienen und Instandhalten von Produktionsanlagen. In unserer betrieblichen Praxis war dies aber weitgehend aufgehoben. Die Auszubildenden benötigten nun gleiche Basisqualifikationen schon zu Beginn, selbst für ganz unterschiedliche Berufe. Viele fragten sich auch, warum plötzlich Moderation und Teamfähigkeit auf dem Stundenplan standen.

Im Walzwerk in Andernach wurden die beiden ersten Qualifizierungscenter für Produktion und Handwerk installiert und erprobt. Mit diesen Erfahrungen wurden weitere QC eingerichtet.

Um die Akzeptanz im Unternehmen zu steigern, wurde die Neukonzeption breit über die Rasselstein INFO, die regionale Presse, mit Faltblättern sowie bei verschiedenen betrieblichen Veranstaltungen im Werk kommuniziert. Die Lehrer der allgemein- und berufsbildenden Schulen, die Vertreter der verschiedenen Unternehmen und Institutionen wurden über unsere Teamorientierte Berufsausbildung informiert. Betriebsräte, Jugendvertreter und Teamleiter diskutierten die neue Konzeption, zu Beginn der Ausbildung wurde sie sogar den Eltern der Auszubildenden vorgestellt.

2.3 Fazit und Ausblick

Der Rasselstein wird sich organisatorisch auch in Zukunft weiter verändern. Und damit auch die Ausbildung. Heute schon zeichnen sich bestimmte Entwicklungen ab, woraus sich folgende Forderungen ableiten lassen:

- Ausbildungsmodule mit teilweise wählbaren Schwerpunkten anstelle einer in sich abgeschlossenen Standard-Ausbildung. Module können ständig aktualisiert werden, um Mitarbeiter auch nach der Ausbildung systematisch weiter zu qualifizieren, zu trainieren oder um Erlerntes wieder aufzufrischen. Ein vernetztes, durchgängiges System von der Aus- in die Weiterbildung.

- Ein zentraler, vernetzter Wissensfundus, mit dem die Auszubildenden wie auch die Weiterzubildenden sinnvoll umgehen.

- Die Lernortkooperation darf sich künftig nicht nur auf den Partner Berufsschule beziehen, sondern muss auch die allgemeinbildenden Schulen und Weiterbildungsinstitute mit einbinden.

- So müssten die allgemeinbildenden Schulen schon heute den Grundstock für die Berufsreife und eine erfolgreiche Ausbildung junger Menschen legen. Leider gibt es in naturwissenschaftlichen und technischen Fächern, ja sogar beim Rechnen, Lesen und Schreiben große Defizite. Mit Hilfe der erweiterten Lernortkooperation könnte gezielt nach Lösungen gesucht werden.

- Bei den „neuen" Metall- und Elektroberufen zeichnet sich beim praktischen Teil der Abschlussprüfung das Variantenmodell ab. Dabei entscheidet der Betrieb, ob der Auszubildende einen betrieblichen Auftrag oder eine überregional gestellte Aufgabe in der Prüfung bearbeiten muss.

▎ Auch Körperschaften der Berufsbildung wie das Arbeitsamt oder Kammern werden in Zukunft wichtige Partner für neue Ausbildungskonzepte sein. Dafür muss allerdings eine bessere Abstimmung erfolgen. Weiterbildungsinstitute sollten ihre Angebote so konzipieren, dass sie auf die Erstausbildung aufbauen. Sinnvoll wäre eine „Institution Lernortkooperation", die all diese Aktivitäten koordiniert. Im Kreis Neuwied sind wir deswegen mit dem Arbeitsamt und der Kreisverwaltung im Gespräch.

Unser Erfolgsrezept:

✔ Modulsysteme in der Aus- und Weiterbildung statt Einheits-Berufsbilder.

✔ Aus- und Weiterbildung beginnen schon in der ersten Klasse.

✔ Private Initiativen schaffen marktgerechte Qualifikation.

3. Weiterbildung als Wettbewerbsfaktor

Weiterbildungsangebote sind wichtig für die Mitarbeitermotivation und damit ein entscheidender Wettbewerbsfaktor. Nur wer im Unternehmen konsequent den Weiterbildungsbedarf prüft, den Arbeitsplatztransfer berücksichtigt und dabei Aufwand und Ertrag im Blick hat, erhält sich dauerhaft qualifizierte und motivierte Mitarbeiter, die den Unternehmenserfolg sichern. Das ist die Qualifizierungsstrategie bei Rasselstein.

Die Bedeutung, die wir der innerbetrieblichen Weiterbildung beimessen, ist eindrucksvoll in Zahlen dokumentiert. Die Betriebe der Rasselstein Gruppe investierten im Geschäftsjahr 2001/2002 1,7 Mio. Euro in Maßnahmen und Trainings. Damit kam statistisch jeder Mitarbeiter in den Genuss einer Qualifizierung im Wert von fast 650 Euro, was in jenem Zeitraum um einiges über dem Bundesdurchschnitt lag. Mehr als 7000 Mitarbeitertage wurden zur Weiterbildung genutzt.

3.1 Das Weiterbildungsangebot bei Rasselstein

Vom ersten Tag der Ausbildung nehmen die jungen Beschäftigten am Qualifizierungskonzept zum „Mitarbeiter 2010" teil – und damit an der Entwicklung ihrer fachlichen, persönlichen, sozialen und methodischen Kompetenz. Ziel der Weiterbildungsmaßnahmen ist die Entwicklung aller Teilbereiche, um ein individuelles, zielgruppengerechtes Gleichgewicht einzustellen. Auf die Details der Maßnahmen gehen wir später ein.

Fachliche Kompetenz	Persönliche Kompetenz
› Instandhaltung › Produktion › Qualität › EDV › Recht/Finanzen › Sprachen › Arbeitssicherheit/Gesundheit › Umwelt › Verkaufstraining	› Führungstraining › Kommunikationstraining › Mitarbeiterbeurteilung › Fehlzeitenmanagement › Coaching
Methodische Kompetenz	**Soziale Kompetenz**
› Arbeitstechniken › Moderation › Präsentation › Rhetorik › Zeitmanagement	› Teamarbeit › Gruppenarbeit › Team-/Gruppenentwicklung › Konfliktmoderation

Abb. 7: Portfolio der Weiterbildungsmaßnahmen

Am Umfang der Aktivitäten gemessen nimmt die fachliche Kompetenz den größten Stellenwert ein. Der jährlich aktualisierte Maßnahmenkatalog bietet Weiterbildung im Bereich der produktionsbedingten Abläufe, aber auch Trainings in EDV, Recht, Steuerangelegenheiten und anderem.

Kritische berufliche Situationen zu meistern, erlernen die Mitarbeiter in Führungs- und Kommunikationstrainings. Die Ausbildung der **persönlichen Kompetenz** erfolgt zeitgemäß in Einzel- oder Gruppencoachings durch Vorgesetzte oder externe Berater.

Zentrale Bedeutung kommt der **sozialen Kompetenz** zu, da sie ständig im täglichen Umgang mit Kollegen und in den Teams und Arbeitsgruppen eingefordert wird. Herausragendes Thema der Trainings ist die Konfliktmoderation als Führungsinstrument. Inzwischen ist die Phase der Formierung von Teams und Gruppen im Unternehmen weitgehend abgeschlossen. Für die nun zu festigenden Routinen im täglichen Teamwork werden Entwicklungstrainings angeboten, um Störungen in der Zusammenarbeit vorzubeugen oder zu beseitigen.

Das Training der **methodischen Kompetenz** beinhaltet Arbeitstechniken wie Moderation von Gesprächen und Sitzungen, Präsentation vor der Gruppe, Überzeugungstechnik und rhetorische Übungen, aber auch Zeit- und Selbstmanagement zur effizienten Nutzung der Arbeitszeit.

Unser Erfolgsrezept:

✔ Qualifizierte Mitarbeiter sind motivierte und engagierte Mitarbeiter.

✔ Weiterbildung zahlt sich aus, sofern sie zielgerichtet ist.

✔ Fachkompetenz allein ist nicht wettbewerbsentscheidend.

3.2 Bedarfserhebung und -analyse

Ein erfolgreiches Weiterbildungskonzept lebt von der zielgenauen und zeitnahen Analyse des Trainings- und Qualifizierungsbedarfs. Dieser Soll/Ist-Vergleich orientiert sich in erster Linie an den aktuellen und künftigen Erfordernissen des Unternehmens. Gleichzeitig muss er aber auch den Entwicklungsbedürfnissen der Mitarbeiter Rechnung tragen. Hier sind der einzelne Kollege oder die Kollegin gefragt.

Mit Hilfe eines **Fragebogens zur Bedarfserhebung** an der Basis wird einmal pro Jahr eine breite, systematische Sammlung von Qualifizierungsbedürfnissen erstellt. Dies ist eine solide Grundlage für den jährlich erscheinenden Weiterbildungskatalog, der sozusagen das Angebot zur Weiterqualifizierung darstellt. Dabei sind Vorgesetzte gehalten, ihre Mitarbeiter bei der individuellen Planung von Maßnahmen zu beraten, aber auch den Bedarf am Arbeitsplatz nicht außer Acht zu lassen. Auf diese Weise gestalten beide das Angebot an Weiterbildung entscheidend mit. Jeweils im Sommer eines Jahres erscheint der Angebotskatalog für das kommende Geschäftsjahr.

Aktuelle und zukünftige betriebliche Erfordernisse werden aber auch aus bereits existierenden oder bedarfsweise erstellten **Funktionsprofilen** abgeleitet. Darin werden die Anforderungen an eine Tätigkeit und die dafür erforderlichen Kompetenzen beschrieben. Gibt es für spezifische Tätigkeiten oder Funktionen noch kein Bildungsangebot, so wird das Programm um geeignete Maßnahmen ergänzt.

Gespräche geben ebenfalls Aufschluss über den Bedarf an Weiterbildung. **Mitarbeiterbefragungen** und **Austrittsinterviews** sagen zwar wenig über Lücken im Weiterbildungsangebot aus. Sie zeigen aber Unzufriedenheiten auf und können hilfreiche Indikatoren für Schwachstellen sein. Dagegen sind die jährlichen **Mitarbeitergespräche** (siehe auch Kapitel 10 „Kommunikation und Information bei Rasselstein") als individuelle Analyse am wichtigsten. Denn da man sowieso schon über die Leistungsbeurteilung spricht, analysiert die Führungskraft eventuelle Kompetenzlücken und den sich daraus ergebenden Qualifizierungsbedarf.

Oft schlummert ungeahntes Potenzial in einem Menschen. Doch wenn Fähigkeiten weder artikuliert noch gefördert werden, entwickelt sich dieser Mitarbeiter lediglich zum Austrittskandidaten. Doch wie legt man diese verborgenen Schätze zum Wohle des Unternehmens und des Mitarbeiters frei? Bewährt hat sich seit einigen Jahren das Assessment Center als **Potenzialanalyseverfahren**. Sowohl bei Neueinstellungen als auch bei bereits im Unternehmen tätigen Mitarbeitern liefert dieses diagnostische Instrument aufschlussreiche Hinweise. Persönliche Stärken und Schwächen werden aufgedeckt. Davon abgeleitet kann gezielte Personalentwicklung geplant werden.

3.3 Zielgruppen und Weiterbildungsangebot

Falsch wäre es, Weiterbildung mit der sprichwörtlichen Gießkanne zu verteilen oder im Gegensatz dazu sich ganz dem einzelnen Mitarbeiter zu widmen. Ökonomisch und zielgenau lassen sich nur solche Maßnahmen durchführen, die sich an der Bedarfserhebung und der Unterscheidung nach Zielgruppen orientieren. Deswegen identifizieren wir relevante Zielgruppen, die sich in der Regel hinsichtlich ihrer Bedürfnisse deutlich voneinander unterscheiden.

Abb. 8: Zielgruppen der Weiterbildung

Jede dieser Zielgruppen wird in der Weiterbildungsplanung bei Rasselstein bedarfsgerecht berücksichtigt. Sie überschneiden sich natürlich: Ein Schichtkoordinator ist sowohl Führungskraft als auch Mitarbeiter des Technisches Ressorts, hat aber in beiden Zielgruppen unterschiedliche Weiterbildungsbedürfnisse und -möglichkeiten.

Sehr deutlich hingegen unterscheiden sich die Trainingsbedürfnisse bei **Führungskräften**. Das hängt primär vom individuellen Erfahrungsschatz ab. Darum benötigen jüngere Angestellte andere Maßnahmen als ältere, zumeist leitende Führungskräfte. Insbesondere bei den **Schichtkoordinatoren** ist spezieller Weiterbildungsbedarf entstanden. Durch den Rollenwechsel vom ehemaligen Meister zum so genannten mitarbeitenden Vorgesetzten können sie gegenüber ihren nachgeordneten Kollegen leicht in Konflikte geraten, die in Gruppencoachings reflektiert werden. Da auch die Aufgaben weitgehend auf die Schichtkoordinatoren übergegangen sind, werden wesentliche Inhalte in einem 15-tägigen Kernlehrgang vermittelt. Weitere Bestandteile der Ausbildung sind die unter 3.4 beschriebenen Seminare, die anschließend in einem Zeitraum von zwei Jahren absolviert werden.

Für die „**Young Potentials**", die potenziellen Führungskräfte, und die **Förderkandidaten** stehen individuelle Beratungs- und Informationsmöglichkeiten zur Verfügung. Gerade während des Studiums oder einer schulischen Weiterbildung nach ihrer Ausbildung bei Rasselstein versorgen wir sie mit Informationen aus dem Unternehmen und bieten ihnen

Praktika, Ferientätigkeiten und Themen für Diplomarbeiten an. Ein umfangreiches Mentoring begleitet sie ständig.

Bei den oftmals akademisch vorgebildeten **Nachwuchsführungskräften** legen wir im Rahmen der Personalentwicklung großen Wert auf eine systematische und sinnvolle Variation der Arbeitsbereiche und den fachübergreifenden Austausch. Zu diesem Zweck wurde der so genannte Nachwuchsführungskräfte-Kreis gebildet.

Die Entwicklung vom Young Potential zur leitenden Führungskraft und die damit verbundenen Maßnahmen sind nachfolgend prototypisch dargestellt:

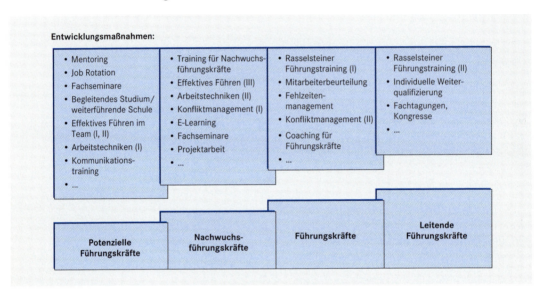

Abb. 9: Führungskräfteentwicklung bei Rasselstein

Hinsichtlich der fachlichen Weiterbildung werden spezifische Maßnahmen in den Ressorts Verkauf, Personal, Produktion und Technik angeboten.

Den besonderen Bedürfnissen **neu eingestellter Mitarbeiter** wird das umfangreiche Einführungsprogramm gerecht, dessen Koordination ebenfalls im Fachgebiet Weiterbildung angesiedelt ist. Es sieht eine intensive Begleitung im Zeitraum vor Antritt der Arbeitsstelle bis in die ersten Arbeitswochen vor (Anhang zu Kap. 11, Anlage 2).

Unser Erfolgsrezept:

✔ Zielgruppen der Weiterbildung bündeln.

✔ Neue Mitarbeiter schon vor dem Eintritt ins Unternehmen begleiten.

✔ Teamwork ist nicht nur Sache der Mitarbeiter, sondern auch der Führungskräfte.

Analog zu den Entwicklungswegen im Führungskräftebereich existiert bei Rasselstein auch ein Qualifizierungsmodell für **Produktionsfacharbeiter**. Nach der gewerblichen Ausbildung werden diese Anwärter voll in den Produktionsprozess integriert. Neben der Bedienung der Anlagen gehört zu einem wesentlichen Teil auch deren Instandhaltung und Reparatur im Rahmen der Autonomen Wartung zum Lernstoff. Um immer auf dem neuesten Wissensstand zu bleiben, besuchen die Produktionsfacharbeiter die verschiedenen Qualifizierungscenter, die wir bereits weiter oben beschrieben haben.

Die kontinuierliche Entwicklung dieser anlagenbezogenen Kompetenzen erfolgt in dreimonatigen Qualifizierungsblöcken, die neben der Haupttätigkeit absolviert werden.

3.4 Seminare und Trainings: Die Schwerpunkte

Das umfangreiche Seminar- und Trainingsangebot für die „Rasselsteiner" ist in vieler Hinsicht auf den Erwerb der vier bereits erwähnten Kompetenzen ausgelegt. Die Gewichtung differiert je nach Zielgruppe. Entsprechend wurden z. B. die grundlegenden Trainings zur Verbesserung der Sozial- und Methodenkompetenz für drei Zielgruppen im Unternehmen konzipiert (siehe Abb. 10). Exemplarisch wird im Folgenden an unterschiedlichen Seminaren erläutert, worum es in der Qualifizierungsstrategie des Unternehmens geht.

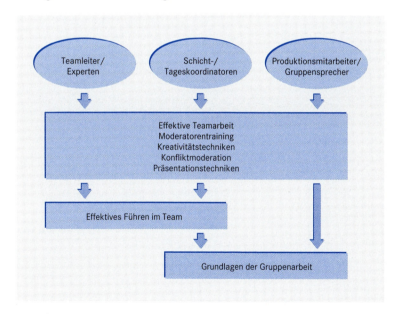

Abb. 10: Maßnahmen zum Training von Methoden- und Sozialkompetenz

„Effektive Teamarbeit"

Wie funktioniert ein Team, eine Gruppe? In dem Seminar erleben die Teilnehmer, dass Teamfähigkeit etwas Besonders ist. Ausgewählte Übungen ermöglichen es, eigene Erfahrungen in wechselnden Gruppen zu sammeln. Sehr schnell erkennt jeder, dass der „Einzelkämpfer" im Vergleich zur Gruppe bestenfalls zweiter Sieger werden kann. Im allgemeinen Teil werden unter anderem vermittelt:

- Gruppendynamik
- Kommunikative Mechanismen
- Unterschiedliche Wahrnehmung von Kommunikation

Der spezielle, betriebliche Part ist stets der aktuellen Situation im Unternehmen angepasst - anhand einer Fragestellung wie „Was können wir zur Erreichung der Unternehmensziele beitragen?" werden Ideen gesammelt und ein gemeinsamer Maßnahmenkatalog erstellt, der am Ende des Seminars der Werksleitung vorgelegt wird.

„Effektives Führen im Team I-III"

Analog zur Seminarreihe „Effektive Teamarbeit", die sich an Produktionsmitarbeiter richtet, werden auch die Führungskräfte, vor allem die Koordinatoren und Nachwuchsführungskräfte, in Gruppen- und Teamorganisation unterrichtet. Die dreiteilige Seminarreihe behandelt grundlegend die Führungsthematik, vertieft das Gelernte mit Rollenspielen und rundet es mit Hintergrundwissen ab.

„Moderationstechnik – Einführung"

Dieses zweitägige Grundlagenseminar befähigt Mitarbeiter, als Moderator oder Gruppensprecher erfolgreich zu arbeiten. Paarweise sammeln die Teilnehmer erste Erfahrungen in der Moderation. Hemmungen, vor einer Gruppe zu sprechen, werden abgebaut und die zielorientierte Gesprächsführung wird trainiert.

Die Trainer arbeiten während der Moderationsübungen aktiv mit und provozieren gezielt kritische Situationen, beispielsweise durch Einwürfe oder Fragen, auf die der Moderator dann spontan eingehen muss. Wie gut ihm das gelungen ist, beurteilt anschließend die Gruppe.

„Konfliktmoderation"

Konflikte sind im privaten und betrieblichen Bereich alltäglich, deren Bewältigung zunächst jedoch nicht. Wie man mit ihnen konstruktiv umgehen muss, wird in diesem Seminar geübt. Die Teilnehmer lernen zuerst, Signale und Ursachen eines Konfliktes zu erkennen. Sie erfahren, dass ein Konflikt eskaliert, wenn diese Zeichen nicht beachtet werden. Am Ende sollen die Teilnehmer eine konfliktgeladene Situation möglichst objektiv erfassen können und Methoden der Deeskalation nicht nur kennen, sondern auch geübt haben. Wichtig ist dabei immer, dass persönliche Grenzen nicht überschritten werden.

„Anwenden von Kreativitätstechniken"

Teamarbeit erfordert Flexibilität. Die wiederum basiert auf Kreativität. In diesem Seminar setzen sich die Teilnehmer mit dem Begriff „Kreativität" und dem Ablauf kreativer Prozesse auseinander.

Aus der Vielzahl der Techniken, die für den betrieblichen Einsatz besonders geeignet sind, werden Brainstorming, Kartenumlauftechnik und Reizwortanalyse im Seminar vorgestellt und von den Teilnehmern erprobt. Mit diesen Techniken werden Alternativen zur klassischen Moderationsmethode aufgezeigt. Im Seminar erleben die Teilnehmer, zu welch kreativen Ergebnissen eine kleine Gruppe in kurzer Zeit fähig ist.

„Gute Ideen gut umgesetzt"

In dieser Veranstaltung sollen Prozessverantwortliche wie Gruppensprecher, Gutachter (Vorschlagswesen) und Moderatoren für den optimalen Umgang mit Verbesserungsvorschlägen sensibilisiert werden. Am Beispiel erfolgreicher und missglückter Prozesse werden Möglichkeiten besprochen, die bei der Umsetzung eigener Optimierungsprozesse hilfreich sein können.

„Wirkungsvolles Präsentieren von Gruppenarbeiten"

Oft werden in Workshops oder Gruppensitzungen auf der Arbeitsebene gute Ergebnisse erzielt. Doch wie ist „der Chef" am besten davon zu überzeugen? Hierzu erhalten die teilnehmenden Moderatoren und Gruppensprecher Tipps und Anregungen, die bei der Planung, Strukturierung und Durchführung einer Präsentation helfen. Zum Seminar gehört ein Theorieteil, der Grundregeln für die Gestaltung von Informationsmedien vermittelt und die Zielsetzung und Bedeutung einer guten Präsentation erläutert. Im praktischen Übungsteil bereitet jeder Seminarteilnehmer eine kleine Präsentation vor, die anschließend auf Video aufgezeichnet wird. Mit Hilfe dieser Aufzeichnung wird die Wirkung der Präsentation in der Gruppe und mit dem Trainer diskutiert.

„Fehlzeitenmanagement"

Seit der Einführung des aktiven Fehlzeitenmanagements im Jahre 1996 werden die betrieblichen Führungskräfte in dieser Seminarreihe darauf geschult, wie sie ihre Möglichkeiten zur Fehlzeitenreduzierung nutzen können.

„Begleitung der Gruppenarbeit"

Die Einführung der Gruppenarbeit hat dazu geführt, dass ein regelmäßiger Informationsaustausch der Gruppensprecher und der Prozessbegleiter erforderlich wurde. Seit dem Jahr 2000 findet zu diesem Zweck ein Halbtagesseminar statt.

„Training für Nachwuchsführungskräfte"

Mit allen Nachwuchsführungskräften führt Rasselstein seit Herbst 1999 ein zweitägiges Training durch. Darin werden zum einen das Unternehmen, die verschiedenen Ressorts und deren Aufgaben dargestellt, zum anderen können die Teilnehmer ihre persönlichen Entwicklungswünsche und Erwartungen an das Unternehmen formulieren. Einem dieser Wünsche, ein ressortübergreifendes Seminar durchzuführen, das zur Steigerung der persönlichen Wirkung und Verbesserung des eigenen Führungsverhaltens beitragen soll, entspricht Rasselstein seit Mitte 2001.

„Training für Führungskräfte"

Seit Mai 2000 trainiert ein externes Institut ressortübergreifend die Führungskräfte mit der Vorgabe, die Führungskultur zu vereinheitlichen. In jeder der fünf Trainingseinheiten setzen sich die Teilnehmer Ziele, die sie in der Praxis erreichen wollen. In der jeweils folgenden Einheit werden die Ergebnisse mit den übrigen Teilnehmern und dem Trainer diskutiert. Bis Juni 2002 nahmen 28 Führungskräfte teil, danach wurde die Reihe abgeschlossen. Sobald wieder entsprechend viele Führungskräfte Trainingsbedarf äußern, wird das Projekt wieder aufgelegt.

Allen Seminaren, Trainings und Workshops ist eines gemeinsam: die hohe Beteiligung. Und von den Erfahrungen und Anregungen aus den Veranstaltungen profitieren alle weiteren Teilnehmer

3.5 Methoden der Weiterbildung

Die Rasselsteiner Weiterbildung verteilt sich auf drei methodische Segmente:

- arbeitsplatznah = training-on-the-job
- außerhalb des Arbeitsplatzes = training-off-the-job
- tätigkeitsbegleitend und -ergänzend = training-near-the-job

Besonders Methoden wie Gruppen- und Projektarbeit aus dem training-near-the-job-Bereich erfahren spezielle Berücksichtigung, da sie stark die sozialen und persönlichen Kompetenzen fördern.

Grundsätzlich sind alle Maßnahmen der Weiterbildung tätigkeits-, arbeitsplatz- oder unternehmensorientiert. Interne Veranstaltungen und Trainings werden von unseren eigenen Mitarbeitern durchgeführt, externe Trainer entwickeln ihre Maßnahmen in Workshops zusammen mit unseren Betriebsangehörigen anhand deren Vorgaben und führen sie zum Teil auch intern durch.

training-on-the-job	training-off-the-job	training-near-the-job

› Variation der Arbeitssituation:
  Job Rotation
  Job Enrichment
  Job Enlargement
› Veränderung der Arbeitsorganisation
	› Interne Trainings
	› Interne Seminare
	› Externe Trainings
	› Externe Seminare
	› Intranet
	› E-Learning
	› Schulungsmaterialien
	› Fachtagungen
	› Kongresse
		› Gruppenarbeit
		› Coaching
		› Mentoring
		› Projektarbeit
		› Auslandseinsatz

Abb. 11: Methoden der Weiterbildung

Sechs bis zwölf Monate nach einer Weiterbildung finden Wiederholungskurse statt. So begleiten wir die trainierten Mitarbeiter in der Anwendung der neu erworbenen Qualifikationen, und das Erlernte kann sich verfestigen. Alle hier genannten Maßnahmen sind wichtige Bestandteile des Weiterbildungs- und Trainingscontrollings bei Rasselstein.

3.6 Controlling und Benchmarking

Weiterbildung verursacht Kosten. Auf Grund der überdurchschnittlichen Investitionen ist es nur selbstverständlich, dass am Ende des Weiterbildungskreislaufs das Controlling steht. Es beobachtet drei Kriterien:

▎ Der **Transfererfolg** zeigt sich darin, ob die Teilnehmer ihre höhere Qualifikation effizient anwenden können und ob damit die Aufnahme neuer, anderer Tätigkeiten ermöglicht wird. Spätestens im nächsten Mitarbeitergespräch wird dies ersichtlich.

▎ Der **pädagogische Gehalt** einer Veranstaltung wird mit der Bewertung der wahrgenommenen Lernbedingungen, des Lernklimas und des Lernerfolgs ermittelt. Erhebungsbogen (Anhang zu Kap. 11, Anlage 3) und Bewertungsgespräche dienen zur Erfolgsmessung aus Teilnehmersicht.

▎ Aus **betriebswirtschaftlicher Sicht** setzen wir die anfallenden Kosten mit dem Grad der Nutzung der angebotenen Maßnahmen und mit den von den Teilnehmern gemeldeten Erfolgen in Relation.

Nur wenn dieser Dialog über Bedarf, Angebot, Transfersicherung und betriebswirtschaftliche Kontrolle hinsichtlich der Weiterbildung im Betrieb permanent geführt wird, kann eine effiziente und zukunftsgerichtete Qualifizierung stattfinden.

Erfolgskontrolle		Transfersicherung
Betriebswirtschaftliche Kontrolle	Pädagogische Kontrolle	
› Kosten-Nutzen-Analyse	› Lernerfolgsermittlung › Lernklimaanalyse › Lernbedingungsanalyse	› Anwendung des Bildungsertrages am Arbeitsplatz › Erreichte Transferqualifikation auf neue, andere Tätigkeiten

Abb. 12: Kriterien des Weiterbildungscontrollings

Im Sommer 2002 startete das Fachgebiet Weiterbildung/Training mit dem **Benchmarking** seiner Strategien und Maßnahmen mit konzerninternen und -externen Unternehmen. Der Benchmarking-Leitfaden orientiert sich an folgenden Kriterien:

Abb. 13:
Kriterien des Weiterbildungsbenchmarkings

Identifikation von Kompetenzpotenzial
Maßnahmen zur Entwicklung von Mitarbeitern
Bausteine des Personalentwicklungsprogramms
Strategie der Laufbahnplanung
Weiterbildungscontrolling

Der Benchmarking-Leitfaden ist im Anhang zu diesem Kapitel, Anlage 4, beigefügt. Diese Kriterien gehen zum Teil auch einher mit den Anforderungen an die Weiterbildung, die im Rahmen der Zertifizierung nach QS 9000 durch Lloyd's Register gefordert werden.

4. Wege der Weiterbildung

Weiterbildung und Qualifizierung der Mitarbeiter sind ein fester Bestandteil der Rasselsteiner Unternehmensstrategie. Schon seit über dreißig Jahren werden Weiterbildungsaktivitäten systematisch betrieben und kontinuierlich ausgebaut – eine Investition in die Zukunft.

Zu Themen, die für einen größeren Mitarbeiterkreis von Interesse sind, bieten wir interne Veranstaltungen im Werk an. Darüber hinaus besuchen besonders förderungswürdige Mitarbeiter oder solche mit speziellen Aufgaben entsprechende Veranstaltungen bei externen Einrichtungen. Inzwischen haben sich die Schwerpunkte verändert.

Bis Anfang der achtziger Jahre dominierte die Vermittlung von Fachwissen und die Förderung der Fachkompetenz die berufliche Weiterbildung. Wie eingangs schon geschildert, führte die Förderung der Sozialkompetenz wie zum Beispiel zur Entwicklung von Führungsqualifikationen eher ein Schattendasein.

Die Entwicklung der Rasselsteiner Weiterbildung und ihre Relevanz seit 1990/91 verdeutlicht die nachfolgende Grafik (Abb. 14).

Noch zu Beginn der 90er-Dekade waren es rund 80 **interne Weiterbildungsangebote**, die etwa 2.000 Mitarbeiter in 150 Gruppen nutzten. Rund zehn Jahre später bot Rasselstein allein intern 140 Veranstaltungen an, die von fast 3.500 Mitarbeitern in etwa 370 Gruppen besucht wurden. Davon nahm etwa die Hälfte an Maßnahmen teil, die der Steigerung

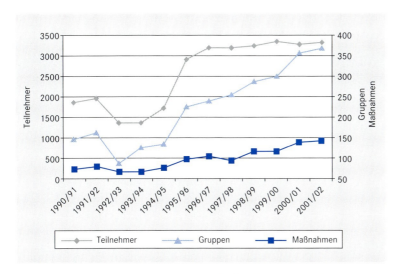

Abb. 14:
Entwicklung der internen Weiterbildungsmaßnahmen

der Fachkompetenz dienten. Die andere Hälfte besuchte Maßnahmen zur Förderung der persönlichen, sozialen und methodischen Kompetenz.

Der Zeitraum 1992 bis 94 war geprägt von einem Umbruch der Marktsituation. Die Folge: erhebliche Mengen- und Umsatzeinbußen sowie Kurzarbeit. Von den nötigen Rationalisierungsmaßnahmen war die Weiterbildung ebenso betroffen wie alle anderen Unternehmensbereiche. An den damals nur noch 65 Weiterbildungsangeboten haben in dieser Zeit dennoch in jedem Jahr rund 1.300 Mitarbeiter teilgenommen. Im Jahr der Reorganisation konnten intern wieder 1.700 Teilnehmer gezählt werden.

Das Jahr 1995/96 war, ausgelöst durch die Einführung der Teamorganisation, geprägt durch einen sprunghaften Anstieg des Weiterbildungsbedarfs. In diesem Jahr haben 2.900 Mitarbeiter an 97 verschiedenen Veranstaltungen teilgenommen.

Die Entwicklung der Teilnahme an **externen Veranstaltungen** zeigt nachfolgendes Schaubild:

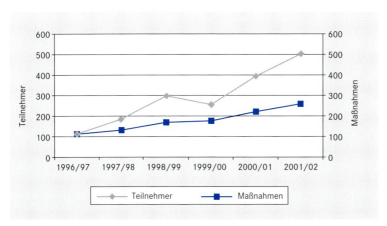

Abb. 15:
Entwicklung externer Weiterbildungsmaßnahmen

201

12

Arbeitssicherheit

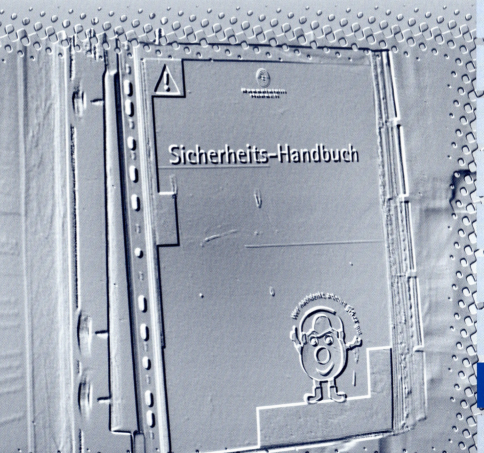

Kapitel 12

Arbeitssicherheit

Jürgen Hoss, Konrad Einig

1. Arbeitssicherheit als Unternehmensziel — 205

2. Das sichere Arbeitsumfeld — 206
   - 2.1 Schutzkleidung — 206
   - 2.2 Umgang mit Gefahrstoffen — 208
   - 2.3 Lärmschutz — 208
   - 2.4 Die technische Arbeitssicherheit — 208
   - 2.5 Sicherheitsbeauftragte bei Rasselstein — 209
   - 2.6 Meldung, Erfassung und Untersuchung von Unfällen — 209

3. Sicherheit durch Kommunikation und Schulung — 210
   - 3.1 Das Info-Team — 210
   - 3.2 Sicherheitshandbücher — 211
   - 3.3 Arbeitsanweisungen — 212
   - 3.4 Schulung und Training — 213

4. Der Kontinuierliche Verbesserungsprozess in der Arbeitssicherheit — 215
   - 4.1 Betriebsorganisation und Arbeitssicherheit — 215
   - 4.2 Entwicklung der Arbeitssicherheit — 216
   - 4.3 Arbeitssicherheit in Zahlen — 216
   - 4.4 Gute Aussichten — 218

▶ Querverweise auf die Kapitel:

   1 Die Organisation des Ressorts Personal
   4 Die Einführung der Gruppenarbeit

Konsequente und nachhaltige Beseitigung von Gefahrenquellen und Fehlverhalten ist von entscheidender Wichtigkeit.

Der Erfolg der Arbeitssicherheit steht in direktem Zusammenhang mit der persönlichen Qualität jedes einzelnen Mitarbeiters und dem Rollenverständnis von Geschäftsleitung, Betriebsrat und betrieblichen Führungskräften. Es muss im Interesse aller sein, Unfälle zu vermeiden und nachhaltig Bewusstsein für Sicherheit am Arbeitsplatz zu schaffen.

1. Arbeitssicherheit als Unternehmensziel

Unfälle beeinträchtigen die Gesundheit unserer Mitarbeiter und können beträchtliche Folgekosten produzieren. Darum hat Rasselstein ein klares Unternehmensziel definiert: „Null Unfälle". Das wird täglich kommuniziert. Obwohl es praktisch unmöglich ist, in einem Metall verarbeitenden Betrieb dieser Größenordnung Unfälle völlig auszuschließen.

Jedem betrieblichen Vorgesetzten und der gesamten Belegschaft schreibt Rasselstein die kontinuierliche Verbesserung der Arbeitssicherheit ins Pflichtenheft. Jährlich vereinbaren hierzu Geschäftsführung, betriebliche Führungskräfte und Betriebsräte neue Werks- und Teamziele, die dann durch Gespräche auf allen betrieblichen Ebenen zum Dauerthema werden. Bei diesen Gelegenheiten werden Unfälle und deren mögliche Ursachen dokumentiert, ausgewertet und diskutiert. Die Belegschaft wird an Info-Wänden und im Intranet ständig über Arbeitssicherheit und die aktuelle Unfallstatistik informiert.

Von den Mitarbeitern erwarten wir viel: Das Tragen der persönlichen Schutzausrüstung und die Einhaltung der Sicherheitsvorschriften am Arbeitsplatz und im Betrieb genügen uns nicht. Zusätzlich erwarten wir aktive Mitarbeit in Workshops zur Arbeitssicherheit und die Bereitschaft Einzelner, als Sicherheitsbeauftragter zu agieren.

Das Sicherheitsverhalten jedes Einzelnen ist Bestandteil des Beurteilungsbogens und fließt als Punktwert in die persönliche Zulage ein. Ganz besonders, wenn ein Mitarbeiter sich zum Thema Arbeitssicherheit engagiert. In den Kapiteln zum neuen Rasselsteiner Lohnsystem (Kap. 5) und zum Mitarbeitergespräch (Kap. 10 „Kommunikation und Information bei Rasselstein") finden Sie weitere Erläuterungen hierzu.

Neben dem monetären Anreiz gibt es noch weitere effiziente Maßnahmen, die das Bewusstsein für Sicherheit am Arbeitsplatz fördern. So wird zum Beispiel der Erfolg der Sicherheitsarbeit gemessen und bewertet. Verunfallt ein einzelner Mitarbeiter öfter als andere oder liegt die Unfallhäufigkeit im Bereich eines Vorgesetzten überdurchschnittlich hoch, so weist dies meist auf ein unzureichendes Verständnis der eigenen Aufgabe hin. Rasselstein hinterfragt jeden einzelnen Fall und wird nicht müde, Betroffenen und Beteiligten Hilfe zur Abhilfe zu geben.

Zusammen mit den Fachkräften für Arbeitssicherheit müssen die Führungskräfte die Rahmenbedingungen für sicheres Arbeiten schaffen. Außerdem sollen sie das Sicherheitsbewusstsein der Mitarbeiter schärfen und die Mitarbeiter in Sachen Sicherheitsvorschriften schulen und prüfen. Auch mit disziplinarischer Härte, wenn die Sicherheit der Mitarbeiter und/oder des betrieblichen Ablaufes gefährdet ist. In diesem Fall ist das möglich, weil sich Geschäftsleitung und der Betriebsrat in gleichem Maße der Arbeitssicherheit verpflichtet fühlen und sich auf das Ziel „Null Unfälle" geeinigt haben.

2. Das sichere Arbeitsumfeld

Ein Blick auf die Unfallstatistik der Branche zeigt: Die Sicherheitsmaßnahmen bei Rasselstein Hoesch sind sehr erfolgreich. Damit das auch so bleibt, müssen wir natürlich alle an unseren Standards mitarbeiten. Das tun wir zum einen im Bereich der Technik, wo wir Fehlerquellen zusammen mit den Beschäftigten aufspüren und eliminieren. Zum anderen verfolgen wir Nachlässigkeiten, Leichtsinn und Fehlverhalten der Mitarbeiter im Umgang mit Vorschriften und Anlagen aufs Schärfste und lassen niemanden über die möglichen Konsequenzen im Zweifel. Ausgesprochen wichtig ist, aus allem zu lernen, damit Fehler künftig bereits im Vorfeld ausgeschlossen werden.

2.1 Schutzkleidung

Die Arbeit an den Produktionsanlagen oder der Umgang mit Gefahrstoffen ist bei Rasselstein nur mit entsprechenden Schutzmaßnahmen erlaubt. Ob Schutzanzüge, Kopfschutz, Brillen, Gehör- und Atemschutz, Schuhe oder Handschuhe – ein ganzer Ausrüstungskatalog ist im Intranet abrufbar mit Informationen zum Einsatzzweck der Artikel (Abb. 1). Im Hauptlager oder beim Team Arbeitssicherheit händigt man die für den jeweiligen Arbeitsplatz bestimmten Teile aus.

Körperschutzartikel werden sorgfältig ausgewählt und erprobt. Bei der Zusammenstellung des Sortimentes und bei der Prüfung und Bewertung neuer Artikel sind die Mitarbeiter beteiligt. Sie geben ein konkretes Feedback zu Einsetzbarkeit und Tragekomfort. Im besten Fall erzielen wir so ein Höchstmaß an Akzeptanz der Artikel.

Abb. 1:
Körperschutzartikel
im Rasselsteiner Intranet

Abb. 2:
Personenbezogene Messung
von keramischen Fasern

2.2 Umgang mit Gefahrstoffen

Mit Einführung der Gefahrstoffverordnung von 1986 richteten wir eine eigene Messstelle ein. So sind wir in der Lage, Arbeitsplätze, an denen Gefahrstoffe mit einer Messverpflichtung eingesetzt werden, selbstständig zu überwachen.

Das Team Arbeitssicherheit führt regelmäßig Messungen entsprechend den gesetzlichen Vorgaben an den Arbeitsplätzen durch, bewertet, dokumentiert und veröffentlicht die Ergebnisse im Unternehmen und stellt sie den Aufsichtsbehörden zur Verfügung. Die Mitarbeiter werden im sicheren Umgang mit Gefahrstoffen über Betriebsanweisungen nach § 20 der Gefahrstoffverordnung geschult. Die Kenntnisse werden regelmäßig vertieft.

Unser Erfolgsrezept:

✓ Sicherheit und Personenschutz gehen vor Produktion.

✓ Führen mit Zielen der Arbeitssicherheit.

✓ Unfallanalyse ist Vorsorge.

2.3 Lärmschutz

Gegen den Lärm unserer Anlagen ist kein Kraut gewachsen. Aber wir können unsere Beschäftigten davor schützen. So wurden an vielen Anlagen Steuerstände mit Lärmschutzkabinen ausgestattet und Lärmquellen „eingehaust", d. h. akustisch eingeschlossen. Bereits seit Mitte der siebziger Jahre erfassen wir die Lärmpegel jeder Anlage in einem Kataster.

Ein ganzes Sortiment von Gehörschutzartikeln steht zur Verfügung und die Beschäftigten werden regelmäßig durch den betriebsärztlichen Dienst arbeitsmedizinisch untersucht.

2.4 Die technische Arbeitssicherheit

Die Produktionsanlagen bei Rasselstein werden kontinuierlich überwacht und regelmäßig kontrolliert. Eventuelle Mängel werden schnellstmöglich beseitigt.

Bei Anlagenneu- oder -umbauten ist das Team Arbeitssicherheit schon bei der Planung dabei. Es gewährleistet, dass sicherheitstechnische Standards eingehalten werden und auch die Meinungen und Erfahrungen der Mitarbeiter in die Planung einfließen.

Die Arbeit des Teams konzentriert sich auf die Gefahrenanalyse an den Schnittstellen zwischen Alt- und Neuanlage. Neue Teile einer Anlage werden vorschriftenkonform installiert. Das Team unterweist Fremdfirmen in Arbeitssicherheit, insbesondere über die Sicherheit im Bereich laufender Produktionsanlagen, und überprüft während der Bauphase regelmäßig die Einhaltung von Sicherheitsvorschriften.

2.5 Sicherheitsbeauftragte bei Rasselstein

Insgesamt einhundert Sicherheitsbeauftragte haben sich die Arbeitssicherheit zu ihrem persönlichen Ziel gemacht. Sie sind Ansprechpartner für die Kollegen in allen Belangen der Arbeitssicherheit und haben die Aufgabe, sich fortlaufend davon zu überzeugen, dass die vorgeschriebenen Schutzvorrichtungen und -ausrüstungen auch ordnungsgemäß benutzt werden. Des Weiteren sorgen sie dafür, dass festgestellte Mängel beseitigt werden. Sie sind die Fachleute für Arbeitssicherheit im Team und haben Vorbildcharakter.

Besonders wichtig ist ihre Funktion als Vermittler: Täglich wägen sie zwischen Produktionserfordernissen und Sicherheitsaspekten ab. Eine Aufgabe mit großer Verantwortung. Darum haben sie die Befugnis, Anlagen bei sicherheitstechnischen Mängeln nach eigenem Ermessen abzustellen bzw. gar nicht erst anzufahren.

2.6 Meldung, Erfassung und Untersuchung von Unfällen

Wie gesagt, auszuschließen ist ein Unfall nie. Passiert es doch einmal und handelt es sich um eine leichte Verletzung – voraussichtlich ohne Ausfallzeit –, erfolgt beim Betriebsärztlichen Dienst die Erstversorgung durch einen Sanitäter, und der Unfall wird im Verbandbuch dokumentiert. Dies gilt auch für Unfälle, die sich auf dem Weg zwischen Wohnung und Arbeitsplatz ereignen.

Bei größeren Verletzungen ist der Besuch beim Unfallarzt (Durchgangsarzt) erforderlich. Sobald ein Gespräch mit dem Verletzten möglich ist, entweder gleich nach der Rückkehr aus der Behandlung oder noch im Krankenhaus, wird mit der Rekonstruktion des Unfallhergangs durch das Team Arbeitssicherheit begonnen. Dabei werden auch der Betriebsrat, Sicherheitsbeauftragte, die Teamleitung und, wenn nötig, Kollegen des Verletzten mit einbezogen. Neben der Betreuung des Verletzten ist es das vordringliche Ziel, aus Fehlern zu lernen, um sie künftig zu vermeiden. Konsequente und nachhaltige Beseitigung von Gefahrenquellen und Fehlverhalten sind von entscheidender Wichtigkeit.

Intern werden alle betreffenden Stellen über die zu erwartende Ausfallzeit informiert. Auch die Meldung an die zuständige Berufsgenossenschaft übernimmt das Team Arbeitssicherheit.

Nach Unfällen ist unter Umständen eine Wiedereingliederung erforderlich. Dann arbeiten die Fachkräfte für Arbeitssicherheit, die Berufsgenossenschaft, der Betriebsärztliche Dienst, das Personalteam und die Teamleitung des verletzten Mitarbeiters eng zusammen. Der Mitarbeiter soll schnell wieder in das Arbeitsleben integriert und auch dauerhaft leidensgerecht eingesetzt werden.

Unser Erfolgsrezept:

✔ Gesundheit geht vor Produktion.

✔ Aus Fehlern anderer lernen, nicht die Betroffenen verurteilen.

✔ Erfahrungswerte berücksichtigen – Sicherheit ist planbar.

3. Sicherheit durch Information und Schulung

Metallverarbeitung bedeutet schnell laufende Großanlagen, Lärm und Gefahr. Doch je besser man über den Umgang mit diesen Begleitumständen informiert ist, desto besser kann man sich schützen.

3.1 Das Info-Team

Bei Rasselstein ist es die Aufgabe des Info-Teams, zusammen mit dem Team Arbeitssicherheit Daten, Informationen und Statistiken verständlich und anschaulich aufzubereiten und den Beschäftigten zugänglich zu machen. An Info-Wänden der Produktionsteams und im Intranet werden sicherheitsrelevante Informationen regelmäßig zur Verfügung gestellt.

Zusätzlich nutzen wir die Mitarbeiterzeitung Rasselstein INFO sowie Belegschaftsversammlungen und Besprechungen aller Art, um Unfälle und ihre Ursachen zu durchleuchten – auch wenn es nur beinahe zu einem Unfall gekommen ist. Dass dabei Diskretion im Umgang mit den Betroffenen gewahrt bleibt, ist klar. Denn unsere Absicht ist es nicht, Fehler öffentlich zu rügen, sondern aus Fehlern zu lernen.

Über aktuelle Themen zur Arbeitssicherheit informiert Rasselstein auch in Schaukästen an zentralen Stellen in den Werken. Aufmerksamkeit und Interesse für das dargestellte Thema werden durch eine ansprechende und plakative Gestaltung geweckt. Hinweise auf betriebliche Gefahren und Tipps zum praktischen Umgang sind die zentralen Inhalte der Ausstellungen. Beispiele für diese so genannten Schwerpunkt-Aktionen sind:

▎ Sicheres Begehen von Treppen
▎ Alkohol im Betrieb
▎ Arbeiten in engen Räumen und Behältern

- Hochgelegene Arbeitsplätze
- Sicherer Umgang mit Handwerkzeugen

Jedes Schwerpunktthema wird zudem in der Rasselstein INFO in Form einer Loseblattsammlung dargestellt.

Ein Beispiel aus unserem Intranet:

> *Am 10. Dezember 2000 ereignete sich ein schwerer Unfall an der Regenerierung:*
>
> *Bei Reinigungsarbeiten am Salzförderband griff ein Mitarbeiter mit der Hand an die laufende Umlenkrolle und wurde bis zum Oberarm eingezogen.*
>
> *Der Kollege hatte viel Glück; er konnte sich aus eigener Kraft befreien und kam mit glimpflichen Verletzungen davon.*
>
> **Es ist verboten, an laufenden Rollen Reinigungsarbeiten durchzuführen!**

Abb. 3:
Sicherheitsrelevante Informationen im Intranet

3.2 Sicherheitshandbücher

Sicherheitshandbücher machen Vorschriften verbindlich und helfen, die Mitarbeiter vor Unfällen zu schützen. Sie werden vom Team Arbeitssicherheit gemeinsam mit den Mitarbeitern ganz individuell für jede Anlage entwickelt. Darum sind sie besonders praxisgerecht und enthalten neben allgemeinen Hinweisen und Verhaltensregeln Informationen über mögliche Gefahren beim Betrieb der Anlage und wie man sich konkret gegen Unfälle und Berufserkrankungen schützen kann. Leicht verständ-

Abb. 4:
Schwerpunktthema ausgestellt im Schaukasten

lich, mit vielen Abbildungen und Piktogrammen, wird den Mitarbeitern die arbeitsplatzspezifische Sicherheit näher gebracht.

Nicht nur wegen der behördlichen Vorschriften ist es wichtig, dass die Mitarbeiter selbst an den Broschüren mitwirken. Die Beschäftigung mit der Materie fördert zusätzlich sowohl das Sicherheitsbewusstsein als auch die Akzeptanz der Instrumente.

Der Aufbau der Handbücher ist grundsätzlich für alle Anlagen gleich:

- Kurzbeschreibung der Anlagen
- Eingesetzte Gefahrstoffe
- Gefahren
- Schutzbekleidung
- Umgebungseinflüsse
- Anhang (z. B. Betriebsanweisungen)

3.3 Arbeitsanweisungen

Arbeitsanweisungen beschreiben die Abläufe und Verfahren an den verschiedenen Arbeitsplätzen. Sie geben Verhaltensregeln insbesondere für die Arbeitssicherheit vor. An definierten und gut zugänglichen Stellen der jeweiligen Anlage liegen die Arbeitsanweisungen aus. Sie sind auch im Intranet jederzeit abrufbar. Mit relativ hohem Aufwand prüft das Team an der Anlage regelmäßig die Arbeitsanweisungen auf Aktualität und Praktikabilität. Änderungen erarbeitet es zusammen mit den Schichtkoordinatoren, Sicherheitsbeauftragten und Fachkräften aus dem Team Arbeitssicherheit.

3.4 Schulung und Training

Allgemeine Schulung und Training: Mindestens einmal im Jahr werden alle Produktionsmitarbeiter umfassend hinsichtlich der besonderen Gefahren am Arbeitsplatz geschult.

In regelmäßigen Schicht- und Gruppenmeetings werden technische und organisatorische Änderungen besprochen. Mitarbeiter können hier ihre eigenen Erfahrungen einbringen und werden an organisatorischen und technischen Maßnahmen zur Arbeitssicherheit beteiligt. Ein wichtiges zusätzliches Instrument ist hier der Workshop. Workshopinhalte waren bisher unter anderem:

- Optimierung von Arbeitsabläufen
- Das Erstellen bzw. Überarbeiten von Arbeitsanweisungen und Sicherheitshandbüchern im Rahmen der Gefährdungs- und Belastungsanalyse
- Die Optimierung der persönlichen Schutzartikel
- Die Verbesserung technischer Schutzeinrichtungen
- Die Um- oder Neubauten von Anlagen

Schulung und Training für neue Mitarbeiter: An einem fremden Arbeitsplatz ist das Risiko für neue oder umgesetzte Mitarbeiter hoch. Gerade in den ersten Monaten bedürfen sie deshalb besonderer Betreuung. Das Schulungs- und Trainingskonzept sieht so aus:

1. Arbeitstag: Sicherheitsschulung durch das Team Arbeitssicherheit:

- Gesetzlicher Versicherungsschutz
- Beispiele für Betriebs- und Wegeunfälle, Versicherungsschutz
- Verhalten nach Unfällen
- Pflichten des Unternehmers, der Vorgesetzten und Mitarbeiter
- Folgen bei Nichteinhaltung von Sicherheitsregeln
- Persönliche Schutzausrüstung, Tragepflicht
- Innerbetrieblicher Transport
- Eigenschaften von Strom, Gasen, Röntgenstrahlen, Säuren, Laugen usw.
- Rauchverbote und Brandschutz
- Aufgaben der Führungskräfte, der Sicherheitsbeauftragten und des Betriebsrates

1. Arbeitswoche: Führungskräfte und Sicherheitsbeauftragte schulen und trainieren an der Anlage und am Arbeitsplatz:

- Wo sind Rettungs- und Fluchtwege?
- Wo liegen Arbeitsanweisungen und Sicherheitshandbücher aus?

- Beschaffung von Körperschutzartikeln
- Einweisung am Arbeitsplatz
- Funktion und Lage von Not-Aus- und Erste-Hilfe-Einrichtungen
- Brand-/Gas-/Explosionsgefahren
- Gebote und Verbote am Arbeitsplatz
- Richtiger Umgang mit Werkzeugen
- Richtiges Anschlagen und Heben von Lasten

8. Arbeitswoche: Ein erneutes Gespräch mit dem Team Arbeitssicherheit und dem neuen Mitarbeiter. Hierbei wird die anlagen- und arbeitsplatzbezogene Sicherheitsunterweisung vertieft.

26. Arbeitswoche: Ein Gespräch zwischen dem neuen Mitarbeiter und dem Personalteam. Dabei wird die Vollständigkeit der Sicherheitseinweisung anhand einer Checkliste überprüft und der Mitarbeiter schildert seinen Eindruck von der Einarbeitung.

Schulung der Schichtkoordinatoren: Die Schichtkoordinatoren sind den Produktionsmitarbeitern direkt vorgesetzt und gleichzeitig am nächsten. Sie müssen das Thema Arbeitssicherheit perfekt beherrschen und die Mitarbeiter kompetent führen. In ihren Verantwortungsbereich fällt deshalb auch, zusammen mit den Sicherheitsbeauftragten die Arbeitssicherheit kontinuierlich zu verbessern. Ein großer Teil ihrer Ausbildung zum Schichtkoordinator entfällt darum auf das Thema Arbeitssicherheit.

Der Ausbildungsplan enthält dabei Themen wie:

- Innerbetrieblicher Transport und Verkehr
- Persönliche Schutzausrüstung
- Kraftbetriebene Arbeitsmittel und sichere Werkzeuge
- Sicherheit beim Schweißen und Schneiden
- Durchführung von Anlagenbegehungen
- Umgang mit Gefahrstoffen
- Vorbeugender Brand- und Explosionsschutz
- Elektrische Anlagen und Betriebsmittel
- Grundzüge der Ergonomie

Qualifizierung der Sicherheitsbeauftragten: Sicherheitsbeauftragte nehmen an einer gemeinsam mit der Berufsgenossenschaft ausgearbeiteten fünftägigen Grundausbildung teil. Nach bestandener Prüfung erhalten die Teilnehmer das Zertifikat „Sicherheitsbeauftragter bei Rasselstein".

Um den Sicherheitsbeauftragten immer neuestes Wissen zu vermitteln, bieten wir viele Aktionen an:

- Seminare der Berufsgenossenschaft, z. B. zum Thema Ladungssicherung, Einsatz von Kühlschmierstoffen usw.
- Vierteljährliche Sicherheitstrainings in jedem Produktionsteam. Die Themen dieser Trainings werden den Belangen der Teammitglieder

entsprechend angepasst, kurz erläutert und anschließend durch praktische Übungen vor Ort trainiert.

▎ Regelmäßige Information der Sicherheitsbeauftragten über aktuelle Sicherheitsthemen.

▎ Jährlich im Herbst nehmen Sicherheitsbeauftragte und Führungskräfte gemeinsam an einem Tagesseminar teil. Es dient der Förderung der Zusammenarbeit und bietet die beste Gelegenheit, team- bzw. werksübergreifend Informationen und Erfahrungen auszutauschen.

Unser Erfolgsrezept:

✔ Qualifizierte Sicherheitsbeauftragte – in allen Teams.

✔ Verbindliche Befugnisse für Sicherheitsbeauftragte schaffen.

✔ Eigene Beiträge zur Sicherheit erhöhen die Akzeptanz von Vorschriften.

4. Der Kontinuierliche Verbesserungsprozess in der Arbeitssicherheit

In den Achtzigern lag die Zuständigkeit für die Arbeitssicherheit ausschließlich bei der „Abteilung für Arbeitssicherheit". Die betrieblichen Führungskräfte fühlten sich zwar einerseits für ihre Mitarbeiter verantwortlich, verwiesen aber schlussendlich immer wieder auf die Zuständigkeit der Fachleute für Arbeitssicherheit. Im Vergleich zu anderen Unternehmenszielen wurde der Arbeitssicherheit eine geringe Bedeutung zugemessen.

4.1 Betriebsorganisation und Arbeitssicherheit

Die Bildung kleinerer und überschaubarer Betriebseinheiten (vgl. Kapitel 2 „Betriebsorganisation und Betriebsführung" und 4 „Die Einführung der Gruppenarbeit") und die Verschlankung der Hierarchien wirkte sich sehr positiv auf die Sicherheitsarbeit aus. Auch nahm man die betrieblichen Führungskräfte in ihrer Verantwortung für ihre Mitarbeiter und deren Sicherheit ernsthaft in die Pflicht. Sie standen plötzlich im Wettbewerb um die beste Leistung in Sachen Sicherheit. Da die Arbeitssicherheit seit der Reorganisation 1995 eine Kennziffer zu den betrieblichen Zielen beisteuert, muss sich auch heute noch jeder Teamleiter daran messen lassen.

Die Übertragung von Verantwortung auf den Einzelnen, auf die Gruppe, das Team, kürzere Kommunikationswege und die kundenorientierte Arbeitsweise der Teams verbesserten die „autonome Sicherheitsarbeit".

Man lebt dezentral die Verantwortung für die eigene Sicherheit und die der Kollegen. Gegenüber technischen und persönlichen Sicherheitsdefiziten ist man weniger tolerant und wird früher und konsequenter aktiv. Das beinhaltet, wie erwähnt, sogar das eigenverantwortliche Abschalten von Produktionsanlagen. Das Team Arbeitssicherheit als zentrale Einheit unterstützt und koordiniert lediglich. Wir haben gelernt: Was eine Gruppe selbst erarbeitet, wird von den Mitgliedern auch besser akzeptiert.

4.2 Entwicklung der Arbeitssicherheit

In den letzten 20 Jahren hat sich die Qualität der Sicherheitsarbeit und damit auch das Unfallgeschehen in der Stahlindustrie insgesamt deutlich verbessert. Rasselstein lag 1980 mit 45,6 meldepflichtigen Unfällen je einer Million geleisteter Arbeitsstunden aus heutiger Sicht auf sicherheitstechnisch rückständigem Niveau. Dennoch war diese Zahl immer noch deutlich besser als der Vergleich mit anderen Unternehmen der Stahlindustrie (57,1).

Bereits zehn Jahre später hatte sich die Zahl meldepflichtiger Unfälle mehr als halbiert. Warum?

Zunächst verstärkten wir die Sicherheitsarbeit vor Ort. Erste Verbesserungen betrafen:

- Sicherheitsanalysen hinsichtlich Arbeitsorganisation, -abläufen und -mittel
- Optimierung von Arbeitsabläufen
- Regelmäßige Überprüfung der Anlagen auf sicherheitstechnische Mängel
- Schulungsgespräche mit Mitarbeitern, Meistern und Sicherheitsbeauftragten
- Unterweisung neuer Mitarbeiter
- Erstellung eines Körperschutzkataloges
- Unfalluntersuchungen zusammen mit Führungskräften und Betriebsrat
- Gespräche mit den Betroffenen direkt nach dem Arbeitsunfall sowie nach Wiederaufnahme der Arbeit, auch bezüglich der Ausfallzeit
- Enge und kooperative Zusammenarbeit mit dem Betriebsrat in allen Fragen der Arbeitssicherheit

4.3 Arbeitssicherheit in Zahlen

Das gesamte Unfallgeschehen in den Betrieben wird in Verbandbüchern und Unfallberichten dokumentiert. Unfallhäufigkeit und ausgefallene Arbeitszeit fließen in Statistiken ein. Die jeweilige Unfallschwere kann anhand der entstandenen Ausfallzeit dargestellt werden, die in drei Kategorien eingeteilt ist:

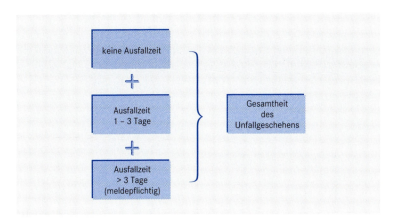

Abb. 5:
Aufgliederung des Unfallgeschehens nach Ausfallzeiten

Unfälle mit einer Ausfallzeit von mehr als drei Tagen sind der Berufsgenossenschaft zu melden und bilden die Grundlage für den Vergleich mit anderen Unternehmen. Dazu dokumentieren und analysieren wir intern auch Unfälle ohne oder mit bis zu drei Tagen Ausfallzeit, um Gefahrenquellen zu erkennen und zu beseitigen.

Im folgenden Schaubild sehen Sie die Zahl der Unfälle mit Ausfallzeit, farbig unterschieden nach nicht meldepflichtigen und meldepflichtigen Vorkommnissen. Die Unfallhäufigkeit bezieht sich dabei immer auf eine Million geleistete Arbeitsstunden.

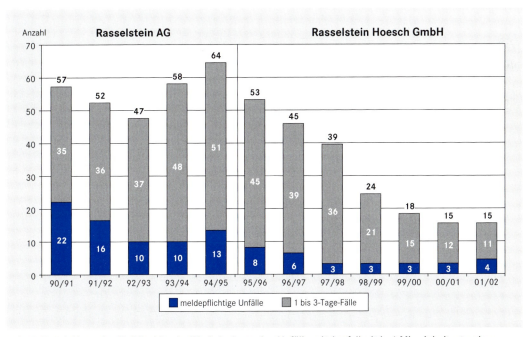

Abb. 6: Entwicklung der Unfallzahlen im Werk Andernach – Unfälle mit Ausfallzeit je 1 Mio. Arbeitsstunden –

Auffallend ist, dass zwischen 1993 und 1995 die Häufigkeit der Unfälle anstieg. Grund dafür war die Umstrukturierung des gesamten Betriebes. Es ergaben sich neue Aufgabenverteilungen, wechselnde Zuständigkeiten und Verantwortlichkeiten. Zudem ging viel Erfahrungswissen dadurch verloren, dass etliche Mitarbeiter das Werk verließen. Mit der Stabilisierung des Systems verbesserten sich auch die Unfallzahlen wieder. Im Vergleich zum letzten dargestellten Geschäftsjahr ereigneten sich im Werk Andernach nahezu 70 Prozent weniger Unfälle mit Ausfallzeit als vor zehn Jahren. Obwohl sich auch der Branchendurchschnitt in den letzten Jahren verbessert hat, liegen wir bei Rasselstein immer noch weit darunter.

4.4 Gute Aussichten

Wie geht es weiter? Das Unternehmensziel „Null Unfälle" bleibt nach wie vor bestehen. Auf dem Weg dorthin werden immer neue Etappenziele gesucht, wird Verbesserungspotenzial geprüft.

Mittlerweile analysiert das Team Arbeitssicherheit Unfälle auch nach psychologischen Aspekten. Seminare im Rahmen unseres Projekts „Der gesunderhaltende Betrieb" bieten die Möglichkeit, sich hinsichtlich Stressmanagements weiterzubilden. Weiterhin wurden 200 Mitarbeiter in den Herbstseminaren „Psychologie und Arbeitsschutz" zu den Themen „Ursachen für menschliches Fehlverhalten" und „Betriebliche Sicherheitskultur" geschult. Hiermit erreichen wir eine weitere Sensibilisierung der Führungskräfte und Mitarbeiter im täglichen Umgang miteinander.

Anhang

Anhang

Kapitel 4
Anlage 1: Betriebsvereinbarung Andernach — 222

Kapitel 5
Anlage 1: Beurteilungsbogen „Persönliche Zulagen" — 225

Kapitel 6
Anlage 1: Schichtpläne — 227

Kapitel 7
Anlage 1: Betriebsvereinbarung vom 18. Juni 2001, Fehlzeitenbonus — 228
Anlage 2: Betriebsvereinbarung vom 23. Juli 2001, Wegfall der 3-Tage-Regelung Neuwied — 230
Anlage 3: Betriebsvereinbarung vom 09. August 2002, Wegfall der 3-Tage-Regelung Andernach — 233
Anlage 4: Betriebsvereinbarung vom 24. September 2002, Verlängerung Wegfall der 3-Tage-Regelung Neuwied — 236
Anlage 5: Broschüre „Gleiches Recht für alle" — 237

Kapitel 8
Anlage 1: Planung der Arbeitszeit für Betriebsräte — 239

Kapitel 9
Anlage 1: BVW-Formular — 240
Anlage 2: Prämienmatrix — 241
Anlage 3: Bewertungsmatrix — 242

Kapitel 10
Anlage 1: Standorte Infowände — 243
Anlage 2: Fragebogen Mitarbeiterbefragung — 244
Anlage 3: Anschreiben Mitarbeiterbefragung — 250
Anlage 4: Leistungszulagenbogen für Angestellte — 251
Anlage 5: Mitarbeitergespräche für Angestellte — 252

Kapitel 11
Anlage 1: Inhaltsverzeichnis der Weiterbildung — 253
Anlage 2: Das Einführungsprogramm für neue Mitarbeiter — 258
Anlage 3: Beispiel eines Seminarbeurteilungsbogens — 270
Anlage 4: Benchmarking-Leitfaden — 271

Kapitel 4: Anlage 1 – Betriebsvereinbarung Andernach

BETRIEBSVEREINBARUNG

Zwischen der RASSELSTEIN HOESCH GMBH sowie der RASSELSTEIN GMBH

und dem

Betriebsrat der RASSELSTEIN HOESCH GMBH sowie dem Betriebsrat der RASSELSTEIN GMBH

werden folgende Grundsätze zur Durchführung der Gruppenarbeit vereinbart:

1. Grundsätze
Die Einführung von Gruppenarbeit ist die konsequente Fortsetzung der Teamorganisation. Durch sie sollen die Fähigkeiten und Kenntnisse der Mitarbeiter stärker genutzt werden. Sie definiert sich als Arbeit in einer weitgehend selbständigen, mit vielseitigen Funktionen ausgestatteten Arbeitseinheit, die in sich abgeschlossen sein muß.

2. Geltungsbereich
Die Betriebsvereinbarung gilt für alle Mitarbeiter der Teams in denen Gruppenarbeit eingeführt werden soll.

3. Ziele der Gruppenarbeit
Folgende Ziele werden durch Gruppenarbeit angestrebt:
- Höhere Wirtschaftlichkeit, Qualität und Produktivität, zur Steigerung der Wettbewerbsfähigkeit und zur Sicherung des Unternehmens
- Sicherung der Arbeitsplätze
- Steigerung der Arbeitszufriedenheit und Verbesserung der Arbeitsbedingungen
- Mitsprache und Mitverantwortung am Arbeitsprozeß
- Verbesserung der Qualifikation und Aufgabenerweiterung der beteiligten Mitarbeiter
- Null Unfälle
- Verbesserung des Informationsflusses und der Kommunikation

4. Aufgabenverteilung
Die Gruppe hat gemeinsame Aufgaben und Ziele, die in Absprache mit dem betrieblichen Vorgesetzten festgelegt und weitgehend eigenverantwortlich durchgeführt werden. Es sind u. a.:
- Sicherstellung der vorgesehenen Produktion
- Selbstorganisation der Gruppen bezogen auf Aufgabenverteilung, Schichtübergabe, Durchführung von Gruppengesprächen, Urlaubs- und Freischichtplanung
- Erhöhung der Flexibilität bei der Einnahme verschiedener Arbeitsplätze
- Sicherstellung des Informationsflusses
- Einarbeiten neuer Mitarbeiter
- Verbesserung der Arbeitssicherheit
- Ordnung und Sauberkeit am Arbeitsplatz
- Integration von leistungsgeminderten Mitarbeitern

5. Gruppengespräche
Die Gruppengespräche werden regelmäßig durchgeführt. Bei Gesprächen außerhalb der normalen Arbeitszeit wird die Zeit gutgeschrieben. Die Gesprächsergebnisse sind zu protokollieren. Die Gruppe bestimmt den Zeitpunkt unter Berücksichtigung der Arbeitssituation mit dem betrieblichen Vorgesetzten. Der Betriebsrat hat das Recht zur Teilnahme an Gruppengesprächen.

...

Kapitel 4: Anlage 1 – Betriebsvereinbarung Andernach

6. Gruppensprecher
Der Gruppensprecher vertritt die Interessen der Gruppe. Er wird in geheimer Wahl für ein Jahr gewählt. Seine Aufgaben sind im Einzelnen:
- Organisation, Moderation und Protokollierung der Gruppengespräche
- Vertretung der Gruppe nach außen
- Schlichter bei Konflikten
- Verantwortlicher für den Informationsfluß
- Ansprechpartner der Gruppenmitglieder

Für den Aufwand erhält der Gruppensprecher eine Vergütung.

7. Besitzstandswahrung
Wird mit der Einführung der Gruppenarbeit durch Produktivitätssteigerungen die Gruppengröße reduziert, findet eine Überprüfung einer anderen möglichst vergleichbaren Einsatzmöglichkeit unter Berücksichtigung der betrieblichen Belange und Beteiligung des Betriebsrates statt.

8. Entlohnung / Qualifizierung
Die Entlohnung und Qualifizierung in der Gruppenarbeit ist in einer gesonderten Betriebsvereinbarung geregelt.

9. Funktion des Vorgesetzten im Rahmen der Gruppenarbeit
Durch die Gruppenarbeit wandelt sich die Rolle des Vorgesetzten. Der Schwerpunkt der Führungsaufgaben verändert sich vom Anweisen und Anordnen mehr zum Betreuen und Unterstützen der Gruppen. Er sorgt dafür, dass die Gruppe ihre Aufgaben selbständig und eigenverantwortlich erfüllen kann.

10. Kündigungsfrist
Diese Betriebsvereinbarung tritt am 01.04.1999 in Kraft und kann mit einer Frist von drei Monaten zum Quartalsende gekündigt werden.

Andernach/Neuwied, 01.04.1999

RASSELSTEIN HOESCH GmbH

RASSELSTEIN HOESCH GmbH
Betriebsrat Andernach

RASSELSTEIN GmbH

RASSELSTEIN GmbH
Betriebsrat

Kapitel 4: Anlage 1 – Betriebsvereinbarung Andernach

Protokollnotiz zur Betriebsvereinbarung über die Gruppenarbeit vom 01.04.1999

1. Als Orientierungsgröße für die Gruppengespräche stehen 30 Minuten pro Woche zur Verfügung.

2. Der Gruppensprecher erhält für seine Tätigkeit zunächst eine monatliche Funktionszulage von 100,- DM.

   Mittelfristig wird eine Bezahlung im Rahmen des Neuen Lohnsystems angestrebt.

Andernach/Neuwied, 01.04.1999

Kapitel 5: Anlage 1 – Beurteilungsbogen „Persönliche Zulagen"

Rasselstein Hoesch	Beurteilungsbogen ´Persönliche Zulagen´ Qualifizierungsmaßnahmen		Personalteam 2 452/4645
PersNr.	Name, Vorname	LG **) Werk/Bereich	
Arbeitsbereich		Team	

Vielseitigkeit	Punkte			Beurteilungsstufen		
	1	2	3	Punktsumme:		
Anzahl einzunehmender Arbeitsplätze	bis 2 ○	3 bis 5 ○	über 5 ○	1 Punkt	○	C
Intensität der Wechsel	gelegentlich od. Rotation auf 2 AP ○	Rotation auf 3-5 AP ○	Rotation auf > 5 AP ○	2 bis 5 Punkte	○	B3
				6 bis 7 Punkte	○	B2
Aufgabenvielfalt der Arbeitsplätze (AP)	AP ähnlich ○	AP verschieden ○	AP fachübergreifend ○	7*) und 8 Punkte	○	B1 *)
				9 Punkte	○	A

**) wird vom Personalteam ausgefüllt
*) 7 Punkte = B1 nur bei 'AP fachübergreifend'

Beurteilungsmerkmale	*Mindest* anforderungen erfüllt	Anforderungen *gut* erfüllt	Anford. *erheblich* übertroffen			Punkte
	0	1	2	3	4	
Arbeitsqualität Häufigkeit von Beanstandungen, Verwertbarkeit der Arbeitsergebnisse, Arbeitsgüte	○	○	○	○	○	
Sorgfalt Ordnung und Sauberkeit am Arbeitsplatz, Umgang mit Betriebsmitteln und Produkten, Wirksamkeit, Kostenbewußtsein	○	○	○	○	○	
Selbständigkeit Arbeitsinteresse, Arbeitseinstellung, Einsatzbereitschaft, Leistungsbereitschaft, Verantwortungsbewußtsein, Umsicht	○	○	○	○	○	
Zuverlässigkeit Nutzung der Schichtzeit, zuverlässige Erledigung der Aufgaben in angemessener Zeit, Pünktlichkeit, Belastbarkeit, Termintreue	○	○	○	○	○	
Sicherheitsverhalten Beachtung der Sicherheitsvorschriften, eigene Aktivitäten bezüglich Arbeitssicherheit, Anleitung von anderen	○	○	○	○	○	
Initiative eigener Antrieb, Mitarbeit im kontinuierlichen Verbesserungsprozeß, Beteiligung an Verbesserungsvorschlägen, bildet sich weiter, Kreativität	○	○	○	○	○	
Informations-/ Erfahrungsaustausch Weitergabe von Informationen (Kollegen, andere Schichten, Vorgesetzte), Einholen von Informationen	○	○	○	○	○	
Zusammenarbeit, Kooperation Einordnung in Team oder Gruppe, Verträglichkeit mit Kollegen, Hilfsbereitschaft, Leistungsbereitschaft in der Gruppe, Konfliktbewältigung, Kontaktfähigkeit	○	○	○	○	○	
					Summe	

Kapitel 5: Anlage 1 – Beurteilungsbogen „Persönliche Zulagen"

Qualifizierungsmöglichkeiten aus Sicht der Teamleitung	
Maßnahme	Durchführung bis

Qualifizierungswünsche aus Sicht des Mitarbeiters	
Maßnahme	Durchführung bis

Bemerkungen zum Beurteilungsgespräch

Gültigkeitsdauer der 'Persönlichen Zulagen' bis		
	Monat	Jahr

Andernach / Neuwied, den ....

_____   _____
        Beurteiler   Beurteilter Mitarbeiter

	Stufe					DM/Stunde
	C	B3	B2	B1	A	
Vielseitigkeit	○	○	○	○	○	
	0,00	0,42	0,84	1,26	1,68	
Punktsumme Beur-teilungsmerkmale	.... P x 0,055 DM/P					
	Summe:					

Kapitel 6: Anlage 1 – Schichtpläne

Der neue 5-schichtige Vollkontiplan

1. Woche

	Mo	Di	Mi	Do	Fr	Sa	So
Schicht 1	F	F	S	S	N	N	
Schicht 2			F	F	S	S	N
Schicht 3					F	F	S
Schicht 4	N	N					
Schicht 5	S	S	N	N			

2. Woche

	Mo	Di	Mi	Do	Fr	Sa	So
Schicht 1					F	F	S
Schicht 2	N						
Schicht 3	S	N	N				
Schicht 4	F	F	S	S	N	N	
Schicht 5			F	F	S	S	N

3. Woche

	Mo	Di	Mi	Do	Fr	Sa	So
Schicht 1	S	N	N				
Schicht 2	F	F	S	S	N	N	
Schicht 3			F	F	S	S	N
Schicht 4					F	F	S
Schicht 5	N						

4. Woche

	Mo	Di	Mi	Do	Fr	Sa	So
Schicht 1					F	F	S
Schicht 2	N	N					
Schicht 3	S	S	N	N			
Schicht 4	F	F	S	S	N	N	
Schicht 5			F	F	S	S	N

5. Woche

	Mo	Di	Mi	Do	Fr	Sa	So
Schicht 1			F	F	S	S	N
Schicht 2					F	F	S
Schicht 3	N	N					
Schicht 4	S	S	N	N			
Schicht 5	F	F	S	S	N	N	

6. Woche

	Mo	Di	Mi	Do	Fr	Sa	So
Schicht 1	N						
Schicht 2	S	N	N				
Schicht 3	F	F	S	S	N	N	
Schicht 4			F	F	S	S	N
Schicht 5					F	F	S

7. Woche

	Mo	Di	Mi	Do	Fr	Sa	So
Schicht 1	F	F	S	S	N	N	
Schicht 2			F	F	S	S	N
Schicht 3					F	F	S
Schicht 4	N	N					
Schicht 5	S	S	N	N			

8. Woche

	Mo	Di	Mi	Do	Fr	Sa	So
Schicht 1	F	F	S	S	N	N	
Schicht 2			F	F	S	S	N
Schicht 3					F	F	S
Schicht 4	N	N					
Schicht 5	S	S	N	N			

9. Woche

	Mo	Di	Mi	Do	Fr	Sa	So
Schicht 1					F	F	S
Schicht 2	N	N					
Schicht 3	S	S	N	N			
Schicht 4	F	F	S	S	N	N	
Schicht 5			F	F	S	S	N

10. Woche

	Mo	Di	Mi	Do	Fr	Sa	So
Schicht 1	S	S	N	N			
Schicht 2	F	F	S	S	N	N	
Schicht 3			F	F	S	S	N
Schicht 4					F	F	S
Schicht 5	N	N					

Erläuterung: $\boxed{F}$ = Frühschicht (6.00 - 14.00 Uhr) $\boxed{S}$ = Spätschicht (14.00 - 22.00 Uhr)

$\boxed{N}$ = Nachtschicht (22.00 - 6.00 Uhr)

Kapitel 7: Anlage 1 – Betriebsvereinbarung vom 18. Juni 2001

BETRIEBSVEREINBARUNG

Zwischen der   RASSELSTEIN HOESCH GmbH, Andernach sowie der
RASSELSTEIN GMBH, Neuwied

und dem   Betriebsrat der RASSELSTEIN HOESCH GmbH, Andernach sowie dem
Betriebsrat der RASSELSTEIN GmbH, Neuwied

wird folgende Betriebsvereinbarung abgeschlossen:

Gewährung eines Bonus

In Anlehnung an den Tarifvertrag vom 18.12.1996 über eine betriebliche Sonderzahlung erhalten die Mitarbeiter bei einer geringen Fehlzeitenquote einen Bonus.

Die Bonushöhe wird durch die durchschnittliche Fehlzeitenquote im Geschäftsjahr aller Mitarbeiter im jeweiligen Betrieb bestimmt. Als eigene Betriebe zählen die Standorte Andernach und Neuwied sowie die Gruppe der Auszubildenden. Die eigene Quote für die Auszubildenden gilt erstmals mit dem Geschäftsjahr 2000/2001. Die Auszahlung erfolgt gleichzeitig mit der Weihnachtsgratifikation.

Bandbreiten für Stammbelegschaft einschl. Befr. Mitarbeiter > 3 Monate:

Fehlzeitenquote			Bonus in % vom Monatsverdienst
> 4,0 %	bedeutet	ab 4,050 % und größer	kein Bonus
4,0 % bis 3,7 %	bedeutet	von 4,049 % bis 3,650 %	2,5 %
3,6 % bis 3,3 %	bedeutet	von 3,649 % bis 3,250 %	5,0 %
< 3,3 %	bedeutet	ab 3,249 % und kleiner	Verhandlung über Sonderzahlung

Bandbreiten für Auszubildende (alle Berufe und alle Ausbildungsjahre ergeben die Quote):

Fehlzeitenquote			Bonus in % vom Monatsverdienst
> 2,3 %	bedeutet	ab 2,3050 % und größer	kein Bonus
2,3 % bis 2,0 %	bedeutet	von 2,249 % bis 1,950 %	2,5 % Bonus
1,9 % bis 1,7 %	bedeutet	von 1,949 % bis 1,650 %	5,0 % Bonus
< 1,7 %	bedeutet	ab 1,649 % und kleiner	evtl. Sonderbonus

Kapitel 7: Anlage 1 – Betriebsvereinbarung vom 18. Juni 2001

2

Die Betriebsvereinbarung vom 12.11.1997 verliert hiermit ihre Gültigkeit.

Andernach, 18. Juni 2001

RASSELSTEIN
HOESCH
GmbH

ppa.

RASSELSTEIN
HOESCH
GmbH
Betriebsrat Andernach

RASSELSTEIN
GmbH

ppa.

RASSELSTEIN
GmbH
Betriebsrat Neuwied

Kapitel 7: Anlage 2 – Betriebsvereinbarung vom 23. Juli 2001

BETRIEBSVEREINBARUNG

Zwischen der RASSELSTEIN GmbH, Neuwied

und dem Betriebsrat der RASSELSTEIN GmbH, Neuwied

wird folgende Betriebsvereinbarung über den

„Fortfall der Nachweispflicht bei Arbeitsunfähigkeit bis zum Ablauf des dritten Kalendertages"

abgeschlossen.

Die Nachweispflicht über die Arbeitsunfähigkeit ist im Entgeltfortzahlungsgesetz § 5 geregelt, das seit 1. Juni 1994 gültig ist. Hierbei gibt es keine Unterschiede zwischen Lohn- und Gehaltsempfängern. Bei Rasselstein sind bisher aber nur Gehaltsempfänger und Auszubildende aller Ausbildungsberufe von der Nachweispflicht ab dem ersten Krankheitstag befreit.

Um die Vertrauenskultur im Unternehmen weiter umzusetzen, soll mit dieser Vereinbarung eine Gleichstellung von Lohn- und Gehaltsempfängern sowie der Auszubildenden erreicht werden.

1. **Persönlicher Geltungsbereich**

    Diese Betriebsvereinbarung gilt für alle Lohnempfänger, die mindestens sechs Monate bei der Rasselstein GmbH beschäftigt sind.

2. **Anzeige- und Nachweispflicht**

    Der Grundsatz gemäß § 5 Abs. 1 Entgeltfortzahlungsgesetz, dass die Arbeitsunfähigkeit infolge Krankheit und deren voraussichtliche Dauer unverzüglich dem Arbeitgeber anzuzeigen und innerhalb von drei Kalendertagen eine ärztliche Arbeitsunfähigkeitsbescheinigung vorzulegen ist, wird durch diese Vereinbarung nicht berührt.

3. **Befreiung von der Nachweispflicht**

    Abweichend vom v. g. Grundsatz wird auf die Vorlage einer ärztlichen Bescheinigung verzichtet bei Arbeitsunfähigkeit infolge einer Erkrankung, bei der wegen Art und Schwere der Krankheit nach allgemeiner Lebenserfahrung davon auszugehen ist, dass nach drei zusammenhängenden Kalendertagen die Arbeitsfähigkeit wieder hergestellt ist.

...

Kapitel 7: Anlage 2 – Betriebsvereinbarung vom 23. Juli 2001

3.1 Anzeigepflicht

Das Belegschaftsmitglied ist in jedem Fall verpflichtet über die Arbeitsunfähigkeit und deren voraussichtlicher Dauer unverzüglich den direkten Vorgesetzten zu informieren.

Die Unterrichtung erfolgt am ersten Tag der Erkrankung. Eine Form ist nicht vorgeschrieben. Sie erfolgt im Regelfall telefonisch, wenn dies nicht möglich ist, über einen beauftragten Dritten oder schriftlich.

3.2 Nachweispflicht

Dauert die Arbeitsunfähigkeit entgegen der Erwartung länger als drei zusammenhängende Kalendertage, entsteht die Nachweispflicht mit sofortiger Wirkung, d. h. die ärztliche Arbeitsunfähigkeitsbescheinigung muss in diesem Fall spätestens am vierten Tag der Arbeitsunfähigkeit ausgestellt und unverzüglich dem zuständigen Personalteam zugestellt werden.

4. Vergütung

Die Vergütung der drei Ausfalltage erfolgt nach § 4 Entgeltfortzahlungsgesetz in Verbindung mit § 11 GMTV.

5. Urlaub und Ausfalltage

Diese Betriebsvereinbarung findet keine Anwendung, wenn die Kurzerkrankung unmittelbar vor, während und nach dem Urlaub anfällt. In diesem Fall ist eine ärztliche Bescheinigung über die Arbeitsverhinderung infolge Krankheit beizubringen.

Dieser Sachverhalt gilt auch bei Kurzerkrankung während der Kurzarbeit.

6. Missbrauch

Die Betriebsvereinbarung gilt nur bei unverschuldeter Arbeitsunfähigkeit des Belegschaftsmitgliedes. Die Befreiung von der Vorlage einer ärztlichen Arbeitsunfähigkeitsbescheinigung kann im Einzelfall widerrufen werden, wenn der Verdacht des Missbrauches besteht. Über den Widerruf der Befreiung von der Vorlage einer ärztlichen Bescheinigung entscheidet der Personalausschuss im Einzelfall. Dies ist z. B. der Fall, wenn mehr als drei Ausfallereignisse im Jahr überschritten werden oder die Lage der Ausfalltage Zweifel an der Arbeitsunfähigkeit aufkommen lassen.

…

Kapitel 7: Anlage 2 – Betriebsvereinbarung vom 23. Juli 2001

7. Inkrafttreten

Diese Betriebsvereinbarung tritt am 1. Oktober 2001 in Kraft und ist bis 30. September 2002 befristet.

Im August 2002 wird entschieden, ob und wie sie bei der Rasselstein Hoesch GmbH ebenfalls eingeführt oder ob diese Vereinbarung nach der Pilotphase ungültig wird.

Andernach, 23. Juli 2001

RASSELSTEIN
GmbH

ppa.

Kroll   Berssem

RASSELSTEIN
GmbH
Betriebsrat Neuwied

Höhn

Kapitel 7: Anlage 3 – Betriebsvereinbarung vom 09. August 2002

BETRIEBSVEREINBARUNG

Zwischen der   RASSELSTEIN HOESCH GmbH, Andernach

und dem   Betriebsrat der RASSELSTEIN HOESCH GmbH, Andernach

wird folgende Betriebsvereinbarung über den

„Fortfall der Nachweispflicht bei Arbeitsunfähigkeit bis zum Ablauf des dritten Kalendertages"

abgeschlossen.

Die Nachweispflicht über die Arbeitsunfähigkeit ist im Entgeltfortzahlungsgesetz § 5 geregelt, das seit 1. Juni 1994 gültig ist. Hierbei gibt es keine Unterschiede zwischen Lohn- und Gehaltsempfängern. Bei Rasselstein sind bisher nur Gehaltsempfänger und Auszubildende aller Ausbildungsberufe von der Nachweispflicht ab dem ersten Krankheitstag befreit.

Um die Vertrauenskultur im Unternehmen weiter umzusetzen, soll mit dieser Vereinbarung eine Gleichstellung von Lohn- und Gehaltsempfängern sowie der Auszubildenden erreicht werden.

1. **Persönlicher Geltungsbereich**

   Diese Betriebsvereinbarung gilt für alle Lohnempfänger, die mindestens sechs Monate bei der Rasselstein Hoesch GmbH beschäftigt sind.

2. **Anzeige- und Nachweispflicht**

   Der Grundsatz gemäß § 5 Abs. 1 Entgeltfortzahlungsgesetz, dass die Arbeitsunfähigkeit infolge Krankheit und deren voraussichtliche Dauer unverzüglich dem Arbeitgeber anzuzeigen und innerhalb von drei Kalendertagen eine ärztliche Arbeitsunfähigkeitsbescheinigung vorzulegen ist, wird durch diese Vereinbarung nicht berührt.

3. **Befreiung von der Nachweispflicht**

   Abweichend vom v. g. Grundsatz wird bei Arbeitsunfähigkeit aufgrund einer Erkrankung, bei der wegen Art und Schwere der Krankheit nach allgemeiner Erfahrung davon auszugehen ist, dass nach drei zusammenhängenden Kalendertagen die Arbeitsfähigkeit wieder hergestellt ist, auf die Vorlage einer ärztlichen Bescheinigung verzichtet.

...

Kapitel 7: Anlage 3 – Betriebsvereinbarung vom 09. August 2002

3.1. Anzeigepflicht

Das Belegschaftsmitglied ist in jedem Fall verpflichtet über die Arbeitsunfähigkeit und deren voraussichtliche Dauer unverzüglich den direkten Vorgesetzten zu informieren.

Die Unterrichtung erfolgt am ersten Tag der Erkrankung. Eine Form ist nicht vorgeschrieben. Sie erfolgt im Regelfall telefonisch, wenn dies nicht möglich ist, über einen beauftragten Dritten oder schriftlich.

3.2 Nachweispflicht

Dauert die Arbeitsunfähigkeit entgegen der Erwartung länger als drei zusammenhängende Kalendertage, entsteht die Nachweispflicht mit sofortiger Wirkung, d. h. die ärztliche Arbeitsunfähigkeitsbescheinigung muss in diesem Fall spätestens am vierten Tag der Arbeitsunfähigkeit ausgestellt und unverzüglich dem zuständigen Personalteam zugestellt werden.

4. Vergütung

Die Vergütung der drei Ausfalltage erfolgt nach § 4 Entgeltfortzahlungsgesetz in Verbindung mit § 11 GMTV.

5. Urlaub und Ausfalltage

Diese Betriebsvereinbarung findet keine Anwendung, wenn die Kurzerkrankung unmittelbar vor, während und nach dem Urlaub anfällt. In diesem Fall ist eine ärztliche Bescheinigung über die Arbeitsverhinderung infolge Krankheit vorzulegen.

Dieser Sachverhalt gilt auch bei Kurzerkrankung während der Kurzarbeit.

6. Missbrauch

Die Betriebsvereinbarung gilt nur bei unverschuldeter Arbeitsunfähigkeit des Belegschaftsmitgliedes. Die Befreiung von der Vorlage einer ärztlichen Arbeitsunfähigkeitsbescheinigung kann im Einzelfall widerrufen werden, wenn der Verdacht des Missbrauchs besteht. Über den Widerruf der Befreiung von der Vorlage einer ärztlichen Bescheinigung entscheidet der Personalausschuss im Einzelfall. Dies ist z. B. der Fall, wenn drei Ausfallereignisse im Jahr überschritten werden oder die Lage der Ausfalltage Zweifeld an der Arbeitsunfähigkeit aufkommen lassen.

7. Gültigkeit

Diese Betriebsvereinbarung ist gültig vom 1. Oktober 2002 bis 30. September 2003.

Kapitel 7: Anlage 3 – Betriebsvereinbarung vom 09. August 2002

/3

8. Schlußbestimmung

Im August 2003 wird entschieden, ob die Betriebsvereinbarung verlängert wird oder evtl. mit Änderungen dauerhaft in Kraft tritt.

Andernach, 9. August 2002

RASSELSTEIN
HOESCH
GmbH

Kroll

ppa.
Brand

RASSELSTEIN
HOESCH
GmbH
Betriebsrat Andernach

Hilger

Kapitel 7: Anlage 4 – Betriebsvereinbarung vom 24. September 2002

Betriebsvereinbarung

Zwischen dem   Vorstand der RASSELSTEIN GMBH

und dem

Betriebsrat der RASSELSTEIN GMBH

wird folgendes vereinbart:

1. Die Betriebsvereinbarung **„Fortfall der Nachweispflicht bei Arbeitsunfähigkeit bis zum Ablauf des dritten Kalendertages"** vom 23.07.2001 wird bis zum 30.09.2003 verlängert.

Neuwied, 24. September 2002

Rasselstein GmbH   Rasselstein GmbH
                                                      Betriebsrat

ppa. Berssem   i.V. Laakmann   Höhn

Kapitel 7: Anlage 5 – Broschüre „Gleiches Recht für alle"

Betriebsrat

Der Betriebsrat der Rasselstein Hoesch GmbH
in Andernach informiert

Gleiches Recht für alle

„Gelber Schein" erst ab dem vierten Krankheitstag

Kapitel 7: Anlage 5 – Broschüre „Gleiches Recht für alle"

Betriebsrat INFO

Lohn- und Gehaltsempfänger gleich gestellt

Ab dem 1. Oktober 2002 gilt für erkrankte Lohnempfänger bei Rasselstein Hoesch das Gleiche wie für Gehaltsempfänger: Wer bis zu drei Tage krank ist, muss keine Arbeitsunfähigkeitsbescheinigung (AU), auch „gelber Schein" genannt, des behandelnden Arztes vorlegen. Dies sieht eine entsprechende Betriebsvereinbarung vor, die der Betriebsrat unterzeichnet hat. Sie gilt zunächst bis 30. September 2003. Sechs Wochen vorher ziehen Betriebsrat und Vorstand eine Bilanz und entscheiden, ob diese neue Praxis fortgesetzt werden soll.

Zu der neuen Regelung gibt es von Seiten der Beschäftigten einige Fragen, die wir an dieser Stelle beantworten:

1. Was bedeutet der Verzicht auf den „gelben Schein" für Lohnempfänger?

Zunächst geht es darum, dass Lohnempfänger genauso behandelt werden wie Gehaltsempfänger. Für die letzteren gilt schon lange: Wer bis zu drei Tage krank ist, muss sich das nicht von einem Arzt bestätigen lassen. Sollte die Krankheit wider Erwarten doch länger dauern, ist erst ab dem vierten Tag ein „gelber Schein" notwendig. Und das ist nun auch im Lohnbereich die Regel.

2. Und wenn jemand längerfristig erkrankt?

Wer so krank ist, muss ohnehin zum Arzt, der wie gewohnt die AU ab dem ersten Tag ausstellt.

3. Muss eine leichte Krankheit bis zu drei Tagen überhaupt noch gemeldet werden?

Unbedingt! Nach wie vor muss der unmittelbare Vorgesetzte unverzüglich informiert werden, wie lange die Krankheit voraussichtlich dauert.

4. Wie werden die Ausfalltage ohne „gelben Schein" bezahlt?

Sie werden ebenso bezahlt wie Krankheitstage, die mit einem „gelben Schein" belegt sind: auf der Basis des Durchschnittslohns der letzten drei Monate.

5. Sind bei der Drei-Tage-Regelung die Arbeitstage gemeint – oder Kalendertage?

Es sind drei aufeinander folgende Kalendertage gemeint. Fallen die Freischichten auf die Tage Dienstag bis Freitag und erkrankt der Arbeitnehmer am Mittwoch, müsste – bei weiterer Erkrankung – der „gelbe Schein" bereits am Samstag (dem ersten Arbeitstag) abgegeben werden. Oder: Erkrankt der Beschäftigte bei diesem Schichtplan am Montag, muss ebenfalls am Samstag – sofern die Erkrankung andauert – die Arbeitsunfähigkeitsbescheinigung (AU) vorliegen.

6. Was ist, wenn man im Freischichtblock krank wird?

Fallen die krankheitsbedingten Fehlzeiten mit Freischichten zusammen, muss sich der Beschäftigte nicht im Betrieb melden. Die Freischichten werden – wie bisher – nicht nachgewährt.

7. Was passiert, wenn jemand während oder nach seinem Urlaub krank wird?

Unmittelbar während oder nach dem Urlaub muss grundsätzlich eine Krankmeldung ab dem ersten Tag vorgelegt werden.

8. Und wie ist das in Zeiten von Kurzarbeit?

Hier gilt prinzipiell das Gleiche wie bei Punkt 7.

9. Wirken sich Krankheitstage ohne Attest auf die Fehlzeitenquote aus?

Ja. Der Verzicht auf die Arbeitsunfähigkeitsbescheinigung (AU) bei kurzzeitiger Krankheit soll nicht künstlich die Fehlzeitenquote senken. Ausfalltage ohne und mit Attest werden gleich behandelt und voll in die Berechnung der Bonuszahlung einbezogen.

Kapitel 8: Anlage 1 – Planung der Arbeitszeit für Betriebsräte

Planung der Arbeitszeit für Betriebsratstätigkeit im Kalenderjahr 2001

1. Persönliche Daten

PersNr.: [ ] Name: [ ] Team: [Entfetten/Glühen]

2. Regelmäßige Besprechungen/Betriebsratssitzungen

Besprechung/Sitzung	Zeitaufwand in Stunden in 2000 ca.	geplant in 2001	Bemerkungen
Betriebsratssitzung	77,0 Std.		
Betriebsrats-Info	30,0 Std.		
Betriebsräteschulung	25,5 Std.		
Vertrauenskörper	12,5 Std.		
Klausur Personal	22,5 Std.		
Klausur Vorstand	7,5 Std.		
Summe	175,0 Std.	0,0 Std.	

3. Arbeit in Ausschüssen

Ausschuß	Zeitaufwand in Stunden in 2000 ca.	geplant in 2001	Bemerkungen
Sicherheit und Ergonomie	2,5 Std.		
Technologieausschuß	4,0 Std.		
Summe	6,5 Std.	0,0 Std.	

4. Projektarbeit

Projekt	Zeitaufwand in Stunden in 2000 ca.	geplant in 2001	Bemerkungen
Gruppenarbeit	7,5 Std.		
Arbeitskreis BR-Arbeit	13,0 Std.		
Summe	20,5 Std.	0,0 Std.	

5. Sonstiges

Tätigkeit	Zeitaufwand in Stunden in 2000 ca.	geplant in 2001	Bemerkungen
Semiare	82,5 Std.		
Schifffahrt Jubilare/Rentner	7,5 Std.		
Summe	90,0 Std.	0,0 Std.	
Gesamtsumme	292,0 Std.	0,0 Std.	

Kapitel 9: Anlage 1 – BVW-Formular

Name:	Pers.-Nr.:
Tätigkeit:	Tel.: Fach-Nr.:

Rasselstein Hoesch

Rasselstein GmbH

Mein

Verbesserungsvorschlag

(Füllt der Gutachter aus!)

Nummer:
Eingang:
Bearbeiter:
Bewertung am:

Beschreibung des derzeitigen Zustandes:

Neue Idee:

Kapitel 9: Anlage 2 – Prämienmatrix

PRÄMIENMATRIX
Vorschläge ohne errechenbare Ersparnis

PRÄMIEN-BETRAG	VERBESSERUNGSGRAD
26 €	Vorschlag beinhaltet geringen Vorteil
103 €	Vorschlag erbringt kleinen Vorteil Arbeitssicherheit – Sicherer als vorher Qualität – Vermeidung von Nacharbeit Umwelt – Erkennbare Verbesserung Arbeitsablauf – Im eigenen Bereich verbessert
256 €	Vorschlag beinhaltet deutliche Verbesserung Arbeitssicherheit – Sicherheit deutlich erhöht Qualität – Vermeidung von Ausfällen Umwelt – deutliche Verbesserung Arbeitsablauf – im eigenen Bereich deutlich oder im fremden Bereich verbessert
512 €	Hervorragender Verbesserungsvorschlag Arbeitssicherheit – Unfallschwerpunkt nahezu ausgeschlossen Qualität – Vermeidung von Reklamationen Umwelt – Gefahr beseitigt Arbeitsablauf – Im Fremdbereich deutlich verbessert

Erhöhung der Prämie um 26 € – Der VV wurde vom Einreicher umgesetzt.

Erhöhung der Prämie um 26 € – Der VV wurde vom Einreicher detailliert ausgearbeitet.

Erhöhung der Prämie um 52 € – Der VV wurde vom Einreicher detailliert ausgearbeitet und umgesetzt.

Kapitel 9: Anlage 3 – Bewertungsmatrix

BEWERTUNGSMATRIX
Verbesserungsvorschläge mit errechenbarer Ersparnis

Jahresnutzen in €	Prämienhöhe in %	Prämienhöhe in €	Jahresnutzen in €	Prämienhöhe in %	Prämienhöhe in €
1.000	30,0	300	18.500	23,0	4.255
1.500	29,8	447	19.000	22,8	4.332
2.000	29,6	592	19.500	22,6	4.407
2.500	29,4	735	20.000	22,4	4.480
3.000	29,2	876	20.500	22,2	4.551
3.500	29,0	1.015	21.000	22,0	4.620
4.000	28,8	1.152	21.500	21,8	4.687
4.500	28,6	1.287	22.000	21,6	4.752
5.000	28,4	1.420	22.500	21,4	4.815
5.500	28,2	1.551	23.000	21,2	4.876
6.000	28,0	1.680	23.500	21,0	4.935
6.500	27,8	1.807	24.000	20,8	4.992
7.000	27,6	1.932	24.500	20,6	5.047
7.500	27,4	2.055	25.000	20,4	5.100
8.000	27,2	2.176	25.500	20,2	5.151
8.500	27,0	2.295	26.000	20,0	5.200
9.000	26,8	2.412	28.500	19,8	5.643
9.500	26,6	2.527	31.000	19,6	6.076
10.000	26,4	2.640	33.500	19,4	6.499
10.500	26,2	2.751	36.000	19,2	6.912
11.000	26,0	2.860	38.500	19,0	7.315
11.500	25,8	2.967	41.000	18,8	7.708
12.000	25,6	3.072	43.500	18,6	8.091
12.500	25,4	3.175	46.000	18,4	8.464
13.000	25,2	3.276	48.500	18,2	8.827
13.500	25,0	3.375	51.000	18,0	9.180
14.000	24,8	3.472	76.000	13,0	10.260
14.500	24,6	3.567	101.000	10,5	10.605
15.000	24,4	3.660	126.000	9,0	11.340
15.500	24,2	3.751	151.000	8,0	12.080
16.000	24,0	3.840	176.000	7,5	13.200
16.500	23,8	3.927	201.000	7,0	14.070
17.000	23,6	4.012	226.000	6,5	14.690
17.500	23,4	4.095	251.000	6,0	15.060
18.000	23,2	4.176			

Faktor 1,0 für wiederkehrende Ersparnis
Faktor 0,5 für einmalige Ersparnis

Faktor 1,25 für Auszubildende, Praktikanten, Umschüler u. ä.
Faktor 1,0 für Lohnempfänger (inkl. Schichtführer, Angestellte einschl. T4/K4)
Faktor 0,6 für Tagesmeister/-koordinatoren/-techniker und Ingenieure

volle Prämienauszahlung, wenn der VV weniger als 25 % zum Aufgabenbereich gehört
Faktor 0,75, wenn der VV zu 25 bis 49 % dem Aufgabenbereich entspricht
Faktor 0,5, wenn der VV zu 50 bis 75 % dem Aufgabenbereich entspricht
keine Prämienauszahlung, wenn der VV zu mehr als 75 % dem Aufgabenbereich entspricht

Erhöhung der Prämie um
26 € = Der VV wurde vom Einreicher detailliert ausgearbeitet
26 € = Der VV wurde vom Einreicher umgesetzt
52 € = Der VV wurde vom Einreicher detailliert ausgearbeitet und umgesetzt

Kapitel 10: Anlage 1 – Standorte Infowände

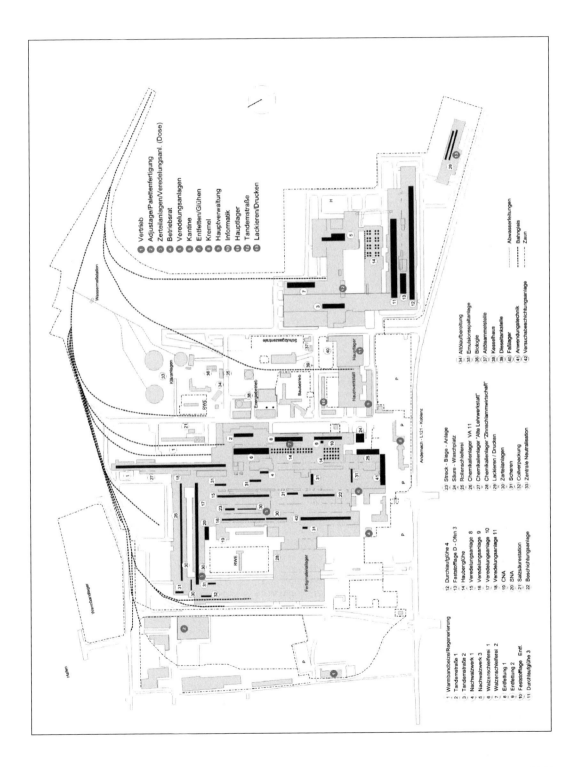

Kapitel 10: Anlage 2 – Fragebogen Mitarbeiterbefragung

Bitte kreuzen Sie die für Sie zutreffenden Antworten mit jeweils einem ☒ an!
Inwieweit treffen die folgenden Fragen auf **Ihren** Arbeitsbereich zu?

	☺	😐	☹		
	++	+	+-	-	--

1. Ziele des Arbeitsbereiches

1.1 Sind Ihnen die Ziele Ihres Arbeitsbereiches bekannt? ○ ○ ○ ○ ○
1.2 Können Sie sich mit den Zielen identifizieren? ○ ○ ○ ○ ○
1.3 Können Sie persönlich einen Beitrag zur Zielerreichung leisten? ○ ○ ○ ○ ○
1.4 Werden die Ziele von der Gruppe / dem Team konsequent verfolgt? ○ ○ ○ ○ ○

2. Verantwortung

2.1 Gibt Ihr Vorgesetzter Verantwortung an Sie ab? ○ ○ ○ ○ ○
2.2 Können Sie innerhalb Ihres Aufgabenbereiches selbständig organisieren?
2.3 Fühlt sich jeder in Ihrem Arbeitsbereich mitverantwortlich für Erfolg bzw. ○ ○ ○ ○ ○
    Mißerfolg?
2.4 Wird in Ihrem Arbeitsbereich eigenverantwortliches Verhalten anerkannt? ○ ○ ○ ○ ○

○ ○ ○ ○ ○

3. Verhältnis zu anderen Arbeitsbereichen

3.1 Arbeiten Sie in Arbeitsgruppen mit Kollegen aus anderen Arbeitsbereichen
    eng zusammen? ○ ○ ○ ○ ○
3.2 Sind die Zuständigkeiten eindeutig geklärt? ○ ○ ○ ○ ○
3.3 Behandeln Sie andere Arbeitsbereiche als interne Kunden? ○ ○ ○ ○ ○

4. Information

4.1 Fühlen Sie sich in Ihrem Arbeitsbereich ausreichend informiert? ○ ○ ○ ○ ○
4.2 Werden wichtige Informationen an den Schichtnachfolger / Kollegen
    weitergegeben? ○ ○ ○ ○ ○

Seite 1

Kapitel 10: Anlage 2 – Fragebogen Mitarbeiterbefragung

	☺	☺	☹
	++ + +- - --

4.3 Werden Sie über Dinge wie Auftragsabwicklung, Beschäftigungslage und
Wettbewerbssituation rechtzeitig informiert?   ○ ○ ○ ○ ○

4.4 Sind die Informationswände übersichtlich gestaltet?   ○ ○ ○ ○ ○

4.5 Finden Sie die "Rasselstein Hoesch Info" gut?   ○ ○ ○ ○ ○

5. Arbeitsbedingungen

5.1 Sind Maschinen und Geräte in einwandfreiem Zustand?   ○ ○ ○ ○ ○

5.2 Sind Sauberkeit und Ordnung einwandfrei?   ○ ○ ○ ○ ○

5.3 Legt Ihr direkter Vorgesetzter Wert darauf, daß die Arbeitsbedingungen
ständig verbessert werden?   ○ ○ ○ ○ ○

5.4 Fördern die Bedingungen an Ihrem Arbeitsplatz
(z. B. Platzverhältnisse / Ausstattung / Lärm) qualitätsgerechtes
Arbeiten?   ○ ○ ○ ○ ○

Falls Sie ☹ angekreuzt haben, geben Sie bitte an: WARUM!   __

_____

_____

_____

_____

_____

_____

6. Qualitätsbewußtsein

6.1 Steht die Zufriedenheit der externen Kunden in Ihrem Arbeitsbereich an   ○ ○ ○ ○ ○
erster Stelle?   ○ ○ ○ ○ ○

6.2 Gibt es in Ihrem Arbeitsbereich klare Qualitätsziele?

6.3 Arbeitet Ihre Arbeitsgruppe an der ständigen Verbesserung der Qualität?   ○ ○ ○ ○ ○

6.4 Bekommen Sie Qualität von anderen?   ○ ○ ○ ○ ○

Kapitel 10: Anlage 2 – Fragebogen Mitarbeiterbefragung

	☺	😐	☹		
	++	+	+-	-	--

6.5 Liefern Sie Qualität an andere?   ○ ○ ○ ○ ○

Falls Sie ☹ angekreuzt haben, geben Sie bitte an: WARUM!

_____
_____
_____
_____
_____
_____
_____

7. Verbesserungen und Ideen

7.1 Ergreifen Sie selbst die Initiative zu Verbesserung und Weiterentwicklung?
7.2 Werden Verbesserungsvorschläge zügig bearbeitet?   ○ ○ ○ ○ ○
7.3 Werden Verbesserungsvorschläge anerkannt?   ○ ○ ○ ○ ○
        ○ ○ ○ ○ ○

8. Einsatzbereitschaft

8.1 Gibt jeder in Ihrem Arbeitsbereich sein Bestes?   ○ ○ ○ ○ ○
8.2 Gilt für viele in Ihrem Arbeitsbereich: "Mir macht die Arbeit Spaß, ich werde nicht für die Zeit bezahlt"?   ○ ○ ○ ○ ○
8.3 Kann sich jeder in Ihrem Arbeitsbereich auf den anderen verlassen?   ○ ○ ○ ○ ○

9. Führungsstil

Ihr(e) direkte(r) Vorgesetzte(r)

- nimmt Ihre Ideen ernst?   ○ ○ ○ ○ ○
- kümmert sich um kranke Kollegen?   ○ ○ ○ ○ ○
- fördert die Zusammenarbeit zwischen den Mitarbeitern?   ○ ○ ○ ○ ○
- nimmt Kritik an?   ○ ○ ○ ○ ○

Kapitel 10: Anlage 2 – Fragebogen Mitarbeiterbefragung

	☺		☹		
	++	+	+-	-	--
- fragt bei Entscheidungen, die direkt die Interessen der Mitarbeiter betreffen, nach deren Meinung?	○	○	○	○	○
- steht zu Ihnen?	○	○	○	○	○
- versteht mit seinen Mitarbeitern umzugehen?	○	○	○	○	○
- läßt Sie selbständig arbeiten und entscheiden?	○	○	○	○	○
- ist auch für persönliche Belange offen?	○	○	○	○	○

10. Anerkennung und Belohnung

10.1 Sagt Ihnen Ihr direkter Vorgesetzter, wie er mit Ihren Leistungen zufrieden ist?	○	○	○	○	○
10.2 Werden gute Leistungen anerkannt?	○	○	○	○	○
10.3 Kann man hier auch etwas werden, wenn man keine guten Beziehungen hat?	○	○	○	○	○

11. Mitarbeiterentwicklung

11.1 Kennen Sie das Weiterbildungsangebot?	○	○	○	○	○
11.2 Bietet Ihnen unser Unternehmen gute Möglichkeiten, sich durch Weiterbildung zu qualifizieren?	○	○	○	○	○
11.3 Wird Ihnen die Teilnahme an Weiterbildungsmaßnahmen ermöglicht?	○	○	○	○	○
11.4 Nutzen Sie die Weiterbildungsmöglichkeiten?	○	○	○	○	○

12. Arbeitsklima

12.1 Werden Probleme in Ihrer Arbeitsgruppe gemeinsam gelöst?	○	○	○	○	○
12.2 Werden Sie mit Ihren Vorschlägen von den Kollegen ernst genommen?	○	○	○	○	○
12.3 Hat ein offenes Wort negative Folgen?	○	○	○	○	○
12.4 Gilt bei uns das Motto: "aus Fehlern lernt man"?	○	○	○	○	○

Kapitel 10: Anlage 2 – Fragebogen Mitarbeiterbefragung

	☺	😐	☹	
++	+	+-	-	--

13. Betriebsrat

	++	+	+-	-	--
13.1 Ist der Betriebsrat wichtig?	○	○	○	○	○
13.2 Müssen Sie keine Benachteiligungen befürchten, wenn Sie zum Betriebsrat gehen?	○	○	○	○	○
13.3 Setzt sich Ihr Betriebsrat für Sie ein?	○	○	○	○	○

14. Personalteams (= PE)

	++	+	+-	-	--
14.1 Wissen Sie, wo Ihr PE/Team seinen Standort hat?	○	○	○	○	○
14.2 Kennen Sie Ihren Ansprechpartner für Lohn / Gehalt, Personalarbeit und Prämienlohn?	○	○	○	○	○
14.3 Können Sie mit Ihrem PE/Team vertrauensvoll zusammenarbeiten?	○	○	○	○	○
14.4 Werden Ihre Anliegen von Ihrem PE/Team termingerecht bearbeitet?	○	○	○	○	○
14.5 Wird Ihnen von Ihrem PE/Team stets unbürokratisch geholfen?	○	○	○	○	○
14.6 Müssen Sie keine Benachteiligung befürchten, wenn Sie zu den PE/Teams gehen?	○	○	○	○	○

15. Warum arbeiten Sie bei Rasselstein?

	++	+	+-	-	--
15.1 Macht Ihnen die Arbeit Spaß?	○	○	○	○	○
15.2 Verdienen Sie hier mehr Geld als woanders?	○	○	○	○	○
15.3 Haben Sie keine Alternative?	○	○	○	○	○

15.4 Sonstiges: _____

_____

_____

_____

Kapitel 10: Anlage 2 – Fragebogen Mitarbeiterbefragung

16. Was gefällt Ihnen bei Rasselstein besonders gut?

(bitte geben Sie maximal drei Antworten)

_____
_____
_____
_____

17. Was würden Sie am ehesten ändern, wenn Sie ab Montag "Chef" wären?

(bitte geben Sie maximal drei Antworten)

_____
_____
_____
_____

Kapitel 10: Anlage 3 – Anschreiben Mitarbeiterbefragung

Mitarbeiterbefragung

Liebe Kolleginnen und Kollegen,

Ziel dieser Befragung ist es, Wünsche, Kritik und Anregungen der Mitarbeiter zu ermitteln.
Ihre Meinung ist uns wichtig! Deshalb erwarten wir von jedem Rasselsteiner, daß er die Fragen offen und ehrlich beantwortet.

Die Ergebnisse sollen zu Maßnahmen führen, die u. a. die Arbeitszufriedenheit erhöhen und die Zusammenarbeit verbessern. Das liegt auch im Interesse unserer Kunden.

Die Befragung wird in Andernach, Neuwied und Dortmund durchgeführt. Sie erfolgt anonym.

Der Fragebogen wird von Betriebsrat und Vertrauensleuten verteilt und wieder eingesammelt.

Die Auswertung erfolgt durch Studenten der Fachhochschule Koblenz. Anschließend wird der Fragebogen vernichtet. Rückschlüsse auf einzelne Personen sind weder möglich noch gewollt.

Wir bitten Sie, den Fragebogen auch in Ihrem Interesse auszufüllen.

Für Fragen stehen Ihnen Frau Mathä (Tel.: 4641) sowie Ihr Betriebsrat und die Vertrauensleute selbstverständlich gern zur Verfügung.

Vielen Dank für's Mitmachen!

| Dr. Neumann | Hilger | Höhn | Stankus |

Kapitel 10: Anlage 4 – Leistungszulagenbogen für Angestellte

Rasselstein Hoesch

Leistungsbeurteilung

Personalteam (Tel.: ..... /Fach ...)

Pers.-Nr.	Name, Vorname	Werk/Bereich
Team	Tätigkeit	Beurteilungszeitraum von ... bis ...

Beurteilungsmerkmale — *Grundsätze auf der Rückseite beachten*

Bewertungsskala:
- 0 / 1 – Mindestanforderungen erfüllt
- 2 / 3 – Anforderungen gut erfüllt
- 4 – Anford. erheblich übertroffen
- Merkmal trifft nicht zu

Auffassungsgabe/Flexibilität
Erfassen von Sachverhalten und Anpassen an wechselnde Aufgaben und Situationen

Kenntnisse
Für den Aufgabenbereich erforderliche Kenntnisse einschl. Umsetzen in die Praxis

Arbeitsqualität
Häufigkeit von Beanstandungen, Verwertbarkeit der Arbeitsergebnisse, Arbeitsgüte

Arbeitseffektivität
Kostenbewusstsein, Wirksamkeit, Umgang mit Betriebsmitteln und Produkten, Ordnung und Sauberkeit am Arbeitsplatz

Selbständigkeit
Arbeitsinteresse, Arbeitseinstellung, Einsatzbereitschaft, Leistungsbereitschaft, Verantwortungsbewusstsein, Umsicht

Zuverlässigkeit
Nutzung der Arbeitszeit, zuverlässige Erledigung der Aufgaben in angemessener Zeit, Pünktlichkeit, Belastbarkeit, Terminstreue

Sicherheitsverhalten
Beachtung der Sicherheitsvorschriften, eigene Aktivitäten bezüglich Arbeitssicherheit, Anleitung von anderen

Initiative
Eigener Antrieb, Mitarbeit im kontinuierlichen Verbesserungsprozeß, Beteiligung an Verbesserungsvorschlägen, bildet sich weiter, Kreativität

Zusammenarbeit/Kooperation
Einordnung in Team oder Gruppe, Verträglichkeit mit Kollegen, Hilfsbereitschaft, Leistungsbereitschaft in der Gruppe, Konfliktbewältigung, Kontaktfähigkeit

Informations-/Erfahrungsaustausch
Weitergabe von Informationen (Kollegen, andere Schichten, Vorgesetzte), Einholen von Informationen

Personalführung:

Integration/Motivation
Eingliedern aller Mitarbeiter ins Team und Gewinnen der Mitarbeiter für gemeinsame Ziele und Aufgaben

Delegation
Planen, Übertragen, Koordinieren von Aufgaben und Überprüfen der Durchführung

Mitarbeiterentwicklung
Erkennen und Fördern von Mitarbeiterpotenzialen

Beurteilungsergebnis (Gesamtsumme der Beurteilungsstufen : Anzahl der zutreffenden Kriterien)

Gesamtleistung (bitte ankreuzen)

Bereich	%
0 - 0,6	0 %
0,7 - 0,8	4 %
0,9 - 1,0	5 %
1,1 - 1,2	6 %
1,3 - 1,4	7 %
1,5 - 1,6	8 %
1,7 - 1,8	9 %
1,9 - 2,0	10 %
2,1 - 2,2	11 %
2,3 - 2,4	12 %
2,5 - 2,6	13 %
2,7 - 2,8	14 %
2,9 - 3,0	15 %
3,1 - 3,2	16 %
3,3 - 3,4	17 %
3,5 - 3,6	18 %
3,7 - 3,8	19 %
3,9 - 4,0	20 %

Bemerkungen zum Beurteilungsgespräch:

Kapitel 10: Anlage 5 – Mitarbeitergespräche für Angestellte

Rasselstein Hoesch	**Mitarbeitergespräch** am		**Personalteam** (Tel. ..../Fach ...)	
Pers.-Nr.	**Name, Vorname**	**Bereich/Team**	**Tätigkeit**	
Ziele für den Zeitraum von .... bis				
Geplante Maßnahmen zur Zielerreichung bzw. zur Erhaltung/ Steigerung der Leistungsfähigkeit		**Verantwortlich**		**Termin**
Stärken und Schwächen des Mitarbeiters				
Entwicklungsziele Längerfristige Vorstellungen des Mitarbeiters/ der Mitarbeiterin zur beruflichen Entwicklung				
Perspektiven/ Einsatzmöglichkeiten aus der Sicht des Vorgesetzten (z.B. andere Aufgaben, breitere Verantwortung, Um-/Versetzung)				
Anregungen Anregungen des Mitarbeiters/der Mitarbeiterin zur Verbesserung des Arbeitsablaufs, der Zusammenarbeit und des Arbeitsklimas				

Andernach/Neuwied,_____   _____   _____
                                     Vorgesetzter   Mitarbeiter

Kapitel 11: Anlage 1 – Inhaltsverzeichnis der Weiterbildung

Inhalt	Seite

1 Persönliche Qualität und Unternehmensqualität

1.1 Zusammenarbeit im Betrieb
1.1.1 Effektive Teamarbeit	12
1.1.2 Aufbautraining Teamarbeit	13
1.1.3 Grundlagenseminar „Gruppenarbeit"	13
1.1.4 Informationsaustausch für Gruppensprecher	14
1.1.5 Informationsaustausch für Prozessbegleiter und Paten	15

1.2 Mitarbeiterführung
1.2.1 Effektives Führen im Team I	16
1.2.2 Effektives Führen im Team II	17
1.2.3 Effektives Führen im Team III	18
1.2.4 Aufbautraining für Schichtkoordinatoren	19
1.2.5 Coaching für Führungskräfte	20
1.2.6 Psychologische Grundlagen der Mitarbeiterführung	20

1.3 Projekte
1.3.1 Mitarbeiterbeurteilung und neues Entgeltsystem	21
1.3.2 Beeinflussung von Fehlzeiten	21

1.4 Arbeitstechniken
1.4.1 Moderationstechnik – Einführung	22
1.4.2 Anwenden von Kreativitätstechniken	23
1.4.3 Moderieren bei Konflikten	23
1.4.4 Training: Moderieren in kritischen Situationen	24
1.4.5 Rhetorik	24
1.4.6 Zeitmanagement – Persönliche Arbeitstechniken	25
1.4.7 Sicher und erfolgreich präsentieren	26
1.4.8 Wirkungsvolles Präsentieren von Gruppenarbeiten	27
1.4.9 Umsetzen von Ideen	28
1.4.10 Verhaltens- und Kommunikationstraining für Sekretärinnen und Assistentinnen	29
1.4.11 Von der Sekretärin zur Assistentin	30
1.4.12 Verhandlungs- und Argumentationstechniken	31
1.4.13 Die neue deutsche Rechtschreibung	32
1.4.14 Informationen texten und neu gestalten	33

1.5 Ausbildung zum Schichtkoordinator (Schichtführer) — 34

1.6 Qualitätswerkzeuge und -techniken
1.6.1 Qualitätsmanagement nach QS-9000 und VDA 6.1	35
1.6.2 Projektmanagement	35
1.6.3 Anforderungen an Mess- und Prüfmittel	36

Kapitel 11: Anlage 1 – Inhaltsverzeichnis der Weiterbildung

Inhalt	Seite

1.6.4 Auswerten der SPC-Daten mit ProDaSys	36
1.6.5 Grundbegriffe der Statistik und (Test-) Verfahren zur Beurteilung von Messdaten und Prozessen	37

2 Recht und Finanzen

2.1 Grundlagen des Arbeitsrechts	40
2.2 Grundlagen des Arbeitsrechts für Mitarbeiter der Personalteams	40
2.3 Aktuelles Arbeitsrecht	41
2.4 Aktuelles Sozialversicherungsrecht	41
2.5 Aktuelles Lohnsteuerrecht	42
2.6 „EURO"	43
2.7 Rechnungslegung nach US-GAAP und HGB im Vergleich	44

3 Gesundheit

3.1 Alkohol am Arbeitsplatz	45
3.2 Illegale Drogen	45
3.3 Präventivseminar „Heben-Tragen-Sitzen"	46

4 Produktion und Produktqualität

4.1 Vom Roheisen zum Rohband	48
4.2 Stahlerzeugung mit Besichtigung der Thyssen Krupp Stahl AG mit Gießwalzanlage in Duisburg	49
4.3 Unser Produkt Weißblech	49
4.4 Weiterverarbeitung von Weißblech beim Kunden (Schmalbach-Lubeca AG)	50
4.5 Weiterverarbeitung von Feinblech beim Kunden mit Besichtigung der Adam Opel AG in Bochum	50
4.6 Metallkundliche und verformungsabhängige Vorgänge bei der Herstellung von Feinstblech I	51
4.7 Metallkundliche und verformungsabhängige Vorgänge bei der Herstellung von Feinstblech II	51
4.8 Werkstofftypen bei der Feinblechherstellung und die Beeinflussung ihrer Eigenschaften	52

5 Umweltschutz

5.1 Aktiver Umweltschutz	54
5.2 Umgang mit wassergefährdenden Stoffen	55

Kapitel 11: Anlage 1 – Inhaltsverzeichnis der Weiterbildung

Inhalt	Seite
5.3 Beseitigung und Verwertung von Abfällen mit Besichtigung des Entsorgungsparks Wagner	55
5.4 Transport von Gefahrgütern	56

6 Instandhaltung

6.1 Neuerungen in den VDE-Bestimmungen für Starkstromanlagen bis 1000 V	58
6.2 Schulung zur „Elektrotechnisch unterwiesenen Person"	59
6.3 Programmieren mit dem System Simatic S7	60
6.4 Anwendung der EG-Maschinenrichtlinie 98/37/EG	61
6.5 Schweißen	
6.5.1 Schweißen – Grundkurs	62
6.5.2 Schutzgasschweißen (MIG/MAG)	63
6.5.3 WIG-Schweißen	63
6.5.4 Lichtbogenhandschweißen	64
6.5.5 Gasschmelzschweißen	64
6.5.6 Vorbereitung auf die Schweißerprüfung	65
6.6 Pneumatik-Grundstufe	66
6.7 Hydraulik-Grundstufe	67
6.8 Hydraulik-Aufbaustufe	68
6.9 Elektrohydraulik	69
6.10 Elektropneumatik	70
6.11 Servo- und Proportionalventiltechnik	71

7 Elektronische Datenverarbeitung

7.1 Benutzeroberfläche Windows NT	
7.1.1 Einführung in die Benutzeroberfläche Windows-NT	74
7.1.2 Arbeiten mit der Benutzeroberfläche Windows-NT	75
7.2 Textverarbeitung	
7.2.1 Arbeiten mit WORD 97	76
7.2.2 Arbeiten mit WORD 97 für Fortgeschrittene	77
7.3 Tabellenkalkulation	
7.3.1 Arbeiten mit Excel 97 – Einführung	78
7.3.2 Arbeiten mit Excel 97 – Aufbautraining	79
7.3.3 Erstellen von Grafiken mit Excel 97	80
7.3.4 Arbeiten mit Excel 97 – Makroprogrammierung mit Visual Basic for Applications	81

Kapitel 11: Anlage 1 – Inhaltsverzeichnis der Weiterbildung

Inhalt	Seite

7.4 Datenbankverwaltung
    7.4.1 Arbeiten mit MS-Access 97 – Einführung   82
    7.4.2 Arbeiten mit MS-Access 97 – Aufbautraining   83

7.5 Präsentationssoftware
    7.5.1 MS-Power-Point 97 – Grundlagen   84

7.6 MS-Office Anwendungen
    7.6.1 Workshop MS-Office 97   85

7.7 Internet/Intranet
    7.7.1 Arbeiten im Internet – Einführung   86
    7.7.2 HTML-Seitenerstellung – Einführung   87
    7.7.3 HTML-Seitenerstellung – Aufbautraining   87

7.8 Produktionsbezogene Softwareanwendungen
    7.8.1 Natural-Programmierung – Einführung   88
    7.8.2 Natural-Programmierung – Aufbautraining   88
    7.8.3 Das Nachrichten- und Kommunikationssystem – Einführung   89

7.9 Sonstige Software-Anwendungen
    7.9.1 Handhabung des SAP-Moduls Materialwirtschaft   90

8 Sprachen

8.1 Englisch für Anfänger   92
8.2 Englisch für Mitarbeiter mit geringen Vorkenntnissen   93
8.3 Englisch für Mitarbeiter mit Vorkenntnissen   94
8.4 Englisch für Mitarbeiter mit erweiterten Vorkenntnissen   95
8.5 Englisch Auffrischungskurs   96
8.6 Englische Konversation   96
8.7 Wirtschaftsenglisch (Kassettenprogramm)   97
8.8 Englisch – Aufbaukurs (Kassettenprogramm)   97

9 Arbeits-/Werksicherheit

9.1 Arbeitssicherheit für Führungskräfte und Sicherheitsbeauftragte   100
9.2 Ausbildung zum Sicherheitsbeauftragten   101
9.3 Truppmannausbildung   102
9.4 Truppführerausbildung   103
9.5 Atemschutzgeräteträgerausbildung   104
9.6 Maschinistenausbildung für Tragkraftspritzen und Löschfahrzeuge   105

Kapitel 11: Anlage 1 – Inhaltsverzeichnis der Weiterbildung

Inhalt	Seite
9.7 Erste-Hilfe-Grundlehrgang	106
9.8 Erste-Hilfe-Training	107

10 Sonderqualifikationen

10.1 Ausbildung von Fahrern für Flurförderzeuge	110
10.2 Ausbildung von Kranfahrern	110
10.3 Betriebswirtschaftliche Grundkenntnisse	111
10.4 Einführung in die Kostenrechnung	112
10.5 Neue Anforderungen und Qualifikationen in der gewerblich-technischen Berufsausbildung	113
10.6 Neue Anforderungen und Qualifikationen in der kaufmännischen Berufsausbildung	113

Auskünfte und Anmeldungen: ☎ 40 54 34 50   ✉ 454 331

Kapitel 11: Anlage 2 – Einführungsprogramm für neue Mitarbeiter

Einführung neuer Mitarbeiter

Die ersten Monate im Unternehmen sind für einen neuen Mitarbeiter und für das Unternehmen von entscheidender Bedeutung. Hier werden die Weichen gestellt für die Zufriedenheit des Mitarbeiters mit der Wahl des Unternehmens sowie der ausgeübten Tätigkeit.

Ein neuer Mitarbeiter bedeutet für das Unternehmen eine weitreichende Investition. Diese zahlt sich dann aus, wenn er die an ihn gestellten Erwartungen erfüllt. Der Einstieg ins Unternehmen muss so gestaltet sein, dass der Mitarbeiter das Fachwissen und -können erwerben kann, dass es ihm erlaubt die übertragenen Aufgaben wahrzunehmen.

Zum anderen soll er die Unternehmenskultur kennenlernen, d. h. sich mit den Erwartungen sowie Werten seiner Kollegen und Vorgesetzten vertraut machen.

Kapitel 11: Anlage 2 – Einführungsprogramm für neue Mitarbeiter

Wir wollen mit unserem Leitfaden einen Beitrag leisten, um die Integration neuer Mitarbeiter zu erleichtern. Wie gut und wie schnell sich der neue Mitarbeiter integriert hängt zum einen von seiner Initiative ab und zum anderen wie wir ihn dabei unterstützen.

Dazu sind in diesem Faltblatt Beispiele, wie die Einführung neuer Mitarbeiter ablaufen soll.

Sie beinhaltet verschiedene Phasen:

1. Planungs-/Vorbereitungsphase
   = die Zeit vor dem ersten Arbeitstag

2. Einstiegs-/Orientierungsphase
   = der erste Arbeitstag

3. Einarbeitungs-/Integrationsphase
   = die nachfolgenden Arbeitswochen

Kapitel 11: Anlage 2 – Einführungsprogramm für neue Mitarbeiter

Rasselstein Hoesch

Musterbeispiel zur Einführung neuer Mitarbeiter

Datum	Einführungsprogramm	Verantwortlich
03. Juli	Begrüßung und Information durch Teamleiter über • Teamstruktur u. direkte Ansprechpartner • Produktionsbereich • andere Ressorts • Büroarbeitsplatz • Informationsquelle Telefonbuch • Philosphie Firmenpolitik • Arbeitssicherheit • Arbeitszeit (Gleitzeit) • Urlaubsregelung • A+F • Kantine • Sanitätsstelle • Feuerwehr • Schlüssel f. Schalthäuser+Büro	Teamleiter
03. Juli	Vorstellung des Paten	Teamleiter Ing. Experte

03. Juli	Arbeitsgebiet und Anforderungen fixieren
	1. Firmenrundlauf ca. 4 Wochen
	2. • Kennenlernen Elektrotechnik im Team
	   • Fachliche Zusammenarbeit mit Elektrofachkräften im Team
	   • Übernahme v. Projekten ca. 1/2-1 Jahr
	3. Kostenverantwortung übernehmen nach ca. 1/2-1 Jahr
	4. Personalverantwortung für Bereich Elektrotechnik im Team übernehmen
		Teamleiter
		Ing. Experte

Kapitel 11: Anlage 2 – Einführungsprogramm für neue Mitarbeiter

Rasselstein Hoesch

Musterbeispiel zur Einführung neuer Mitarbeiter

Datum	Einführungsprogramm	Verantwortlich
04. Juli	Vorstellung der Arbeitskollegen	Ing. Experte
04. Juli	Vorstellung bei der Betriebsleitung • Vorstand • Werksleiter und Stellvertreter	Teamleiter
04. Juli bis 07. Juli	Kennenlernen des Arbeitsbereiches • Elektriker im Team • Elektriker in anderen Teams • Einkauf • Arbeitssicherheit • Jungingenieure	Ing. Experte
07. Juli	Vorstellung am Steh-C	Teamleiter
10. Juli bis 19. Aug.	Rundlauf durch die Technik-Teams • Vorabstimmung der Rahmenbedingungen in den Teams • Konkrete Terminabsprache Team Dauer (Tage) Ansprechpartner BZA 0,5 Teamleiter WW 2 EG 2 VA 2 ADJ 1 FL 0,5 FS 0,5 E+U 1 ZD 0,5 QS 0,5 E+Q 1,5	Teamleiter Mustermann

Kapitel 11: Anlage 2 – Einführungsprogramm für neue Mitarbeiter

Mitarbeiter: Team/Abteilung:
Eintrittstermin: Stellenbezeichnung:

Mitarbeitereinführung

Planungs-/ Vorbereitungsphase „Vor dem ersten Arbeitstag"

	Vorgesetzter	Betriebspate/n	Personalteam
Entwickeln eines Einführungsprogrammes (Broschüren, Veranstaltungen, Checklisten u. a.)	X		X
Information des Vorgesetzten über den neuen Mitarbeiter und dessen Eintrittstermin			X
Erledigung personaladministrativer und arbeitsrechtlicher Formalitäten und Erfordernisse (z. B. Arbeitsvertrag, Personalbogen, Lohnsteuerkarte)			X
Übermittlung von Info-Material (Firmenprospekte, Mitarbeiterzeitung, Wege der Produktion)			X
Zusendung von Informationen über örtliche Verhältnisse und Infrastruktur (Verkehrsanbindung, Stadtplan, Wohnungsvermittlung, Behörden u. a.)			X
Information sonstiger relevanter Personen (Arbeitssicherheit, Betriebsrat, PFG-F)			X
Information des Paten und der Kollegen über den neuen Mitarbeiter (Ausbildung, beruflicher Werdegang, zukünftige Tätigkeiten, Verantwortung etc.)	X		
Erstellung eines konkreten und systematischen Einarbeitungsplanes	X		
Vorbereitung des Arbeitsplatzes	X	X	
Bereitstellung aller notwendigen Arbeits- und Hilfsmittel (Werkzeug, Computer, Dienstkleidung u. dgl.)	X	X	
Vorbereitung persönlicher Utensilien (Namensschild für Bürotür, Schlüssel usw.)	X	X	
Planung der ersten Arbeitstage	X	X	

Kapitel 11: Anlage 2 – Einführungsprogramm für neue Mitarbeiter

Rasselstein Hoesch

Mitarbeitereinführung

Einstiegs-/ Orientierungsphase
„Der erste Arbeitstag"

	Vorgesetzter	Betriebspate/n	Personalteam	Arbeitssicherheit	Betriebsrat
Begrüßung durch einen Vertreter des Personalteams			X		
Information über die geplanten Einführungsaktivitäten			X		
Abwicklung personaladministrativer Angelegenheiten (z.B. Aktualisierung des Personalbogens, Vorbereitung zur Gehaltsüberweisung)			X		
Übergabe des Qualifizierungspasses und des Weiterbildungsprogrammes			X		
Bekanntgabe von Sicherheitsbestimmungen und Maßnahmen zur Unfallverhütung	X			X	
Begrüßung durch den Betriebsrat und Übergabe des Rasselstein Videos					X
Begrüßung durch den direkten Vorgesetzten	X				
Einführungsgespräch (Aufgabenbeschreibung, Arbeitsanforderungen, Einarbeitungsprogramm u. dgl.) mit dem neuen Mitarbeiter	X				
Vorstellung des Paten (inkl. dessen Funktions- und Aufgabenbeschreibung)	X				
Vorstellung der Arbeitskollegen	X	X			
Rundgang durch den unmittelbaren Arbeitsbereich, wichtige Abteilungen und Einrichtungen	X	X			
Zuweisung des vorbereiteten Arbeitsplatzes	X	X			
Bereitstellung wichtiger Unterlagen (Stellenbeschreibungen, Organigramme, Telefonverzeichnis usw.)	X	X			
Hinweis auf verschiedene betriebliche Einrichtungen (Kantine, Sanitätsstelle, Waschräume)	X	X			
Darstellung der Betriebs-/Arbeitsordnung (Arbeitszeiten-, Pausen-, Überstunden-, Urlaubs-, Krankenstands-, Parkplatzregelung u.dgl.)	X	X			
Zuweisung der ersten Aufgabenstellungen	X	X			

Kapitel 11: Anlage 2 – Einführungsprogramm für neue Mitarbeiter

Rasselstein Hoesch

Mitarbeitereinführung

Einarbeitungs-/ Integrationsphase „Die nachfolgenden Arbeitswochen"

Tätigkeit	Vorgesetzter	Betriebspate/n	Arbeitskollegen	Personalteam	PFG-F	Betriebsrat	Arbeitssicherheit	E+U / QM
Information des neuen Mitarbeiters über Firmenphilosophie, Führungsgrundsätze, Marktstruktur, Gruppenarbeit u. a. im Rahmen der Einführungsveranstaltung	X			X	X			
Planung und Realisierung von Schulungsmaßnahmen zur Einarbeitung	X				X			
Beratung des Vorgesetzten, Paten und neuen Mitarbeiters in fachlichen, sozialen, methodischen und persönlichen Fragen				X		X		
Durchführung von Gesprächen über den Verlauf der Eingliederung und Einarbeitung	X	X		X				
Werksbesichtigung zu organisieren	X	X						
Feedback- Gespräche zur Arbeitssicherheit (8. KW, 16. KW)							X	
Einführung in die Umweltregeln, Qualitätsregeln und Vorschriften des Unternehmens								X
Arbeitseinführung / Training am Arbeitsplatz / Vermittlung von Qualifikationen anhand eines Einarbeitungsprogrammes	X	X	X					
Rückmeldung über die erbrachten Leistungen, Stimulierung des neuen Mitarbeiters zur Selbstkontrolle und -reflexion	X	X						
Führen eines Mitarbeiter-, Beurteilungsgespräches zur Festlegung der persönlichen Zulage/LZ, Ziele, Maßnahmen	X							
Ausfüllen des Beurteilungsbogens und Übermittlung der Beurteilung in die Personalteams	X							
Einbinden der Führungsnachwuchskraft in die regelmäßig stattfindenden Veranstaltungen					X			

Kapitel 11: Anlage 2 – Einführungsprogramm für neue Mitarbeiter

Rasselstein Hoesch

Einführungsprogramm Abteilung / Team

Führungsnach-wuchskräfte	Verant-wortlicher	Zeitrahmen	Feedback-gespräche
Kennenlernen des Vor-standsbereich			
Kennenlernen von vor-standsübergreifenden Abteilungen/Teams			
Sonstiges, z. B. Kunden-, Lieferantenbesuche, spez. Kenntnisse			
Einarbeitung in Schwer-punktthemen des Arbeits-platzes			

Produktionsmitarbeiter	Verant-wortlicher	Zeitrahmen	Mindest-standards
Anlagenbezogenen Einar-beitungsplan erstellen			
Teamüberblick geben (Welche Anlagen gibt es?)			
Kennenlernen von Vor- u. Nachanlagen			
Vermittelne von AS-Anfor-derungen			
Kenntnisse der autonomen Wartung vermitteln			

Das Einführungsprogramm muss inhaltlich und zeitlich auf den jeweiligen MItarbeiter/in abgestuft sein.

Kapitel 11: Anlage 2 – Einführungsprogramm für neue Mitarbeiter

Rasselstein Hoesch

Musterbeispiel
zur Einführung neuer Mitarbeiter (H. Mustermann)

Datum	Einführungsprogramm	Verantwortlich
31. Juli	Feedback-Gespräch	Teamleiter Ing. Experte Mustermann
21. Aug. bis 19. Aug.	Rundlauf durch die anderen Ressorts • Vorabstimmung der Rahmenbedingungen in den Teams • Konkrete Terminabsprache Bereich Dauer (Tage) Ansprechpartner Personal 1 Teamleiter / Vertrieb 0,5 Abteilungsleiter F+R 0,5 Controlling 0,5 Informatik 0,5 MW / Einkauf 0,5	Teamleiter Mustermann
03. Juli bis 31. Dez.	Sonderausbildung • NKS • Pro-DA-Sys • AP Doku • SAP • effektive Teamarbeit • effektives Führen im Team, Teil 1 • Schulung in Elektrotechnik Spezialgebieten	Mustermann Teamleiter Ing. Experten

Kapitel 11: Anlage 2 – Einführungsprogramm für neue Mitarbeiter

Unterweisung neuer Mitarbeiter in Arbeitssicherheit

Zeitpunkt	Thema	Durchführung
1. Arbeitstag	Unterweisung in Arbeitssicherheit (Checkliste)	Team AS
1. Arbeitswoche	anlagen- und arbeitsplatzbezogene Sicherheitsunterweisung (Checkliste)	Vorgesetzter Sicherheitsbeauftragter
8. Arbeitswoche	Vertiefung der anlagen- und arbeitsplatzbezogenen Sicherheitsunterweisung Erfahrungsaustausch Schwachstellenanalyse	Team AS Vorgesetzter PE-Team
26. Arbeitswoche	Erfahrungsaustausch	PE-Team

Fragekatalog

1. Wie wurde die Einweisung durchgeführt? Welche Unterlagen wurden verwendet?
2. Welche besonderen Gefährdungen gibt es in Ihrem Arbeitsbereich? Wie gehen Sie damit um?
3. Wo sehen Sie Handlungsbedarf zur Verbesserung der Arbeitssicherheit?
4. Was können wir bei der Einarbeitung neuer Mitarbeiter verbessern?

Kapitel 11: Anlage 2 – Einführungsprogramm für neue Mitarbeiter

Betreuung neu eingetretener Mitarbeiter
Feedback- Gespräch

Name, Vorname:　　　　　　　　　Geb.-Datum:

Pers.-Nr.:　　　　　　　　　　　　Eintritt:

Termin	Vorgesetzter	Mitarbeiter
5. Woche am: …………… mit: …………… akt. Tätigkeit:		
13. Woche am: …………… mit: …………… akt. Tätigkeit:		
26. Woche am: …………… mit: …………… akt. Tätigkeit:		

Kapitel 11: Anlage 2 – Einführungsprogramm für neue Mitarbeiter

Rasselstein Hoesch

Fragen	Bewertung ☺		Bewertung ☺		Bewertung ☹		Bemerkungen	
	13. Wo.	26. Wo.	13. Wo.	26. Wo.	13. Wo.	26. Wo.	13. Wo.	26. Wo.
1. Wie wurde die Einweisung durchgeführt? Welche Unterlagen wurden verwendet?								
2. Welche besonderen Gefährdungen gibt es in Ihrem neuen Arbeitsbereich? Wie gehen Sie damit um?								
3. Wo sehen Sie Handlungsbedarf zur Verbesserung der Arbeitssicherheit?								
4. Was können wir bei der Einarbeitung neuer Mitarbeiter verbessern?								

Kapitel 11: Anlage 3 – Beispiel eines Seminarbeurteilungsbogens

1. Kurstitel: "Effektives Führen im Team II"   Kursnummer: 1.2.2 Gruppe 1

2. Wie war(en) aus ihrer Sicht:	sehr gut	gut	weniger gut	schlecht
die Verständlichkeit des/der Kursleiters/-in				
die fachliche Qualifikation des/der Kursleiter/-in				
die Vermittlung der Inhalte				
das Unterrichtstempo				
die Unterrichtszeit				
die Räumlichkeiten				
die Möglichkeiten der aktiven Mitarbeit				
die Gruppengröße				

3. Wie zufrieden waren Sie alles in allem mit dem Kurs?

   sehr zufrieden ☐   zufrieden ☐   weniger zufrieden ☐   unzufrieden ☐

4. Was hat Ihnen im Kurs gefehlt?
   ....
   ....

5. Besonders gefiel mir..
   ....
   ....

   Weniger gefiel mir..
   ....
   ....

6. Haben Sie Anregungen oder Verbesserungsvorschläge?
   ....
   ....
   ....

Wir danken Ihnen für die Teilnahme an dieser Befragung

Kapitel 11: Anlage 4 – Benchmarking-Leitfaden

Fragenkatalog zum Benchmarking Personalentwicklung/Weiterbildung
Thyssen Krupp AG

I. Identifikation von Kompetenzpotential

Merkmal	Indikatoren
Transparenz	- Gibt es verbindliche Anforderungskriterien für Mitarbeiter unterschiedlicher Hierarchiestufen? - Werden bestimmte Gruppen von Mitarbeitern in speziellen Potentiallisten/-dateien erfaßt? - Werden durchgeführte und durchzuführende Entwicklungsmaßnahmen dokumentiert?
Zuverlässigkeit	- Werden regelmäßige Potentialeinschätzungen durchgeführt? - Welches Verfahren wird bei der Potenialeinschätzung interner Mitarbeiter eingesetzt? (Tests, Gutachten/Audits, Einzel- Gruppen-AC, Mehrfachbeurteilung/360° Feedback) - Gibt es on-the-job Maßnahmen, die zur Potentialeinschätzung genutzt werden? - Nach welchen Kriterien werden die Kandidaten der Potentialeinschätzungen ausgewählt? - Welche Auswählinstrumente werden bei der Auswahl externer Mitarbeiter eingesetzt (Tests, Gutachen/Audits, Assessments, Biographische Fragebogen, mehrstufige Interviews)?
Differenzierung	- Gibt es für High-Potentials besondere Führungskreise oder Karrierewege?
Organisatorische Verankerung	- Ist das Entwicklungsprogramm in seiner Struktur bekannt, gibt es diesbezüglich Broschüren, Newsletter o.ä.? - Ist das Top-Management in die Potentialeinschätzung involiert?

II. Maßnahmen zur Entwicklung von Mitarbeitern

Merkmal	Indikatoren
Integration	- Welche Bausteine umfaßt das Entwicklungsprogramm? - Gibt es eine schriftliche Ausarbeitung zum Entwicklungskonzept (Reihenfolge der Inhalte, Begründung des Konzepts, Verzahnung der Programminhalte)? - Werden die Seminare des Entwicklungsprogramms aus Fragestellungen des Unternehmens abgeleitet? - Nutzen Sie systematisch die Durchführung von Projekten zur Entwicklung ihrer Führungskräfte?
Methodik/Didaktik	- Welchem Ansatz folgt das Seminarprogramm? - Was zeichnet Ihr Entwicklungskonzept in besonderem Maße aus? Womit haben Sie besonders positive Erfahrungen gemacht? - Inwiefern basieren die Veranstaltungen auf Prinzipien des selbstorganisierten u. selbstbestimmten Lernens? - An welchen Zielen orientieren sich die Seminare? (z. B. Managementkompetenzen, Unternehmensstrategie, Netzwerkbildung, Unternehmenskultur) - Welche Bedeutung haben jeweils kognitive, motivationale und affektive Lehrziele (keine, gering, mittel, hoch, sehr hoch)?
Individualität	- Werden Analysen des individuellen Entwicklungsbedarfs für die aktuelle Tätigkeit durchgeführt? - Gibt es Entwicklungsgespräche oder individuelle Karriereberatung/planung? - Sind einzelne Entwicklungsmaßnahmen Voraussetzung für Beförderungen? - Existieren spezielle Vorbereitungsprogramme für die Übernahme neuer Aufgaben (Einarbeitung, Vertretung) ?
	- Kooperieren Sie in der Personalentwicklung mit anderen Firmen? Wenn ja in welchen Themen?

Kapitel 11: Anlage 4 – Benchmarking-Leitfaden

Fragenkatalog zum Benchmarking Personalentwicklung/Weiterbildung
Thyssen Krupp AG

III. Welche Bausteine umfasst das Entwicklungsprogramm?

	Ja	mittelfristig geplant	Nein
Seminarprogramme			
a) interne Programme			
b) Programme an Business Schools			
c) eigene Corporate University			
d) externe Seminare			
Mentoring			
Coaching			
Entwicklungsgespräche/Karrierberatung			
Führungskreise			
Job rotation			
Nachfolgeplanung			

IV. Nachfolgeplanung

Merkmal	Indikatoren
Attraktivität	- Welche Instrumente und Maßnahmen setzen Sie ein, um eine Karriere in Ihrem Unternehmen attraktiv zu gestalten? (z. B. Gehaltszuwächse, leistungsabhängige Vergütung (Tantiemen), Entscheidungsmöglichkeiten, Anerkennung, attraktive Positionen)?
Selektion	- Mit welchen on-the-job Maßnahmen wird versucht, die Eignung von Mitarbeitern für den Aufstieg zu ermitteln (z. B. Projekte, Job rotation)?
Kontinuität	- Gibt es eine systematische Nachfolgeplanung? - Wie strikt sind Karriereentscheidungen an die Nachfolgeplanung gebunden?

V. Controlling

Merkmal	Indikatoren
Kosten/Nutzen	- Benutzen Sie ein Kennzahlensystem? (ja/nein, welche einzelnen Kennzahlen, Teilsystem, Gesamtsystem)
Akzeptanz	- Steht das Top-Management sichtbar hinter dem Entwicklungsprogramm (Teilnahme an Seminaren, Workshops etc.)? - Wie entwickelt sich das Budget für die Personalentwicklung (kontinuierlich steigend, stagnierend, abnehmend, schwankend)?

Die Autoren

Karl Bartz, Industriemeister, freigestellter Betriebsrat bei der Rasselstein Hoesch GmbH

Heinz Leo Becker, Dipl.-Betriebswirt (FH), Koordinator Personalteams bei der Rasselstein Hoesch GmbH

Robert Brand, Betriebswirt, Personalteamleiter bei der Rasselstein Hoesch GmbH

Klaus Duchêne, Dipl.-Ingenieur, Fachgebietsleiter Arbeitswirtschaft bei der Rasselstein Hoesch GmbH

Konrad Einig, Betriebswirt, bis 31.03.2003 Fachgebietsleiter Arbeitsrecht und Grundsatzfragen bei der Rasselstein Hoesch GmbH, seit 01.04.2003 Hauptbereichsleiter Zentrale Personalwirtschaft bei der ThyssenKrupp Stahl AG

Claus Gördes, Maschinenbautechniker, seit 01.09.1995 stellvertretender Betriebsratsvorsitzender bei der Rasselstein Hoesch GmbH

Ute Götzen, Dipl.-Kauffrau, Professorin an der Fachhochschule für Technik und Wirtschaft in Dresden

Gerhard Hilger, Radio- und Fernsehtechniker, Betriebsratsvorsitzender bei der Rasselstein Hoesch GmbH

Klaus Höfer, Dipl.-Ingenieur (FH), Fachgebietsleiter Arbeitsorganisation bei der Rasselstein Hoesch GmbH

Waldemar Höhn, Walzer, Betriebsratsvorsitzender bei der Rasselstein GmbH Neuwied

Jürgen Hoss, Sicherheitsfachkraft, seit 01.10.1998 Fachgebietsleiter Arbeitssicherheit und Betriebliches Vorschlagswesen bei der Rasselstein Hoesch GmbH

Rudolf Carl Meiler, Dr. rer. pol., Dipl.-Kaufmann, Dipl.-Psychologe, bis 31.03.2003 Leiter der Personalfachgebiete Wissen bei der Rasselstein Hoesch GmbH, seit 01.04.2003 Hauptbereichsleiter Personalpolitik und Grundsatzfragen bei der ThyssenKrupp Stahl AG

Konrad Nörtersheuser, Dipl.-Ingenieur, Vorsitzender der Geschäftsführung bei der Rasselstein Hoesch GmbH

Thomas Rosenbauer, Dipl.-Ökonom, Personalteamleiter bei der Rasselstein Hoesch GmbH

Gert Stötzel, Dipl.-Handelslehrer, Dipl.-Betriebswirt, Teamleiter Ausbildung bei der Rasselstein Hoesch GmbH